Kohlhammer

Der Autor

Prof. Dr. phil. Ralf T. Vogel ist Psychotherapeut, Psychoanalytiker und Verhaltenstherapeut. Er habilitierte im Fachbereich Psychotherapiewissenschaften an der Sigmund Freud PrivatUniversität Wien und ist Honorarprofessor für Psychotherapie und Psychoanalyse an der Hochschule für Bildende Künste Dresden. Ralf T. Vogel ist Lehranalytiker, u. a. am C. G. Jung Institut Zürich. In Ingolstadt arbeitet er in einer Privatpraxis für Psychotherapie und Supervision.

Ralf T. Vogel

Das Geheimnis der Seele

Grundlagen einer zeitgemäßen
Psychotherapiewissenschaft

Verlag W. Kohlhammer

Dieses Werk einschließlich aller seiner Teile ist urheberrechtlich geschützt. Jede Verwendung außerhalb der engen Grenzen des Urheberrechts ist ohne Zustimmung des Verlags unzulässig und strafbar. Das gilt insbesondere für Vervielfältigungen, Übersetzungen, Mikroverfilmungen und für die Einspeicherung und Verarbeitung in elektronischen Systemen.

Pharmakologische Daten, d. h. u. a. Angaben von Medikamenten, ihren Dosierungen und Applikationen, verändern sich fortlaufend durch klinische Erfahrung, pharmakologische Forschung und Änderung von Produktionsverfahren. Verlag und Autoren haben große Sorgfalt darauf gelegt, dass alle in diesem Buch gemachten Angaben dem derzeitigen Wissensstand entsprechen. Da jedoch die Medizin als Wissenschaft ständig im Fluss ist, da menschliche Irrtümer und Druckfehler nie völlig auszuschließen sind, können Verlag und Autoren hierfür jedoch keine Gewähr und Haftung übernehmen. Jeder Benutzer ist daher dringend angehalten, die gemachten Angaben, insbesondere in Hinsicht auf Arzneimittelnamen, enthaltene Wirkstoffe, spezifische Anwendungsbereiche und Dosierungen anhand des Medikamentenbeipackzettels und der entsprechenden Fachinformationen zu überprüfen und in eigener Verantwortung im Bereich der Patientenversorgung zu handeln. Aufgrund der Auswahl häufig angewendeter Arzneimittel besteht kein Anspruch auf Vollständigkeit.

Die Wiedergabe von Warenbezeichnungen, Handelsnamen und sonstigen Kennzeichen in diesem Buch berechtigt nicht zu der Annahme, dass diese von jedermann frei benutzt werden dürfen. Vielmehr kann es sich auch dann um eingetragene Warenzeichen oder sonstige geschützte Kennzeichen handeln, wenn sie nicht eigens als solche gekennzeichnet sind.

Es konnten nicht alle Rechtsinhaber von Abbildungen ermittelt werden. Sollte dem Verlag gegenüber der Nachweis der Rechtsinhaberschaft geführt werden, wird das branchenübliche Honorar nachträglich gezahlt.

Dieses Werk enthält Hinweise/Links zu externen Websites Dritter, auf deren Inhalt der Verlag keinen Einfluss hat und die der Haftung der jeweiligen Seitenanbieter oder -betreiber unterliegen. Zum Zeitpunkt der Verlinkung wurden die externen Websites auf mögliche Rechtsverstöße überprüft und dabei keine Rechtsverletzung festgestellt. Ohne konkrete Hinweise auf eine solche Rechtsverletzung ist eine permanente inhaltliche Kontrolle der verlinkten Seiten nicht zumutbar. Sollten jedoch Rechtsverletzungen bekannt werden, werden die betroffenen externen Links soweit möglich unverzüglich entfernt.

1. Auflage 2024

Alle Rechte vorbehalten
© W. Kohlhammer GmbH, Stuttgart
Gesamtherstellung: W. Kohlhammer GmbH, Stuttgart

Print:
ISBN 978-3-17-044003-6

E-Book-Formate:
pdf: ISBN 978-3-17-044004-3
epub: ISBN 978-3-17-044005-0

Geleitwort

Psychotherapie und vor allem Psychotherapiewissenschaft sind relativ zu der jahrhundertelangen Historie der Professionen und Wissenschaften sehr junge Phänomene. Darüber hinaus sind sie in oft fataler Weise mit den Professionen und Wissenschaften der Medizin und der Psychologie verbunden. Diese schicksalhaften Bindungen haben zur Folge, dass beide – Psychotherapie und Psychotherapiewissenschaft – nach wie vor heftige und mannigfaltige Kämpfe im Zuge der Entwicklung einer eigenständigen Identität auszutragen haben.

Die Tendenzen, Psychotherapiewissenschaft als Naturwissenschaft oder aber als Humanwissenschaft zu verstehen, sind m. E. ebenso kontraproduktiv wie der Versuch, sie den in Medizin bzw. Psychologie richtungsweisenden Forschungs-Paradigmen und -traditionen anzugliedern. Ralf T. Vogel ist es gelungen, sowohl diesen Dichotomien als auch den hemmenden Faktoren alter Bindungen zu entgehen und neue Perspektiven zu eröffnen.

Thomas S. Kuhn hat in seinen bahnbrechenden Arbeiten zu den Phänomenen wissenschaftlicher Revolutionen, die den seit damals immer wieder beschworenen Begriff der Paradigmenwechsel geprägt haben, die Sozialwissenschaften im Gegensatz zu den naturwissenschaftlichen Disziplinen als »vorparadigmatische« Wissenschaften bezeichnet. Sein Hauptargument für diese These war die Tatsache, dass sich in den Sozialwissenschaften (und zu diesen würde Kuhn auch die Psychotherapiewissenschaft zählen) immer noch mehrere konkurrierende Paradigmen finden, während z. B. in der Physik so etwas wie Paradigmeneinigkeit herrsche. Nun stimmt das, wie wir 2023 wissen (Kuhn schrieb seine Hauptwerke in den 60er und 70er Jahren des vorigen Jahrhunderts) auch für die Physik keineswegs mehr, wenn man z. B. nur an die Allgemeine Relativitätstheorie und die Quantenmechanik denkt.

Dieser Umstand ändert aber nichts daran, dass Paradigmengeleitetheit für die Identität einer Wissenschaft von entscheidender Bedeutung ist, vor allem wenn sie formal bereits in den Kanon der akademischen Fakultätenlandschaft offiziell integriert ist. Im Falle der Psychotherapiewissenschaft erfolgte dies erst 2005 durch die Akkreditierung der Sigmund Freud PrivatUniversität, in der sie als eigene Fakultät akkreditiert wurde mit der Möglichkeit, alle akademischen Grade zu erreichen und sich auch in Psychotherapiewissenschaft zu habilitieren. Ralf Vogel ist einer der (noch immer) wenigen PsychotherapeutInnen und PsychotherapiewissenschaftlerInnen, der sich in dieser neu fakultär verankerten Wissenschaft habilitiert hat.

In den letzten Jahrzehnten haben sich aus meiner Sicht auch unter den in der Psychotherapiewissenschaft Habilitierten nur einige wenige AutorInnen um die Entwicklung einer explizit eigenständigen Identität der Psychotherapiewissenschaft verdient gemacht. Einer dieser AutorInnen ist Ralf T. Vogel.

Das vorliegende Werk bietet einen guten Einblick in das Gesamtwerk Ralf T. Vogels. Seine »skeptische Psychotherapiewissenschaft der Fraglichkeit«, seine Hervorhebung des Narrativs, der kunstbasierten Forschung u.a.m. enthalten viele Ansatzpunkte und Ausgestaltungen für originäre wissenschaftslogische und forschungsmethodische Identitätselemente. Aus paradigmatologischer Perspektive ist ganz besonders hervorzuheben, dass er mit der Paradigmenkonstellation Opazität-Ambiguität/Polysemie/Numinosität-Aporetik seinen ganz eigenen Beitrag zur Paradigmenlandschaft der Psychotherapie und der Psychotherapiewissenschaft geleistet hat, der bis in die erkenntnistheoretische Paradigmenebene hinein unser Verständnis davon, was psychotherapeutisches und psychotherapiewissenschaftliches Denken und Handeln ausmacht, auf lange Zeit maßgeblich bestimmen wird.

Thomas Stephenson

Inhalt

Geleitwort 5

Einige Worte vorab 9

1 Einleitung 10

2 Die psychotherapeutischen Schulrichtungen und ihre
  praktischen und wissenschaftlichen Konsequenzen 12
  2.1 Das Strukturmodell der Psychotherapieschulen 13
  2.2 Psychotherapeutische Wissenskulturen 20
  2.3 *Inter Mundus:* Aufenthalt zwischen den Wissenskulturen 24
  2.4 Integrative Psychotherapie 31
  2.5 Therapeutische Identität 40

3 Die Tiefenpsychologische Perspektive 43
  3.1 Das Beispiel: Die Analytische Psychologie in der Nachfolge
      C. G. Jungs 43
  3.2 Die menschenbildlichen Grundlagen der Analytischen
      Psychologie und ihre erkenntnistheoretischen Implikationen 44
  3.3 Das Geheimnis 45
      3.3.1 Opazität als psychotherapiewissenschaftliches
            Grunddatum 51
      3.3.2 Zwei Beispiele: Zur Opazität von Selbst und Tod 56
  3.4 Die Folgen des Geheimnisses 59
  3.5 Imaginology 67

4 Die existenziellen Themen in Theorie und Praxis der
  Psychotherapie 72
  4.1 Extrakte des Existenziellen 72
  4.2 Die Unlösbarkeit des Todesthemas 76
  4.3 Die Existenziellen Themen als »Common Base« der
      Psychotherapieschulen 79
  4.4 Aporetik als psychotherapiewissenschaftliches Grunddatum 80
  4.5 Von der Kunst lernen 83

5	**Schlussfolgerungen: Opazität und Aporetik und die psychotherapeutischen Wissenskulturen**	**86**
5.1	Psychotherapiewissenschaftliche Destillate	86
5.2	Eine skeptische Psychotherapiewissenschaft der Fraglichkeit	88
5.3	Psychotherapiewissenschaft als »Supra-Wissenskultur« zwischen den psychotherapeutischen Wissenskulturen	95
	5.3.1 Grundsätzliches: Der/Die PsychotherapiewissenschaftlerIn als kritische/r HermeneutIn	95
	5.3.2 Forschungslogische Nähe	100
5.4	Psychotherapiewissenschaft als wiederum eigenständige Wissenskultur	101
	5.4.1 Ansätze einer psychotherapiewissenschaftlichen Forschungsmethodik	102
	5.4.2 Der Stellenwert positivistischer Forschung	115
	5.4.3 Einige Konsequenzen für Ausbildung und Praxis	118
5.5	Zusammenfassung	121

Literatur **124**

Stichwortverzeichnis **135**

Einige Worte vorab

Der Text ist hervorgegangen aus der Habilitationsschrift des Autors mit dem Titel *Wieviel können wir wissen? Psychotherapiewissenschaft als Beforschung psychotherapeutischer Grundlagen an, mit und zwischen therapeutischen Schulrichtungen*, die 2020 vorgelegt und im Februar 2021 an der SFU Wien im Fachbereich Psychotherapiewissenschaft angenommen wurde, und enthält weite Teile derselben.

Dass dieses Buch und zuvor schon die ihm zugrundeliegende Habilitationsschrift zustande kam, war in keiner Weise selbstverständlich und lag auch nicht in der sonstigen Schreibroutine des Autors. Dass es dann glücklicherweise doch so weit kam, verdanke ich einigen maßgeblichen Personen. Da ist als Erstes meine Lebensgefährtin Sabine Schöpfel zu nennen, die vor und während der »Corona-Zeiten« neben ihren nicht unerheblichen Aufgaben des Alltags nun auch noch einen nicht mehr ganz taufrischen Habilitanten zu managen hatte, dessen energetisches Potenzial, wie sollte es anders sein, von ebendieser Arbeit schwer in Turbulenzen gebracht wurde, und die mit Kraft, Geduld und Kreativität am Werk Anteil nahm. Als Zweites ist da mein Freund Klaus Reichelt, der die anstrengende Arbeit auf sich nahm, sich in ein ihm weitgehend unbekanntes wissenschaftliches Feld einzuarbeiten und der während der Erstellung des Textes durch zahlreiche inspirierende Gespräche und schließlich als Korrekturleser seinen nicht unerheblichen Beitrag dazu geleistet hat.

Auch Prof. Dr. Thomas Stephenson, dem jetzigen Leiter des Departements Psychotherapiewissenschaft Linz gebührt Dank, denn seit dem ersten Zusammentreffen mit ihm am Rande einer internationalen Tagung in Wien wirkte er motivierend und wegweisend. Herrn Dr. Ruprecht Poensgen, Verlagsleiter des Kohlhammer Verlags, ist ein weiterer Motivationsschub zu verdanken, als er in einem zoom-Gespräch spontan seine Bereitschaft äußerte, ein im Vergleich zu den sonstigen Büchern des Autors doch ungewöhnliches und nicht auf den ersten Blick eingängiges Werk in das Sortiment aufzunehmen. Schließlich waren es aber auch die zahlreichen LeserInnen der bisherigen Bücher und die vielen TeilnehmerInnen an Vorlesungen und Seminaren zu ganz unterschiedlichen Anlässen, deren Rückmeldungen, Fragen und Anregungen den Ausschlag gaben, die bisher doch recht heterogen daherkommenden Schwerpunkte des Autors auf ihre gemeinsamen Grundlagen und den ihnen vorausgehenden Grundannahmen und Basistheoreme zu durchforsten und daraus ein Ganzes zu machen.

Ihnen allen sei hier ein großer Dank ausgesprochen und ihnen allen sei dieses Buch zugetan!

1 Einleitung

Science is a heavy loaded Symbol.
Sonu Shamdasani[1]

Der wissenschaftliche Zugang zur Psychotherapie ist im akademischen Sektor dominiert von einem positivistischen, naturwissenschaftlich-statistisch ausgerichteten Wissenschaftsverständnis. Es handelt sich, in der Terminologie des modernen Gesellschaftsdiskurses, um eine hegemoniale Vormachtstellung, die Diversität und Pluralität bremst oder gar verhindert. Der vorliegende kompakte Band möchte eine komplementäre, vielleicht auch alternative Sicht anbieten, die sich zum einen philosophisch-geisteswissenschaftlich, dann aber auch genuin psychotherapiewissenschaftlich positioniert und diese als eigenständige wissenschaftliche Disziplin entwickelnde Sicht anbieten. Die zentralen Thesen des Textes stellen quasi die erkenntnistheoretische Quintessenz der bisherigen Veröffentlichungen des Autors dar, auf die in den Fußnoten immer wieder verwiesen wird, deren Kenntnis jedoch nicht Voraussetzung zum Verständnis dieser Thesen ist.

Die heutige Psychotherapie und ihre Wissenschaft wird also in kritisch-erkenntnistheoretischer Manier betrachtet, denn »Wissenschaft, das zeigt sich […] im Abstand von einhundertfünfzig Jahren, kommt nicht aus mit der Verfeinerung bestehender Theorien und der Erweiterung von Wissensbeständen, sondern sie muss sich auch immer auf ihre Grundlagen hin befragen lassen, ihre versteckten Mythologien«[2].

Der vorliegende Text erarbeitet Spezifitäten des Faches Psychotherapie als Behandlungs- und Forschungspraxis und setzt diese in Beziehung zu einer sich dieser Spezifitäten gewahren Psychotherapiewissenschaft. Es wird dabei ein grundsätzlich theoretischer Zugang gewählt, der sich auch empirischer Erkenntnisse, jedoch nicht primär in beweisender, sondern in darstellender, heuristischer und amplifizierender Weise bedient. Die Methode dieser Arbeit ist damit gleichzeitig schon ein Beispiel für das für eine aktuelle Psychotherapiewissenschaft schließlich vorgeschlagene Forschungsverfahren. Dazu werden die vom Autor bisher bearbeiteten Schwerpunkte in drei große, zunächst weitgehend eigenständige Bereiche aufgeteilt. Es sind dies:

1. Die Betrachtung der psychotherapeutischen Schulrichtungen und ihrer Verhältnisse zueinander

---

1 Vortrag in Zürich 2023
2 Lehnert 2020, S. 188

2. Die tiefenpsychologische Sicht (als Exempel)
3. Die Existenziellen Themen in Theorie und Praxis der Psychotherapie

Es wird sich zeigen, dass diese drei primär recht heterogen erscheinenden Blickwinkel auf die psychotherapeutische Landschaft zu gemeinsamen und für die Psychotherapiewissenschaft brauchbaren Schlussfolgerungen zu entwickeln sind. V. a. die genaue Betrachtung der in den unterschiedlichen psychotherapeutischen Denkschulen genutzten Konzepte und Begriffe in ihrer Vergleichbarkeit, Definierbarkeit ja Erkennbarkeit, wird hier einen roten Faden bilden. Die Kant'sche Grundfrage, was denn eigentlich überhaupt zu wissen ist, wird, in leicht vereinfachter Form und auf die Grundlagen der Psychotherapie beschränkt, gestellt, aber nicht, wie bei ihm auf a priori gegebene, erkenntniseinschränkende Kategorien des Denkens bezogen. Alle drei genannten psychotherapeutischen Kernthemen erweisen sich bei genauer Analyse als um diese zentrale wissenschaftstheoretische Frage nach dem überhaupt Erkenn- und Wissbaren kreisend. In einem abschließenden Kapitel werden deshalb die Konsequenzen aus den drei Themenfeldern zusammengefasst und auf die Entwicklung einer zeitgemäßen Psychotherapiewissenschaft bezogen.

2 Die psychotherapeutischen Schulrichtungen und ihre praktischen und wissenschaftlichen Konsequenzen

Kulturgeschichtlich ist der Psychotherapiebegriff mehr als 1.000 Jahre alt. Die am Ende des 19. Jahrhunderts aufkommende explizite Formulierung einer Psychotherapie[3] mit ihrer Ableitung aus dem altgriechischen ursprünglichen Bedeutungsfeld von »Hauch«, aber auch »Seele« (gr. *psychḗ*)[4] sowie »Sorge tragen« und »pflegen«[5] (gr. *therapeúein*) jedoch ist der Ausgangspunkt einer in der Wissenschaftsgeschichte wohl einzigartigen Entwicklung einer neuen Disziplin ohne eine bereits von Anfang an bestehende Zuordnung zu den herkömmlichen Fakultäten (auch wenn v. a. die Medizin und die Philosophie hier immer wieder die *Herrschaftsrechte* anstreben). Sowohl in Weiterentwicklung der ersten therapeutischen Ansätze im Wien der vorletzten Jahrhundertwende wie auch als Entwicklung ganz anderer, sehr heterogener intellektueller Zugänge zum Menschen und seinem Leid, differenzierte sich die psychotherapeutische Szene in eine inzwischen kaum mehr überschaubare Vielfalt. Eine psychohistorische Aufbereitung der Entwicklung hinein in diese Heterogenität ist hier nicht das Anliegen.[6] Wir betrachten vielmehr den in diesem Diversifizierungsprozess auftretenden Terminus der therapeutischen *Schulrichtung* in seinen aktuellen Konnotationen. Der Begriff der therapeutischen Schule ist, so kann angenommen werden, über dessen Verwendung in der antiken Philosophie[7] in den modernen Sprachgebrauch eingeflossen. So muss man wohl durchaus davon ausgehen, dass auch in anderen akademischen Bereichen Schulenbildungen zu finden sind und dass sogar einzelne Bereiche naturwissenschaftlicher Disziplinen

---

3 Die jahrtausendealte Vorgeschichte der Psychotherapie in schamanischen und später auch philosophischen Traditionslinien soll hier außen vor bleiben.
4 Der Begriff der Seele, der hier eingeführt wird, soll in dieser Arbeit mit dem Terminus ›Psyche‹ gleichgesetzt werden. Es wird also nicht der seit Freud beginnenden und bis heute anhaltenden Trennung zwischen einer der Wissenschaft zugänglichen Psyche und der Religion zugerechneten Seele gefolgt. Dies aus gutem Grund: Der Seelenbegriff macht heute viel mehr deutlich, dass der ›Gegenstand‹ der Psychotherapie über das rational Fassbare hinausgeht und ihm eine zwangsläufige Offenheit eignet, wie im Verlauf der vorliegenden Arbeit gezeigt werden soll.
5 Dass der Pflegebegriff dem Heilungsbegriff vorgezogen wird, hat psychotherapiepraktische Gründe. Pflegen impliziert durchaus Heilungsanstrengungen, während der Heilungsbegriff außer Acht lässt, dass manchmal lediglich ›Pflege‹ erfolgen kann, wir es also mit seelischen Gegebenheiten zu tun haben, die sich der Heilung entziehen. Gleichzeitig hat die Pflege auch nicht unbedingt Krankheit zur Voraussetzung. Sich pflegen kann etwa auch auf sich achten meinen.
6 Vgl. dazu Schmidtbauer 2012
7 Vgl. z. B. die vier antiken ›Athener Philosophieschulen‹, die als sich zunächst um eine Gründerfigur scharende Männerbünde mit gleichen grundlegenden Ansichten und (Denk-)Methoden einen inneren und äußeren Zusammenschluss bildeten.

wie etwa die Chirurgie eine gewisse schulenformende »stabile Heterogenität« in grundlegenden Auffassungen aufweisen. Es ist dies alles aber wohl im psychotherapeutischen Bereich besonders prägnant ausgeprägt auffindbar. Die Strukturierung der Psychotherapielandschaft in einzelne Schulrichtungen ist seit Jahrzehnten zunächst seitens der Psychoanalyse, dann v. a. aus dem Lager der akademischen Psychologie einer enormen und anhaltenden Kritik ausgesetzt, die nicht selten in ein Plädoyer für deren völlige oder de facto Abschaffung und den Aufbau einer Einheitspsychotherapie mündet. Überblickt man die Begründungen für diese Forderungen, so lassen sich diese in drei Hauptkategorien einteilen:

- Szientistisch-einheitswissenschaftliche Begründungen: Nur ein einziges wissenschaftstheoretisches Paradigma, meist das logisch-positivistische, wird als gültig erklärt, alle Schulrichtungen werden aus diesem Paradigma heraus bewertet.[8]
- Ökonomische Begründungen: Einer Marktlogik folgend werden diejenigen Schulrichtungen, die eine möglichst kostengünstige, d. h. in den meisten Fällen kurze therapeutische Veränderungsstrategie vorschlagen, ausgewählt.
- (Meist implizite) machtpolitische Begründungen unter Nutzung des wissenssoziologisch gut herausgearbeiteten allgemeinen Faktums, dass »jede Wissensproduktion zugleich die Repression und Marginalisierung unlauterer Behauptungen bzw. eine Marginalisierung von Grenzfällen erfordert«[9]. Die Verteidigung der Alleinstellung bisher bereits anerkannter Schulrichtungen oder die Verteidigung des akademischen Mainstreams[10] erfolgt, um Einfluss und Dominanz etwa im Bereich des Gesundheitswesens oder der Vergabe akademischer Würden und Posten zu sichern.

2.1 Das Strukturmodell der Psychotherapieschulen

In einer übergeordneten Sichtweise wird allgemein »seriöse«, also einen wissenschaftlichen Anspruch vertretende Psychotherapie durch einige zentrale Bestimmungsmerkmale von anderen, oft im paramedizinischen, seelsorgerischen spirituellen oder Lebensberatungs-Sektor vorzufindenden »Psych-Methoden« abgegrenzt.

---

8 Die Psychotherapiehistorie zeigt übrigens bis in die 1970er Jahre des letzten Jahrhunderts hinein eine gegenteilige Argumentation vonseiten psychoanalytischer WissenschaftlerInnen, die zu verhindern suchten, dass verhaltenstherapeutische Verfahren als wissenschaftlich anerkannt gelten.
9 Kuhn 2010, S. 106
10 Der in dieser Arbeit bisweilen und etwas unscharf genutzte Begriff des ›Mainstreams‹ wird hier im Sinne einer quantitativen Anmutung genutzt. Der Mainstream ist in unserem Zusammenhang diejenige Sichtweise eines wissenschaftlichen Gegenstands, der von der Mehrzahl der Mitglieder der wissenschaftlichen Gemeinde augenscheinlich geteilt wird und eine gewisse Macht sowie Leitfunktion innehat. Er steht so im Gegensatz zu Minderheits- oder Einzelpositionen.

2 Schulrichtungen und ihre Konsequenzen

Es sind dies v. a. der Nachweis einer ausgearbeiteten Krankheitstheorie mit Angaben zur Wertigkeit ätiologischer Faktoren, eine elaborierte Differentialindikation sowie ein differenziertes und systematisch evaluiertes Repertoire an Behandlungsmethoden. Der Terminus der therapeutischen Schulrichtung ist dabei in der Wissenschaft, aber auch bei psychotherapeutischen PraktikerInnen und bisweilen auch SozialpolitikerInnen vielfältig genutzt, meist ohne dass sich über dessen breites Aussagefeld Gedanken gemacht wird. Vielmehr wird implizit vorausgesetzt, dass man schon wisse, was damit gemeint sei, wenn etwa von der »humanistischen Schule« gesprochen wird. Wir haben also zunächst die Frage zu stellen: Was ist eine Therapieschule genau? Was meint die genannte »stabile Heterogenität« in grundlegenden Auffassungen, die die psychotherapeutische Landschaft weltweit aufweist, genau? Fünf Ebenen lassen sich als *Strukturmodell therapeutischer Schulrichtungen* in einer vom Grundlegenden zum Konkreten hin aufsteigenden Reihenfolge[11] angeben[12]:

a) Darstellung des zugrundeliegenden anthropologischen Verständnisses und Bemühen um eine maximale Breite desselben *(Philosophische Perspektive)*
»Anthropologie« wird im vorliegenden Zusammenhang nicht als übergeordnete Bezeichnung einer wissenschaftlichen Disziplin, sondern philosophisch und eng an seinen griechischen Grundworten *(anthropos,* der Mensch, *logos,* das Wissen, das Wort) als das jeder Person und meist auch jeder Gruppe eigene, implizite oder auch bewusste Vorstellungfeld von sich selbst, vom Menschen und seiner Position in der Welt aufgefasst. Dabei geht sie über Aussagen über das einzelne Subjekt hinaus und generalisiert, abstrahiert und typisiert ihre Auffassungen. Die meist kaum explizierten und manchmal selbst den ProtagonistInnen der jeweiligen Schulrichtungen nicht bewussten Antworten auf alle vier Kant'schen Grundfragen sind hier zu finden, so dass die philosophische Ebene nicht nur Therapierelevantes, sondern Grundsätzliches über den Menschen enthält. Die Ebene des anthropologischen Grundverständnisses ist also die Menschenbildperspektive. Sie bestimmt das »transzendentale apriori«, also die Bedingung der Möglichkeit und auch Unmöglichkeit von Erkenntnis und hat einen starken Bezug zum sog. Phantasma[13]. Sie beeinflusst die Auswahl und Bedeutungszuschreibung von Begriffen, bestimmt und lenkt damit für uns Menschen unseren Zugang zur Welt und zu uns selbst. Mit Popper konnte man hier einfügen, dass diese primäre Auswahl auch alle weitere Erkenntnisarbeit beständig durchdringt und mitbestimmt. Die den therapeutischen Schulrichtungen unterliegenden Menschenbildannahmen formen also alle Begriffe und übergeordneten Bestim-

---

11 Vgl. Vogel 2003, S. 263
12 Die im Folgenden dargestellte Untergliederung des Schulenbegriffs in fünf Komponenten steht historisch in der Tradition Petzolds (z. B. 1884), der in Metatheorie, Realexplikative Theorie und Praxeologie unterscheidet und hat mittlerweile, in meist geringen Abweichungen, Eingang in die allgemeine Psychotherapieliteratur gefunden. Als Beispiel sei die Einteilung von Trautmann-Voigt und Voigt (2017, S. 98) genannt, die sehr ähnlich gliedern in 1. Metatheorie, Menschenbild und Ethik, 2. Therapietheorie, 3. Methodik, Interventionsstrategien 4. Techniken und 5. Evaluation. Auch Wampold u. Imel (2015) stellen ein in dieser Logik stehendes Modell von »Abstraktionsebenen der Psychotherapie« (S. 74 ff.) vor.
13 Burda 2019, S. 53

mungsstücke einer Therapieschule maßgeblich und fließen in deren Formulierung ein: »Begriffsbildung und Theoriebildung (sind) so eng miteinander verflochten, daß sie, im Prinzip, zwei *Aspekte* der gleichen Vorgehensweise darstellen. Die Bildung von Begriffen kann von theoretischen Überlegungen nicht getrennt werden«[14], denn »die begriffliche (philosophische) Klärung ist inhaltlich (etisch) nicht neutral.«[15] Die betrifft natürlich auch und vorgängig die Frage nach der endgültigen Klärbarkeit von Begriffen, wie sie uns weiter unten ausführlich beschäftigen wird. Die Menschenbildannahmen steuern dabei die (zunächst theoretische und in ihrer Folge auch forscherische und psychotherapiepraktische) Wahrnehmungsselektion, die Selektion der relevanten Kerntermini sowie die Beschreibung derselben. Die spezifische Zusammenstellung der Kern- und Begleitbegriffe und deren jeweiliger Bedeutungshof bestimmen die psychotherapeutischen Konzepte[16], die sich, bei genügender Übereinstimmung und Schnittmenge, zu unterschiedlichen Schulen verdichten und zusammenschließen.

Die fraglichen, ganz grundlegenden anthropologischen Vorannahmen (das *a priori* einer Therapieschule) sind, wie beschrieben, selten bewusst und wohl auch bei gutem Willen nur bedingt völlig dem Bewusstsein zugänglich. Trotzdem ist das Bemühen um deren Explikation die zentrale und erste Aufgabe jeglicher psychotherapeutischer Erkenntnisarbeit, sei sie nun konkret psychotherapeutischer oder wissenschaftlicher Natur,[17] denn auch die »Interpretation wissenschaftlicher Daten ist von der normativen Frage begleitet, wie wir leben wollen«, von unserem Selbst- und Weltverhältnis also.[18] Wir betreten hier das Gebiet der Epistemologie als diejenige philosophische Disziplin, die fragt, wie überhaupt Wissen generiert werden kann und welche Voraussetzungen und welche Prozesse dabei zu beobachten sind. Die Therapieschulen, die PsychotherapeutInnen und auch die ForscherInnen bemühen sich jedoch tatsächlich in sehr unterschiedlichem Ausmaß, ihre zugrundeliegenden, nicht mehr hinterfragbaren Grundannahmen über »Gott, den Menschen und die Welt« darzustellen. V. a. empirisch-naturwissenschaftlich fundierte psychotherapeutische Denktraditionen verzichten in ihren Lehrbüchern bisweilen völlig auf eine solche epistemologisch relevante Basiseinordnung und Transparenz ihres Verfahrens.[19] Durch eine in Mitteleuropa beobachtbare, immer ausschließlicher werdende Ausrichtung der Psychotherapie und ihrer Schulen auf das Gesundheitswesen, geschieht daneben deren fortschreitende Therapeutisierung. Die zugrundeliegenden anthropologischen Grundannahmen geraten dabei über einem dem Medizinsystem eigenen

---

14 Lewandowski 1990, S. 165
15 Nida-Rümelin 2011, S. 8
16 Der hier verwendete, eher deskriptive Konzeptbegriff unterscheidet sich von dem der Linguistik oder der Neurowissenschaften.
17 Von Bedeutung ist hier, dass diese Prämissen selbstredend auch für die vorliegende Arbeit und die Psychotherapiewissenschaft im Ganzen zu gelten haben.
18 Amlinger u. Nachtwey 2022, S. 108
19 Hier würde es wohl v. a. um die Bewusstwerdung der logisch-positivistischen Grundlagen und der Diskussion ihrer Brauchbarkeit für den psychotherapeutischen Erkenntnisbereich gehen, ▶ Kap. 5.4.2.

Multioptions-Pragmatismus weitestgehend in Vergessenheit. In psychotherapeutischen Ausbildungszusammenhängen erleben die AusbildungsteilnehmerInnen dann nicht selten ein diffuses Unbehagen an ihrer therapeutischen Tätigkeit, das sich in Selbsterfahrungsprozessen schließlich als Unvereinbarkeit zwischen den eigenen und den von der Therapieschule implizit vorausgesetzten Menschenbildannahmen erklärt.

b) Umfassende Aussagen zur Einbettung des Verfahrens in die aktuellen kulturell-gesellschaftlichen Verhältnisse *(Soziologische Perspektive)*
Der psychotherapeutische und psychotherapiewissenschaftliche Diskurs ist eingebettet in eine umfassende soziokulturelle Lage und Debatte und die diese bestimmenden gesellschaftlichen Machtverhältnisse. Die Möglichkeit der Nutzbarmachung psychotherapeutischer Kompetenz im Nationalsozialismus oder der, natürlich auf einer ganz anderen Ebene angesiedelte, Einsatz von Psychotherapie primär zur raschen Wiederherstellung von Arbeitskraft und Sozialversicherungszahlungen seien exemplarisch ebenso genannt wie die grundsätzliche Einordnung psychotherapeutischen Tuns in ökonomische Logiken, die bis hin zu einer vollständigen Ökonomisierung von Psychotherapie oder zumindest einzelner psychotherapeutischer Methoden (etwa im betrieblichen Coaching) reichen kann. Auch was eine Gesellschaft als (psychisch) krank definiert, unterliegt sozialpsychologischen Prozessen, wie etwa die Diskussion um Aufmerksamkeits- und Hyperaktivitätsstörungen bei Kindern oder neuerdings die Transgenderdebatte zeigen. (Psychotherapie-)Wissenschaftliche Ansätze und Erkenntnisse haben mancherorts schon längst ihre diskursbestimmende Position auch in klinisch-psychologischen Belangen eingebüßt und laufen soziopolitischen Entwicklungen hinterher oder/und werden durch diese instrumentalisiert. (Psychische) Gesundheit wird soziologisch bereits seit über 50 Jahren auch definiert als »der Zustand optimaler Leistungs-fähigkeit eines Individuums für die wirksame Erfüllung der Rollen und Aufgaben, für die es sozialisiert worden ist«[20]. Nicht selten finden wir diese Vorgaben explizit oder implizit handlungsleitend für die Psychotherapie. Die psychotherapeutischen Schulrichtungen positionieren sich der gesellschaftlichen oder privaten (vom Patienten/von der Patientin vorgebrachten) dementsprechenden Auftragsstellung gegenüber höchst unterschiedlich, reflektieren diese oder ignorieren sie völlig, was bisweilen einer widerspruchsfreien Eingliederung in die herrschenden Gesellschaftsverhältnisse gleichkommt. Parallel findet sich auch zwischen den therapeutischen Verfahren ein immer stärker ökonomisch motivierter Konkurrenzkampf, ja, es kann gezeigt werden, dass die vorherrschenden wissenschaftlichen Normen innerhalb der Psychotherapieforschung nicht als Abbilder einer faktischen Überlegenheit, sondern auch als Versuche von VertreterInnen bestimmter therapeutischer Schulen, Machtstrukturen und Kontrolle zu etablieren, genutzt werden. Psychotherapeutische Schulrichtungen und einzelne Methoden bekommen, einem amerikanischen Privatisierungs- und Ökonomisierungs-Trend innerhalb der psychotherapeutischen »Szene« folgend, den Status einer Marke, werden dem-

---

20 Parsons 1964, S. 71

entsprechend beworben und genießen gesetzlichen »Markenschutz«[21].
Mikrosoziologisch ist anzuführen, dass psychotherapeutische Schulen heute in vielen mitteleuropäischen und anglo-amerikanischen Ländern auch als formale Institutionen zu betrachten sind. Hier gelten dann neben kultur-, sozial- und gruppenpsychologischen Dynamiken wiederum ökonomische Gesetze (ein psychotherapeutisches Ausbildungsinstitut als gewinnorientiertes Unternehmen) oder aber diese fehlen völlig (das Ausbildungsinstitut als gemeinnütziger und auf ehrenamtlicher Tätigkeit aufgebauter Mitgliederverein), was beides wiederum Rückwirkungen auf die Therapieausbildung und damit auf das psychotherapeutische Handeln haben kann. Dies gilt auch für therapieschulspezifische nationale und übernationale Zusammenschlüsse, etwa in Dachverbänden, dann ebenfalls meist strukturiert nach dem Vereins- oder Gesellschaftsrecht der jeweiligen Länder. Hier entfernt sich die institutionalisierte Psychotherapie nicht selten zunehmend von ihrem eigentlichen Fachgebiet und ihren psychotherapeutischen Anliegen und ergeht sich in administrativen und bisweilen der Weiterentwicklung der Therapieschule sogar hinderlichen Debatten und Streitigkeiten[22].

c) Eine Theorie der psychischen Störung und deren Therapie (Krankheits- und Veränderungstheorie, *Psychopathologische Perspektive*)
Aus den spezifischen Inhalten der philosophischen und soziologischen Perspektive formt sich auf dem Gebiet der Psychotherapie eine grundlegende und übergeordnete Haltung gegenüber dem Leid, seiner Begründung, Sinnhaftigkeit und Funktionen sowie des erstrebenswerten Umgangs damit heraus. Im mitteleuropäischen Raum haben sich hier v. a. kausale Herleitungsmodelle durchgesetzt, die dem Menschen alltagspsychologisch primär als einen »Gewordenen«, als Produkt des Vergangenen betrachten. Die Einbettung der Psychotherapie in den von diesem Kausalitätsdenken bestimmten Medizinbetrieb tat das ihrige dazu, um bald nahezu ausschließlich kausale Theorien der Entstehung psychischer Erkrankungen und darauf fußende Veränderungstheorien zu entwickeln. Phänomenologische und erst recht teleologisch-finalitätsorientierte Konzepte wurden weitgehend an den Rand gedrängt, tauchen in manchen therapeutischen Schulrichtungen aber auf und sind etwa in individualpsychologischen der analytisch-psychologischen Zusammenhänge sogar an prominenter Stelle positioniert.

d) Eine Theorie des therapeutischen Geschehens (Prozess- und Beziehungstheorie, Wirkfaktorentheorie, *Psychologische Perspektive*)
Wir haben es hier nun mit dem psychotherapeutischem Handlungswissen i. e. S. zu tun. Die Prozess- und Beziehungstheorien sind quasi die Praxeologie der Psychotherapie und stehen mit einem Bein in der Philosophie und mit dem anderen im therapeutischen Behandlungszimmer. Inwieweit auch hier Menschenbildsannahmen eine Rolle spielen, zeigt etwa der psychotherapiewissenschaftliche Kernkonflikt der primären Betrachtung des/der PatientIn als unver-

---

21 Zum »Primat der Ökonomie« z. B. in der stationären Psychotherapie und Psychosomatik vgl. Streek 2019.
22 Als Beispiel siehe Vogel 2020d

wechselbare Einzigartige (idiosynkratisch) oder primär als Mitglied einer definierten Gruppe, über die gemeinsame gesetzhafte Aussagen gemacht werden können (nomothetisch). Je nach Schwerpunktsetzung wird dann etwa störungsspezifisch gedacht und gearbeitet oder ein solches Denken wird vehement verworfen, es werden Manuale entwickelt oder differenzierte Beziehungsmikroanalysen der therapeutischen Dyade bevorzugt.
Wirkfaktorentheorien wiederum begründen seit dem Beginn psychotherapeutischer Systematisierung einzelne Interventionen mit der Annahme, dass diese auf den/die PatientIn einen bestimmten Effekt haben. Hier wird meistens die Unterscheidung getroffen zwischen einerseits sog. »allgemeinen« oder »unspezifischen« Wirkfaktoren (▶ Kap. 2.3, Exkurs »Allgemeine Wirkfaktoren in der Psychotherapie«), die in jeder erfolgreichen Therapie eine Rolle spielen und die hinreichende und/oder notwendige Bedingungen von therapeutischer Einflussnahme sind, und sog. »spezifischen« nur innerhalb einzelner therapeutischer Verfahren nachweisbaren oder nur bei definierten PatientInnengruppen indizierten Wirkfaktoren andererseits.

e) Konkrete Handlungspraxis (Methoden) und wissenschaftliche Nachweise der Qualität und Quantität ihrer Wirkung *(Handlungs- und Wirksamkeitsperspektive)*
Diese letzte Ebene befasst sich mit den empirischen, konkreten Konsequenzen des bisher Gesagten in Bezug auf die therapeutische Praxis (Methoden und Techniken) sowie auf die Forschungspraxis. Koppeln wir die Handlungs- bzw. Wirksamkeitsperspektive von den vier übergeordneten Strukturen ab, wie es bisweilen z. B. unter den alltagsphilosophisch gebrauchten Schlagwörtern wie »Pragmatismus« oder »Effizienz« erfolgt, so mündet die Psychotherapie und ihre Erforschung, meist dann nur noch ausschließlich bezogen auf die therapeutischen Techniken, in einen ›Instrumentalisierungsradikalismus‹ mit der Idee unbegrenzter psychotechnischer Verbesserungsmöglichkeiten und ohne der Notwendigkeit einer menschenbildbezogenen Herleitung oder gar Rechtfertigung. Im vorliegenden Strukturmodell fragen wir aber vielmehr: Welche Handlungen leiten sich im psychotherapeutischen Raum aus den übergeordneten schulspezifischen Bedingungen a) bis d) ab und wie und auf welche Art und Weise sind nun diese Handlungen wissenschaftlich zu bewerten?

Eine psychotherapeutische Schulrichtung ist durch die Auffindbarkeit der genannten fünf Basis-Strukturvariablen (Perspektiven, Ebenen, Dimensionen) definiert, wobei die Deutlichkeit der Transparenz der jeweiligen Variablen in den großen Schriften und Erzählungen der Schulen durchaus großen Schwankungen unterliegt. Dies gilt auch für die einen wissenschaftlichen Anspruch zuunterst rechtfertigende Kritisierbarkeit und Begründungfähigkeit,[23] um nicht »zu einer tribalistischen Meinungs- und Identitätsdiktatur« zu verfallen und zu »unversöhnlichen Identitäten ohne Alterität« zu zerfallen.[24] Daneben gibt es zahlreiche, sich ebenfalls das Etikett einer psychotherapeutischen Schulrichtung verleihende und mehr oder weniger systematisierte (psycho-)therapeutische Ansätze, denen aber eine

---

23 Vgl. Han 2021, S. 49
24 Ebd., S. 50

oder mehrere Grundvariablen fehlen. Sie können evtl. als Vorformen psychotherapeutischer Schulrichtungen aufgefasst werden, gliedern sich aber nicht selten im Verlauf ihrer Entwicklung und des Diskurses mit den voll ausgeprägten psychotherapeutischen »Wissenskulturen« in eine dieser ein.[25]

Abb. 2.1: Strukturmodell der Psychotherapieschulen[26]

Neben dieser Strukturbetrachtung besteht eine formalhierarchische Einteilungsmöglichkeit, die implizit im Strukturmodell auffindbar ist:

Als Beispiel sei hier die Schulrichtung der Analytischen Psychologie genannt, die sich aufteilt in die Verfahren der Analyse, der Analytischen Psychotherapie und der tiefenpsychologisch fundierten Psychotherapie. Darunter wiederum, auf der Ebene der Methoden finden wir jedem Verfahren zugeordnet die Traumarbeit, die Aktive Imagination, die Übertragungs-Gegenübertragungsarbeit, Sandspiel und Maltherapie. Auf der basalsten Ebene schließlich sind etwa edukative, deutende, spiegelnde, amplifizierende oder konfrontative Techniken zu finden.

---

25 Prominente Beispiele hierfür sind viele der Verfahren der sog. »Dritten Welle« der Verhaltenstherapie wie etwa die Schematherapie oder die Acceptance-Commitment Therapie, vgl. z. B. Heidenreich u. Michalak (2013)
26 Vogel 2003

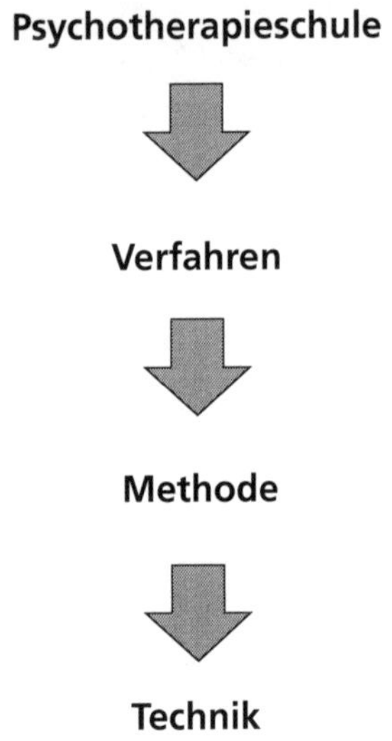

Psychotherapieschule

Verfahren

Methode

Technik

Abb. 2.2: Formalhierarchisches Modell der Psychotherapieschulen

2.2 Psychotherapeutische Wissenskulturen

Therapeutische Schulrichtungen sind also, das macht auch das beschriebene Strukturmodell sehr deutlich, viel mehr als psychotherapeutische Anwendungsformen. Stattdessen finden wir »überindividuelle, gesellschaftlich gebrochene Wissenssysteme vor, die sich in übergreifenden Diskurszusammenhängen konstituieren«[27], kollektive soziokulturelle Bezugsrahmen, die sich nicht nur historisch auf Gedächtnis und Vergangenheit,[28] sondern durchaus auch auf ein gegenwärtig-aktuelles Diskursgeschehen beziehen und ein Innen und Außen unterscheiden und »Wissensarchitekturen« im Sinne von »Sinnkonstrukten«[29] aufweisen. V. a. der soziologische und sozialpsychologische Blick leistet hier gute Dienste in Bezug auf die Verallgemeinerung vorgefundener Befunde (hier der Struktur der Psychotherapieschulen) und v. a. deren gruppendynamische und interpersonelle Bedingungen. Ihm wurde daher vor alternativen Betrachtungsweisen psychotherapeutischer Schulrichtungen, etwa als »Mikrowelten«[30] oder als Institutionen kollektiver Angstab-

---

27 Fraas 2000, S. 31. Diese aus der Sprachwissenschaft stammende Beschreibung bietet eine hervorragende Zusammenfassung des Strukturmodells aus der Sicht einer Nachbardisziplin.
28 Vgl. dazu z. B. die entsprechende Bestimmung von Halbwachs 1991.
29 Steinweg 2022, S. 327
30 Unter Mikrowelten versteht der konstruktive Realismus wissenschaftliche »Theoriengebäude, die in sich logisch kongruent sind. Innerhalb einer Mikrowelt gelten wissenschaftliche Erfahrungen als wahr. Im Sinne der Vorstellung von Realität und Wirklichkeit

2.2 Psychotherapeutische Wissenskulturen

wehr[31], der Vorzug gegeben. Mit einem Begriff der Bielefelder Wissenssoziologin Katrin Knorr Cetina kann eine therapeutische Schulrichtung als eigenständige »Wissenskultur« bzw. »epistemische Kultur« bezeichnet werden. Zu ergänzen ist hier sicher auch ein nicht unerhebliches »epistemisches Unbewusstes«[32], das eindrücklich in den Selbstdarstellungen mancher Schulen zu erahnen ist. Mit dem von ihr außerhalb des Psychotherapiefeldes entwickelten Terminus der Wissenskulturen bezeichnet sie »diejenigen Praktiken, Mechanismen und Prinzipien, die gebunden durch Verwandtschaft, Notwendigkeit und historische Koinzidenz, in einem Wissensgebiet bestimmen, wie wir wissen, was wir wissen. Wissenskulturen generieren und validieren Wissen«[33]. Wissenskulturen beinhalten *diskursive Formationen*[34] und sind in ihrer Tradierung in weiten Teilen gut auch als *Narrationen* zu fassen, vermitteln sie doch ihren Angehörigen Sinnerleben und Gefühle von Kohärenz und Kontingenz sowie eine grundlegende Legitimität ihres Denkens und Handelns. In einigen Bereichen überschneidet sich die Konzeption mit älteren professionstheoretischen Überlegungen etwa von Talcott Parsons, der Professionen als abgegrenzte akademische Wissensbereiche mit eigenständigen Standards, einer gewissen Eigenständigkeit und gesellschaftlichem Ansehen beschreibt (Parsons 1967). Die aktuelle Konzeption *Sinnfeldontologie* von Markus Gabriel befasst sich, wenn man so will, mit den fundamentalen Grundlagen dieser eher sozialpsychologisch gefassten Begriffe, wenn er ein Sinnfeld definiert als »die Bezeichnung, die ich einem Gegenstandsbereich gebe, der durch dasjenige individuiert wird, was der korrekten Weise entspricht, über die in ihm vorkommenden Gegenstände nachzudenken« und er feststellt: »Es gibt kein allumfassendes Sinnfeld«[35].

Eine narrationsorientierte Betrachtungsebene macht hier additiv durchaus Sinn, erweitert sie doch das Strukturmodell der Psychotherapieschulen um zwei weitere Ebenen, der der Historizität (im Blick nach hinten) und der der Generativität (im Blick nach vorne). Der geschichtliche Aspekt der wissenskulturellen Narration befasst sich neben den objektiven Daten (erstes Ausbildungsinstitut, sozialrechtliche Anerkennung etc.) auch mit Gründungsmythen und den Geschichten der Gründungsväter und -mütter. Diese Erzählungen finden im wissenschaftlichen Kontext im Rahmen geschichtswissenschaftlicher Forschungen, aber auch in sehr subjektiven Beschreibungen von Einzelerfahrungen statt und bilden den ganz grundle-

---

   bewegt sich eine Mikrowelt im Bereich der Realität, da es sich um ein vom Menschen erschaffenes Konstrukt handelt«, Wallner 2002, S. 204.
31 Mit Devereux (1984) eindrücklicher Darstellung der Abhängigkeit der gewählten sozialwissenschaftlichen Forschungsmethode von der Angst des/der jeweiligen ForscherInnen kann die durchaus plausible Hypothese aufgemacht werden, dass angstbindende und angstabwehrende Mechanismen auch im Aufbau und später in der Ausgestaltung psychotherapeutischer Schulrichtungen eine zentrale Rolle spielen (▶ Kap. 2.5).
32 Burda 2021, S. 3
33 Knorr Cetina 2002, S. 11. Der die Philosophie durch ihre gesamte Geschichte begleitende Wissensbegriff kann an dieser Stelle nicht suffizient begründet werden. Es genügt zu benennen, dass sich in Bezug auf die Psychotherapieschulen als Wissenskulturen ein klassischer, breiter Wissensbegriff als »Verknüpfung einer festen Überzeugung mit einem Faktum« anbietet, der theoretisches, Erfahrungs- und Handlungswissen beinhaltet.
34 Foucault 1994
35 Gabriel 2020, S. 26

genden Mythos einer Psychotherapieschule. Der Aspekt der Weitergabe meint die Hoffnung der älteren Mitglieder, durch Wissenstransfer, Erfahrungsvermittlung etc. etwas sie selbst Überdauerndes zu schaffen.

Einem sozialkonstruktivistischen bzw. interaktionistisch-konstruktivistischen Ansatz folgend wird davon ausgegangen, dass Wissenskulturen in individuellen und v. a. sozialen Prozessen Erkenntnis erzeugen, selektieren und komprimieren. Das wurde bereits deutlich in der oben benannten »welt- und wirklichkeit-schaffenden« Funktion der Sprache (▶ Kap. 2.4). Sprache ist immer auch Deutung von Mensch und Welt. Praktiken und Regelsysteme werden auf der Grundlage der psychischen Situation der Beteiligten in historischen Abläufen und in Gruppenkontexten entwickelt. Wir haben es also psychologisch betrachtet in großen Teilen mit gruppendynamischen und intersubjektiven Prozessen zu tun, die allerdings um eine intrapsychische, subjektivistisch-konstruktivistische Perspektive erweitert werden müssen. Da Wissenskulturen als »Ensembles epistemischer und praktischer Kontexte«[36] sich wie erläutert meist in konkreten Institutionen verankern, sind diese interpersonellen Faktoren besonders ausschlaggebend und Kommunikationsstrukturen, Begriffsdeutungen und regulative Macht- und Herrschaftsverhältnisse müssen berücksichtigt werden.[37] Wissenskulturen vermitteln den an ihnen Mitwirkenden aber auch ein Gefühl von Zugehörigkeit und damit Sicherheit; sie binden damit Angst und Unsicherheiten (s. o.) und ermöglichen individuelle Selbstvergewisserungen ihrer Mitglieder, eine Funktion, die gerade für TherapeutInnen, die ja von Berufs wegen in verunsichernden Kontexten (die psychotherapeutischen Situationen nämlich) unterwegs sind, besonders von Bedeutung ist.

Der kulturwissenschaftliche und wissenssoziologische Begriff der Wissenskulturen, das soll an dieser Stelle nicht verschwiegen werden, ist meist weitgehend größer gefasst als dies an dieser Stelle mit seiner Anwendung auf die Psychotherapieschulen erfolgt und umfasst breite Bereiche wie etwa »die Naturwissenschaft«. Der Angemessenheit und Nützlichkeit dieses Ansatzes für unsere Zwecke tut dieses »Herunterbrechen« des Begriffes auf die konkreten Gegebenheiten des konkret auffindbaren psychotherapeutischen Feldes allerdings keinen Abbruch.

Wissenskulturen können bisweilen durchaus den Anspruch einer eigenständigen Wissenschaft erheben. Wissens- und wissenschaftssoziologisch wird eine Wissenschaft schon seit den 1980er Jahren auch für die Psychologie definiert über den Nachweis kritischer Argumentationen und diskursiver Einigungsprozesse, die dann zumindest vorübergehend geltende Normen etwa bzgl. Erkenntnismethoden oder Gewinnung von Daten entwickeln.[38] Die in gängigen Bestimmungsversuchen von Wissenschaft enthaltenen Bestimmungsstücke der Wissensanreicherung, Wissensvermittlung und Wissensinstitutionalisierung können hier zwanglos eingeordnet werden. Eine durchaus psychologische Bestimmung von Wissen als einem subjektiven Zustand von versuchsweiser Gewissheit, wie sie etwa der kritische Rationalismus formuliert, kann dem zugrunde gelegt werden. Wissenschaft ist in dieser

---

36 Sandkühler 2010
37 Vgl. hierzu Foucaults Ansatz, wonach Wahrheit, dasjenige ist, was mit Machtinstrumenten als Wahrheit durchgesetzt worden ist (z. B. 1978).
38 Vgl. z. B. Hübner 1980

2.2 Psychotherapeutische Wissenskulturen

Auffassung kein einheitlicher, in sich geschlossener, objektiver und wahrer Kanon, sondern sie ist zumindest auch und wohl in erster Linie subjektive und intersubjektive (soziale) Konstruktion, meist innerhalb historisch bestimmbarer institutioneller Kontexte[39].

Derzeit sind im meta-wissenschaftlichen Diskurs v. a. soziologische und kulturanthropologische Bestimmungszugänge zum Gebiet der Wissenskulturen zu finden, und die Forschung zu Wissenskulturen hat in den Geistes- und Kulturwissenschaften inzwischen eine etablierte Tradition. Dies zeigen z. B. die Umstände, dass 1. der renommierte Wissenschaftsverlag de Gruyter eine erfolgreiche Schriftreihe mit dem Titel »Wissenskultur und gesellschaftlicher Wandel« herausgibt, die sich als »transdisziplinär« versteht[40] und das 2. ein großer Sonderforschungsbereich der Deutschen Forschungsgemeinschaft zum Bereich der Wissenskulturen etabliert wurde.[41] Umso mehr verwundert es, dass dieses Konzept innerhalb der Psychotherapiewissenschaft nur sehr zögerlich angenommen und bisher kaum rezipiert wurde, obwohl die Anwendungsmöglichkeiten gerade in diesem Sektor besonders hoch sind.

Die Wissenskulturen konstituieren sich über ein gemeinsames Begriffs- bzw. Sprachverständnis, weshalb der genaue Begriffsvergleich so bedeutsam ist und sich Fragen nach (sprachlichen) Verbindungen zwischen den Schulen, also nach »interkulturellen Transferprozessen«[42] stellen. Dabei ist zu beachten, dass die Untersuchung der Begriffe und der Versuch des Erkenntnisgewinns innerhalb der Wissenskulturen in ihrer Art zum einen an Kuhns Paradigmenbegriff[43], an Wittgensteins Theorie des Sprachspiels[44] aber auch an den von Jacques Derrida[45] in ganz anderem Zusammenhang dargestellten Terminus der »problematischen Geschlossenheit« (»[...] weist einem Fragen, einer Forschung oder einem Wissen ein bestimmtes [...] Feld, Territorium oder Domäne«[46] zu) erinnert. Diese manchmal als Gegenargument gegen Therapieschulen vorgebrachte Geschlossenheit ist für die Psychotherapiewissenschaft konstituierend und, wie wir noch sehen werden, durchaus nützlich und nur dann wirklich problematisch, wenn eine der Wissenskulturen einen Hegemonialanspruch erhebt, quasi die »Leitkultur« sein will, und entweder alle anderen Kulturen ihrer Denk- und Begriffswelt unterwirft oder diese einfach ignoriert.

Psychotherapeutische Wissenskulturen stehen untereinander in einem (bisher) nicht geregelten Austauschprozess (▶ Kap. 4). Gleichzeitig ist zu bemerken, dass

---

39 Vgl. z. B. Searle (2012)
40 Vgl. Fried 2003
41 Vgl Fried u. Stolleis 2009
42 Agnetta 2018, S. 26
43 Vgl. Kuhn 2001; ein Forschungsparadigma ist bei ihm ein wenig transparenter und stark handlungsleitender Konsens einer Gruppe von WissenschaftlerInnen, was überhaupt beobachtet, und was als richtig akzeptiert wird. Es bestimmt die Forschungsvorgaben und -instrumente. In Erweiterung dieser Sicht betrachtet die Konzeption der Wissenskulturen z. B. noch stärker die sozialen Prozesse und beschäftigt sich mit den Strukturen und den Verhältnissen gleichzeitig bestehender Kulturen zueinander. Evtl. haben wir es bei den Therapieschulen aber auch eher mit einer »präparadigmatischen Phase« nach Kuhn zu tun.
44 Vgl. z. B. Stegmüller 1980
45 Derrida 1998
46 Derrida 1998, S. 70 f.

2 Schulrichtungen und ihre Konsequenzen

Wissenskulturen grundsätzlich, und hier durchaus an prominenter Stelle die Psychotherapieschulen, nicht unerhebliche Nähe- und Distanzverhältnisse, ja sogar mehr oder weniger deutliche Überschneidungen aufweisen können. Im oben dargestellten Strukturmodell bilden sich solche Überschneidungen auf allen Ebenen ab, wenn auch die Philosophische Ebene die deutlichsten und die direkt beobachtbare Interventionsebene oft nur noch wenige Alleinstellungsmerkmale einer Therapieschule aufweist.[47] Graphisch lassen sich die im Prinzip durchaus dynamisch zu denkenden Nähe-Distanzverhältnisse der Psychotherapieschulen folgendermaßen darstellen:

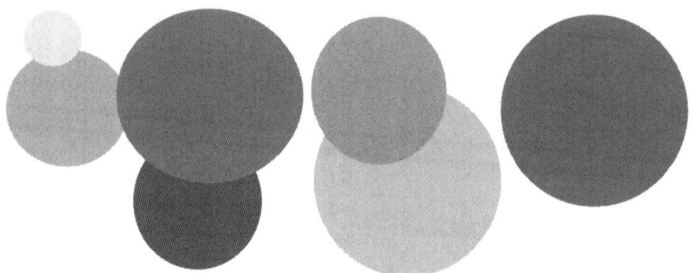

Abb. 2.3: Nähe-Distanzverhältnisse der Therapieschulen (psychotherapeutischen Wissenskulturen)

2.3 *Inter Mundus:* Aufenthalt zwischen den Wissenskulturen

Bisher wurde davon ausgegangen, dass die Zuordnung Einzelner oder ganzer Gruppen und sozialer Institutionen zu einer bestimmten Wissenskultur anhand des Strukturmodells relativ eindeutig erfolgen kann. Die wissenschaftliche und v. a. psychotherapeutische Realität verweist aber auf zahlreiche Selbstzuordnungen zu wissenskulturellen Zwischenidentitäten. Dieses Sich-Aufhalten *inter mundus*, also im Zwischenraum der Kulturen[48], ist, obwohl von psychotherapeutischen WissenschaftlerInnen und PraktikerInnen nicht selten zur Tugend erhoben, nicht unproblematisch und soll hier einer näheren Betrachtung unterzogen werden.

---

47 Dies gilt beispielhaft sehr ausgeprägt für die modernen Formen der sog. Tiefenpsychologisch fundierten Therapie und der modernen Verhaltenstherapie, und hier allen voran der Schematherapie. Weiter oben wurde bereits auf Überscheidungen in den schulspezifischen Definitionsversuchen opaker Begriffe hingewiesen.

48 Das *Intermundium* ist der von Epikur so bezeichnete und zunächst als leer angenommene Zwischenraum zwischen der unendlichen Vielzahl der Welten; vgl. Ritter u. a. 2007, S. 1828.

Die Idee, therapeutische Schulrichtungen als Wissenskulturen zu fassen und daraus Konsequenzen zu ziehen ist, wie erwähnt, in der psychotherapeutischen Literatur nicht unbedingt gebräuchlich, obwohl der Benefit einer solchen Sichtweise für die Belange der Psychotherapie(-wissenschaft) zumindest hinsichtlich des Vergleichs von Verhaltenstherapie und Psychoanalyse als nachgewiesen gelten kann.[49] Allerdings kann hier noch von einer »weichen« Variante des Wissenskulturmodells gesprochen werden, wenn richtiger- aber nicht ausreichenderweise von »transdisziplinärer Kooperation an Stelle von starrem Antagonismus« oder einem »Nebeneinander von komplementären Sichtweisen« gesprochen wird,[50] die Möglichkeit und bisweilen vielleicht sogar Wahrscheinlichkeit widersprüchlicher, auf den ersten Blick vielleicht sogar gegensätzlicher und sich ausschließender Aussagen der unterschiedlichen Wissenskulturen aber weitgehend vernachlässigt wird.[51]

Wissenskulturen bewerten Erkenntnisse auf der Grundlage des ihnen eigenen kontextuell hergestellten Paradigmas und neigen quasi »von Natur aus«, in Reflexen der vermeintlichen Kohärenzsicherung und Existenzbewahrung, dazu, ihre eigenen Wissensbestände zu überhöhen und als einzig gültig zu proklamieren. Wissensbestände anderer Schulen werden so nicht selten entweder ignoriert oder als irrelevant oder gar falsch bezeichnet. Blickt man nun allerdings in die psychotherapeutische Praxislandschaft so fällt auf, dass sich PsychotherapeutInnen (und bisweilen auch WissenschaftlerInnen) nicht selten zwei oder gar mehreren Wissenskulturen zugehörig fühlen, ja sogar formale Ausbildungen in therapeutischen Schulrichtungen nachweisen können, die im epistemischen Blick (philosophische Ebene des Strukturmodells), keine Gemeinsamkeiten aufzuweisen haben. Dieses zunächst als wünschenswerte Vielseitigkeit zu bezeichnende Phänomen, hat in der individuellen Verortung komplexe kognitive Prozeduren zur Voraussetzung, die verhindern, dass die prinzipielle Verschiedenheit der sich angeeigneten Therapieschulen zu einem inneren Konflikt oder gar einer Arbeitslähmung führen können. Folgende Möglichkeiten sind im philosophischen Feld erkennbar:

1. Radikaler Pragmatismus
   Ohne die welt- und menschenbildbezogenen Unterschiedlichkeiten zur Kenntnis zu nehmen, ja diese ausblendend, wird Psychotherapie lediglich auf der Ebene der unmittelbaren therapeutischen Nützlichkeit gesehen (z. B. »Wer hat was gegen Ängste anzubieten?«). Die grundlegende philosophische Ebene sinkt ab zu einer unbewussten oder zumindest ungeprüften Voraussetzung des/der therapeutisch intervenierenden PraktikerIn.
2. Radikaler Relativismus
   Wissenskulturen werden in ihrer Bedeutung als wenig wichtig für die psychotherapeutische Praxis eingeschätzt, da v. a. unspezifische, sog. »allgemeine« und

---

49 Sell 2012
50 Ebd., S. 278
51 So weist in einem lexikalischen Beitrag Städler (1998) bzgl. zweier zentraler Wissenskulturen darauf hin, es gebe »kaum ein Gebiet, das dem Geist der akademischen Psychologie konträrer ist als die Psychoanalyse« (ebd., S. 1274).

scheinbar therapieschulunabhängige Wirkfaktoren geschätzt oder der individuelle Stil, die therapeutische Erfahrung etc. normativ überhöht werden.
3. Konsensselektivismus
Es werden lediglich diejenigen Anteile der Wissenskulturen wahrgenommen oder zumindest selektiv stark überbetont, die sich überschneiden.
4. Implizite oder explizite Entscheidung
Eine der Wissenskulturen wird identifikatorisch überhöht, die anderen werden ihr als Hilfskonstrukte beigeordnet. Die Entscheidung für eine der Wissenskulturen erfolgt oft unbewusst auf der Grundlage der eigenen Welt- und Menschenbildannahmen.

Wie wir sehen werden, haben einige dieser individuellen Strategien ihre Entsprechungen in der »formalen« Begegnung der Therapieschulen.

Kurzer Exkurs: Allgemeine Wirkfaktoren in der Psychotherapie[52]

Das Konzept der Allgemeinen Wirkfaktoren ist in der Entwicklungsgeschichte der Psychotherapie bereits früh aufzufinden und stellt die elaborierteste Aufstellung von Überscheidungsvariablen unterschiedlicher Psychotherapieschulen dar. Allgemeine Wirkfaktoren sind nicht Teil einer spezifischen therapeutischen Technik, sie sind in allen Therapieschulen mehr oder weniger stark ausgeprägt aufzufinden und sind, wenn die Therapie erfolgreich sein soll, grundsätzlich nicht verzichtbar. Der bereits in den 1960er Jahren des letzten Jahrhunderts aufgestellten Liste des amerikanischen Psychotherapieforschers Jerome Frank wurde bis heute kaum mehr Substanzielles hinzugefügt, die positivistische Psychotherapieforschung konnte viele der Faktoren replizieren. Es sind dies:

- Eine akzeptierend-annehmende und vertrauensvolle Beziehung
- Behandlungstheorie, Erklärungsprinzip bzgl. der Ursache der Erkrankung und der Behandlungsmethode
- Aktives Verfahren der Problemeinsicht und der Fertigkeitenvermittlung mit Anstrengungsabforderung an den/die PatientIn und Erhöhung der Selbstwirksamkeitseinschätzung, die eine Möglichkeit der Bewältigung eröffnet
- Vermittlung von Hoffnung und neuen Lernerfahrungen
- Hinarbeiten auf das Erleben von Erfolgen
- Anregung des emotionalen Erlebens[53]

Jaeggi entwickelt folgende übergeordnete Kategorien der Allgemeinen Wirkfaktoren:

---

52 Vgl. auch Vogel 2005
53 Frank 1981, S. 444 ff.

- Gemeinsames Symbolsystem von PatientIn und TherapeutIn
- Aktivität
- Beziehungsvariablen[54]

Das gemeinsame Symbolsystem bildet am deutlichsten die philosophische Ebene des psychotherapeutischen Strukturmodells ab. Dabei ist offensichtlich, dass es nicht primär die Frage ist, welches Symbolsystem vorherrscht, sondern die Frage, ob TherapeutIn und PatientIn von diesem System überzeugt sind und sie es miteinander teilen.[55] Sichtbar wird diese Tatsache auch durch die häufig replizierten Ergebnisse der klassischen Passungsforschung. In ihrem »Generic Modell of Psychotherapy« weisen Orlinsky und Howard zwar nicht explizit darauf hin, die Betrachtung ihres Passungsschema macht aber sehr deutlich, dass eben auch zwischen dem angewandten therapeutischen Behandlungsmodell und der TherapeutInnenpersönlichkeit ein Passungsverhältnis bestehen muss.[56] Hierzu gehören auch die Befunde zum sog. Allegianz-Effekt (engl. allegiance: Treue), die zunächst auf eine Beeinflussung der ForscherInnenpersönlichkeit auf den Forschungs-Outcome verwiesen[57], in neuern Anwendungen des Begriffes aber auch die enge positive Koppelung zwischen der Überzeugtheit der TherapeutInnen von ihrem Verfahren und der therapeutischen Wirksamkeit aufzeigen können.[58]

Die Idee der Allgemeinen Wirkfaktoren wurde und wird nicht selten als Argument gegen die Notwendigkeit und Sinnhaftigkeit von Therapieschulen ins Feld geführt. Studiert man allerdings die Ergebnisse der einschlägigen TherapieforscherInnen genauer, dann wird deutlich, dass die Verwirklichung all dieser Wirkfaktoren massiv von der TherapeutInnenpersönlichkeit und den in ihnen verankerten grundlegenden Welt- und Menschenbildern abhängt. Das wird schon in den frühen Ausführungen von Jerome Frank deutlich. Die Kompetenz, dass PatientInnen Vertrauen in sie entwickeln können, erwerben TherapeutInnen eben nicht im luftleeren Raum, sondern sie erwächst aus ihrer eigenen Sicht auf Welt, Selbst und Leiden.[59]

Wissenskulturen sind auch, das macht die Anwendung des Begriffes auf die Psychotherapielandschaft deutlich, in Subkulturen verzweigt und hier auch in einem Ordnungsverhältnis anzusiedeln, wobei die Formulierung übergeordneter Kulturen eine anspruchsvolle Aufgabe ist, muss sie doch Kulturkriterien beschreiben, die alle untergeordneten Formen einschließt, ohne in Wertungen zu verfallen. Als Beispiel soll nur die Psychoanalyse genannt sein, die bisweilen den Anspruch erhebt, so

---

54 Jaeggi 1997
55 Z. B. Textor 1990
56 Orlinsky u. Howard 1987
57 Vgl. z. B. Gerger u. Gaab 2016
58 Wampold u. Imel 2015, Ludewig 2012: »Es gibt diesen Allegianzeffekt, der beschreibt, dass der Erfolg von Therapien im besonderen Maße mit der Identifikation und Begeisterung für eine Methode zusammenhängt und weniger mit ihrer stringenten Anwendung (Adhärenz)« (ebd., S. 45).
59 ▶ Kap. 2.5.

unterschiedliche Wissenskulturen wie die Objektbeziehungspsychologie, die Analytische Psychologie und die Theorie Jaques Lacans unter ihrem (wissens-)kulturellen Dach zu vereinigen. In moderner, gesellschaftspolitischer Sprache geht es hier um eine Form der Integration (integer = unversehrt), die heute u. U. eher mit dem Begriff der *Inklusion* beschrieben wird, da hier explizit die Beibehaltung der Eigenheiten der jeweiligen Teilkultur propagiert wird (s. u.).

Die inzwischen etablierte Beschreibung der Wissenskulturen als tradierte Praktiken, die auf Hintergrundüberzeugungen[60] beruhen, erinnert so deutlich an das oben dargestellte und bereits 2003 eingeführte Strukturmodell der Psychotherapieschulen, dass *das Strukturmodell als Modell der Binnenstruktur einer Psychotherapieschule als Wissenskultur* vorgeschlagen werden kann. Dies hat einige weitreichende Konsequenzen:

1. Die epistemischen Voraussetzungen für die jeweilige Wissenskultur innerhalb der Psychotherapie müssen bewusst gemacht, offen reflektiert und transparent dargestellt werden.
2. Die Betrachtung von Erkenntnis und dessen Gewinnung innerhalb einer psychotherapeutischen Wissenskultur hat unbedingt »kontextsensitiv« zu erfolgen. Mit dieser aus Linguistik und Computerwissenschaft stammenden Vokabel ist hier der Einbezug der sozialen, kulturellen und individuellen Umgebungsvariablen bei der Reflexion eines Erkenntnisgewinnungsprozesses gemeint. Verfolgt man die Auswirkungen dieser Umgebungsvariablen sorgfältig, kommt man zur Erkenntnis der Kontext*abhängigkeit* aber auch der Kontext*beschränktheit* allen (psychotherapeutischen) Wissens und zu einer Relativierung von Absolutheitsansprüchen einer bestimmten Kontextkombination (= Wissenskultur).
3. Einer grundsätzlich aus der jeweiligen Wissenskultur hervorgehenden Forschung wird somit ebenfalls die übergeordnete Objektivität abgesprochen, da auch sie den sozialkonstruktiven Prozessen der Wissenskultur unterworfen ist. Zu dieser Sicht auf die »soziale Konstruktion von Wissenschaft« kommt »das Bild der Prozesse der Wissensproduktion, -distribution und -konsumtion«, ein »in je verschiedene historische Konfigurationen eingelassenes Gewebe von intellektuellen wie materiellen Handlungen und Austauschbeziehungen«[61].
4. Der hier auf der erkenntnistheoretischen Ebene zur Ordnung der Psychotherapieschulen-Landschaft vorgeschlagene epistemologische Kontextualismus impliziert zunächst einen mehr oder weniger radikalen epistemologischen Relativismus in der »These, dass alle erkenntnisrelevanten Kontexte gleichermaßen berechtigt und ›akzeptabel‹ sind. Aufgabe der Psychotherapiewissenschaft könnte es sein, diese Radikalität zu moderieren, etwa indem therapieschulübergreifend nach Wissensbeständen gesucht wird, die in mehreren Wissenskulturen aufzufinden sind,[62] oder aber sich diametral gegenüberstehen (▶ Kap. 4).

---

60 Detel 2003
61 Epple 2009, S. 126 f.
62 Vgl. Detel 2009, S. 201 ff.

2.3 Inter Mundus: Aufenthalt zwischen den Wissenskulturen

Die Schulrichtungen/Wissenskulturen unterscheiden sich, wie bereits erwähnt, in der Terminologie des Strukturmodells, zunächst und primär bzgl. deren philosophischer Ebene und daraus abgeleitet bzgl. ihrer epistemischen Modelle. Gemeinsamkeiten finden sich dagegen häufig auf der formalen Ebene:
Implizite Gemeinsamkeiten der Therapieschulen, z. B.:

- Therapiegrenzen als Gemeinsamkeit
- Ethikrichtlinien als Gemeinsamkeit
- Ausbildungsstruktur als Gemeinsamkeit (betrifft v. a. die seit Freud zugrunde gelegte Dreiteilung in Theorie, Selbsterfahrung und Arbeit unter Supervision)

Explizite Gemeinsamkeiten der Therapieschulen, z. B.:

- Entwicklungspsychologie als Gemeinsamkeit, heute v. a. die Bindungstheorie
- Die existenziellen Themen als sog. »Common Base« (s. u.)

Auf jeder der im Strukturmodell beschriebenen Ebenen ist grundsätzlich eine Zusammenschau der Therapieschulen möglich, allerdings unterschiedlich ergiebig.

Primär die Tatsache unterschiedlicher Menschenbildannahmen führt, wie wir gesehen haben, zur Ausbildung und Ausgestaltung unterschiedlicher therapeutischer Schulrichtungen bzw. Wissenskulturen. Der Umgang dieser Schulen untereinander kann dann konkurrierend[63] und/oder kommunikativ erfolgen. Bemühungen um einen Schulendialog und erst recht Bemühungen um therapiepraktische Kombinationen der Schulen mit den aus ihnen erwachsenen Methoden und Techniken sowie Forschungsimplikationen haben gemäß dem hierarchischen Strukturmodell also grundsätzlich und zeitlich zuerst auf dem Boden der philosophischen Perspektive mit der in ihr enthaltenen erkenntnistheoretischen Reflexionsebene stattzufinden. Dass dies nicht selbstverständlich ist, zeigen z. B. Selbstdefinitionen analog etwa der Koppelung der Verhaltenstherapie an die zeitgenössische empirische Psychologie[64] und deren Feststellungen, was mit ihren Mitteln nachweislich (»evidence-based«) wirksam ist. Hier folgt die Selbstdefinition einer Therapieschule einer nicht immer bewusst gemachten positivistisch-nomothetischen Wissenschaftsauffassung bzw. dem dieser Auffassung zugrundeliegenden Menschenbild. Diese mangelnde Bewusstheit und Transparenz suggerieren den Status einer Einheitswissenschaft und führen darüber in einem zweiten Schritt nicht selten zu Versuchen, diese imperialistisch dann auch allen anderen Schulen überzustreifen. So ist bisweilen die Kritik an der Verfahrensvielfalt der psychotherapeutischen Szene bei genauem Betrachten nicht Ergebnis einer gleichwertigen Zusammenschau der Verfahren, sondern – heutzutage – der Versuch einer Dominanz der erkenntnistheoretischen Grundannahmen der positivistischen Verfahren über alle anderen, wenn etwa die Ergebnisse der nomothetischen, mathematisch-

---

63 Siehe dazu die empirisch-quantitative Psychotherapie-Outcome-Forschung der letzten Jahrzehnte und die daraus immer wieder erwachsenden Hierarchisierungen der Therapieschulen. ▶ Kap. 5.4.2.
64 Z. B. Margraf 1996

statistischen empirischen Studien als das einzig wirklich geltende Kriterium für die Existenzberechtigung eines jeden therapeutischen Verfahrens zu werden droht.[65]

Es wurde hier nun erneut die bereits bei der Darstellung des formalen Hierarchiemodells einer Psychotherapieschule eingeführte Bezeichnung des therapeutischen *Verfahrens* benutzt (▶ Kap. 2.1), die v.a. den psychotherapierelevanten sozialpolitischen Diskurs mancherorts definiert und einer kurzen Betrachtung unterzogen werden soll. Als therapeutisches Verfahren lässt sich die Anwendung der Grundlagen einer therapeutischen Schulrichtung auf den therapeutischen Gegenstand bzw. die therapeutische Situation bezeichnen.[66] Im Strukturmodell wäre das Verfahren auf den Ebenen c) bis e), also der Prozess- sowie der Handlungs- und Wirksamkeitsperspektive anzusiedeln.

Die allgemeine, fachliche und auch sozialrechtlich verbreitete Definition eines Psychotherapieverfahrens lautet:

Ein zur Krankenbehandlung geeignetes Psychotherapieverfahren ist gekennzeichnet durch

1. eine umfassende Theorie der Entstehung und Aufrechterhaltung von Krankheiten und ihrer Behandlung oder verschiedene Theorien der Entstehung und Aufrechterhaltung von Krankheiten und ihrer Behandlung auf der Basis gemeinsamer theoriegebundener Grundannahmen,
2. eine darauf bezogene psychotherapeutische Behandlungsstrategie für ein breites Spektrum von Anwendungsbereichen oder mehrere darauf bezogene psychotherapeutische Behandlungsmethoden für ein breites Spektrum von Anwendungsbereichen und
3. darauf bezogene Konzepte zur Indikationsstellung, zur individuellen Behandlungsplanung und zur Gestaltung der therapeutischen Beziehung.[67]

V.a. Punkt 1 zeigt die enge Koppelung eines Verfahrens an die »Philosophische Perspektive« der zugrundeliegenden Schule. Von Interesse ist nun, dass trotz der enormen Unterschiede auf dieser Grundlagenebene, die konkrete Therapiepraxis nicht selten deutliche Überschneidungen aufweist und diese im Verlauf der Entwicklung der Verfahren ständig zu wachsen scheint. TherapeutInnen unterschiedlicher Verfahren tun bisweilen das Gleiche, obwohl sie völlig verschieden darüber nachdenken und ihr Handeln auch völlig unterschiedlich herleiten und begründen. Es ist also oft nicht das konkrete und beobachtbare Tun des/der TherapeutIn, das ein Therapieverfahren vom anderen differenziert. Auch die gängige empirisch-positivistische Psychotherapieforschung berichtet schon lange, dass die wirklich schulspezifischen Techniken gering an Zahl sind und diese scheinen auch nur wenig zum

---

65 Z.B. Grawe u.a. 1994, Rief 2019; ▶ Kap. 5.4.
66 Zwischen der philosophischen Grundrichtung und dem daraus erwachsenden therapeutischen Verfahren wäre die therapeutische *Haltung* anzusiedeln, die sich aus bewussten und unbewussten Komponenten der eigenen Subjektivität, der eigenen privaten »Philosophie«, der Lebenserfahrungen und dem Gelernten zusammensetzt und die professionelle Praxis unterfüttert und ausrichtet.
67 Psychotherapie-Richtlinie, https://www.g-ba.de/richtlinien/20/

auf diese Weise gemessenen Therapieerfolg beizutragen.[68] Zusätzlich herrscht innerhalb der Verfahren inzwischen eine derartige Heterogenität, dass bisweilen von einer zugrundeliegenden philosophischen Perspektive scheinbar nicht mehr gesprochen werden kann.[69]

2.4   Integrative Psychotherapie

Die handlungspraktischen Überschneidungen der therapeutischen Verfahren und die schwer zu ertragende Erkenntnis der Begrenztheit ihrer Wirksamkeit führte schon früh in der Geschichte der Psychotherapie zu Begegnungen der unterschiedlichen Richtungen und zu Versuchen, diese Begegnungen, abgesehen von der ungeregelten Existenz im *Intermundus*, zu systematisieren. Einflussreiche internationale Forschungsinstitutionen wie etwa die »Society for the Exploration of Psychotherapy Integration« (SEPI) haben sich diesem Anliegen verschrieben und das »Journal for Psychotherapy Integration« der »American Psychological Association« (APA) bietet dementsprechenden Forschungsansätzen eine anerkannte Plattform. Generell finden wir im therapiepraktischen Feld folgende Formen schulübergreifender Therapie[70]:

- Allgemeine Psychotherapie
- Eklektische Psychotherapie
- (Methoden-)Kombinierte Psychotherapie
- Methoden-(Sukzessive) Psychotherapie
- Indikativ-differenzierte Psychotherapie
- Inklusive Psychotherapie[71]
- Integrative Psychotherapie
- In neuerster Zeit kann hierzu auch das sog. »Kontextuelle Metamodell« gezählt werden[72]

---

68   Tschuschke u. Czogalik (1990)
69   Man denke etwa an die moderne Verhaltenstherapie, die therapeutische Elemente aus der alten Reflexologie ebenso »ihr eigen« nennt wie Versatzstücke buddhistischer Meditation. Erst bei einem zweiten Blick erkennt man die »Treue« zum zugrunde liegenden Menschenbild, wenn die Begründung für die Aufnahme solch heterogener Methoden mit dem Hinweis auf deren Evidenzbasierung, also mit Hinweis auf eine der positivistischen Wissenschaftstheorie zuzuordnenden Forschungslogik gegeben wird.
70   Vgl. Vogel 2005
71   Mit dem modischen Begriff der Inklusion ist hier ein v. a. in der stationären Psychotherapie gebräuchliches Vorgehen gemeint, ein therapeutisches Verfahren, z. B. die Kunsttherapie, unverändert und ohne Anpassungs- oder Integrationszwang innerhalb eines übergeordneten, z. B. verhaltenstherapeutischen Gesamtrahmens zur Anwendung zu bringen.
72   72 Vgl. Wampold 2015; das Kontextuelle Metamodell stellt quasi eine »interne« Kritik der bisherigen Psychotherapieforschung an sich selbst dar und verbleibt in der post-positivistischen Tradition, indem v. a. das mathematisch-statistische Instrument der Metanalyse zur

Bei genauer Untersuchung wird lediglich die Integrative Psychotherapie dem obengenannten Therapieschulen-Strukturmodell gerecht,[73] die meisten der anderen folgen einer theoretisch oft wenig bis nicht reflektierten, pragmatisch-instrumentalistischen Haltung. Dabei ist seit den 1980er Jahren bis heute ein (im Sinne eines Aktionismus verstandener) »Integrationismus« zu verzeichnen, der den Integrationsbegriff jedoch ungenau und äußerst heterogen verwendet und zu einem Programm, das sich z. T. explizit gegen Schulenstrukturen innerhalb der Psychotherapie ausspricht, funktionalisiert. Im Gegensatz dazu meint eine an der Wortbedeutung ausgerichtete Definition von *Integrativer Psychotherapie*, die im englischsprachigen Raum heute oft mit dem Terminus der *Psychotherapy Integration* bezeichnet wird,[74] in der hier vorgeschlagenen Begrifflichkeit »die Anwendung unterschiedlicher therapeutischer Methoden auf dem theoretischen Boden einer definierten therapeutischen Schulrichtung. Dabei ist es unumgänglich, vor der Integration eines Therapieelements einer therapeutischen Richtung dieses in die theoretische Sprache der Basistheorie zu übersetzen und ihre Wirksamkeit mit den Möglichkeiten der Basistheorie zu erklären«.[75]

In der Unterscheidung der neuesten Auflage des international in der wissenschaftlichen Erforschung integrativer Ansätze meinungsführenden »Handbook of Psychotherapy Integration«[76] entspricht diese Auffassung recht genau der dort beschriebenen »Assimilative Integration«, die dort neben »Common Factors«, »Technical Eclecticism« und »Theoretical Integration« als weitere Variante integrativen Denkens und Handelns aufgeführt wird:

> »Assimilative Integration [...] entails a firm grounding in one system of psychotherapy but with a willingness to selechtively incorporate (assimilate) practices and views from other systems [...] combining fidelity with flexibility.«[77]

Es geht also bei der Integration, in der Sprache der Kulturanthropologie, um die Frage der Aufnahme wissenskulturfremder Ansichten in den eigenen Kulturbestand, ohne diesen dadurch in seiner Integrität zu gefährden. Die obengenannte Bestimmung einer Therapieschule als kollektives Wissenssystem weist diese eben

---

Anwendung kommt. Statt verfahrensspezifischer werden nun »evidenzbasiert« beziehungsspezifische Wirkfaktoren in den Vordergrund gerückt, ähnlich wie das schon aus der Gesprächspsychotherapie von Rogers oder manchen psychoanalytischen Richtungen bekannt ist. Dass Wampold u. Imel in ihrer Konsequenz aus Kritischem Rationalismus und Positivismus sensibler vorgehen als üblicherweise in den Psychotherapiewissenschaften, ändert nichts an ihrem Verhaftet-Sein in diesen Denkschulen.

73 Alle anderen Kombinationsweisen, die in der Psychotherapielandschaft ambulant und stationär im Übrigen sämtlich auf Verwirklichungsversuche verweisen können, ignorieren die Unterschiedlichkeiten und eventuell sogar bestehende Unvereinbarkeiten auf der philosophischen Ebene oder halten sie für irrelevant.
74 *Psychotherapy Integration* wird in vielen internationalen Zusammenhängen von der bisweilen sehr eklektisch definierten *Integrative Psychotherapy* unterschieden.
75 Vogel 2000, S. 35; eine so verstandene Integrative Psychotherapie grenzt sich insbesondere ab von sog. eklektischen Ansätzen, in denen allzu oft nicht aufeinander bezogene Versatzstücke einzelner Therapieschulen aus pragmatischen und Effizienzüberlegungen aneinandergereiht werden.
76 Norcross u. Goldfried 2019
77 Norcross u. Alexander 2019, S. 11 f.

auch als über »sprachliche Kommunikation« sowie »usuelle gemeinschaftliche Übereinkünfte über Sprachverwendungsregeln« bestimmt aus.[78] Der diskursive Bestimmungscharakter der psychotherapeutischen Begriffe ist dadurch begründet, dass es sich hier nicht um »wahrnehmbare Referenzobjekte«, sondern »ideelle Konstrukte« handelt, die »in ihrer Auslegungspotenz flexibler sind«[79].

Die in den Psychotherapieschulen genutzten Begriffe, ihre spezifische Sprache also, ist nicht nur Folge des jeweils vorherrschenden Denkens mit seinen Auffassungen von Wahrheit und Wirklichkeit, sondern konstituiert dieses vielmehr maßgeblich mit: »Sprache schafft Welt, verschiedene Sprachen schaffen unterschiedliche Welten. Sprache ist nie nur Abbildung von ihr, sondern bringt sie immer auch hervor. Das gilt grundsätzlich [...]«[80], und bedeutet auch: »Als Kommunikationsmedium formt Sprache immer das Denken der Angehörigen einer Kultur«[81], auch einer Wissenskultur. Das hat erhebliche Auswirkungen auf die Entwicklung einer angemessenen Erkenntnistheorie, denn »[...] dass der Glaube, es gäbe nur eine Wirklichkeit die gefährlichste all dieser Selbsttäuschungen ist: dass es vielmehr zahllose Wirklichkeitsauffassungen gibt, die sehr widersprüchlich sein können, die alle das Ergebnis von Kommunikation und nicht der Widerschein ewiger, objektiver Wahrheiten sind.« Dies führt zu der »Weigerung, sich einer bestimmten Form der Wirklichkeit [...] zu verschreiben.«[82]

Der bereits bei der Darstellung der philosophischen Perspektive einer Therapieschule genutzte Terminus des »Begriffs« als Baustein eines psychotherapeutischen Konzeptes ist bei der hier vorgeschlagenen Übersetzungsarbeit entscheidend, erfolgt diese doch ausschließlich auf der Begriffs- und keinesfalls auf der Konzeptebene. Vielmehr ist zu überprüfen, ob eine Übersetzung eines Begriffes in die Sprache einer anderen Therapieschule mit deren aus den anthropologischen Vorannahmen entstandenen theoretischen Konzepten kompatibel ist. Die sorgfältige begriffliche Übersetzungsarbeit bedeutet

- auf einer ersten Ebene und ganz basal zunächst Kontaktarbeit. Um überhaupt eine Übersetzung auf den Weg bringen zu können, müssen verschiedene Sprachsysteme miteinander in Verbindung treten, sich miteinander auseinandersetzen: »Wörter mobilisieren das Gemeinsame und Verbindende« und wir können »Worte verwenden, um die Grenzen des menschlichen Ausdrucksvermögens aufzuzeigen« so das Künstlerkollektiv harriet c. braun in einem Textband anlässlich der Kasseler *documenta fifteen*[83]. In einer psychotherapeutischen Landschaft, in der sich therapeutische Schulrichtung bisweilen gegenseitig ignorierend nebeneinander aufhalten, kann diese Basisfunktion von Übersetzung nicht hoch genug bewertet werden.

---

78 Fraas 2000, S. 31
79 Ebd.
80 Habeck 2018, S. 9
81 Simon, Haaß-Wiesegart u. Zhao 2011, S. 113
82 Watzlawick 2021, S. 7 ff.
83 harriet c. braun 2022, S. 10 f.

- Zweitens schützt Übersetzungsarbeit ganz grundsätzlich vor einer plumpen Ähnlichkeitssuche und Integrationseuphorie, die zufällige Überschneidungen und oberflächliche Gemeinsamkeiten von Begriffsvariablen der einzelnen Therapieschulen zu Gleichartigkeiten erklärt. Die genaue Übersetzung zeigt schnell die Grenzen der Übereinstimmung auf, die eben v. a. dadurch gegeben ist, dass sich die jeweiligen Begriffe aus völlig verschiedenen Menschenbildern und zugehörigen Erkenntnistheorien herausentwickelt haben, also eine völlig unterschiedliche »epistemische Ladung« haben,[84] so dass eine trotz zahlreicher Überschneidungen bestehenbleibende prinzipielle *Altertität* anerkannt respektiert wird.
- Gleichzeitig hält die Arbeit an konkreten Begriffsübersetzungen die Integrationstätigkeit auf der Ebene der wohlbegründeten und wohlreflektierten Ausnahme, ist also nicht als Infragestellung der philosophischen Perspektive zu verstehen. Wenn zudem darauf geachtet wird, dass das zu integrierende Element nicht auf der Ebene ganzer therapeutischer Konzepte, also ganzer »Abteilungen« der Ausgangs-Schulrichtung, sondern möglichst abgegrenzt und handlungspraktisch begründet erfolgt, kann ein Übersetzungsschema hilfreiche Dienste in der praxeologischen Erweiterung eines therapeutischen Verfahrens bedeuten.
- Auf der therapiepraktischen Ebene wiederum eröffnet die Übersetzung Chancen, begrifflich gefasste Erkenntnisse der einen Schule in der anderen nutzbar zu machen. Hier findet sich auch die Hauptbegründung für die Mühe der Übersetzungsarbeit, nämlich die Hoffnung, damit für den/die PatientIn hilfreicher zu werden und die Therapie zu individualisieren. Es ist zugleich die Hauptmotivation der übergroßen Mehrheit der praktisch tätigen TherapeutInnen, »über den Tellerrand« der eigenen Therapieschule hinauszublicken und sich mit anderen Methoden vertraut zu machen.[85]
- Schließlich verweist die für eine begrenzte Übersetzung notwendige genaue Arbeit an den verwendeten Begrifflichkeiten auf die zumindest allen komplexen Begriffen des psychotherapeutischen Feldes zuzuschreibende letztendliche, immer wieder »übrig bleibende« Nicht-Übersetzbarkeit. Es wird dann deutlich, »es gibt keine zuverlässige Methode, Vokabulare und Realitäten aufeinander abzustimmen.«[86] Diese Tatsache einer letztlichen *Opazität* (s. u.), hier einfach angelehnt an die Sprachphilosophie definiert als Unmöglichkeit, einen komplexen psychologischen Begriff ohne substanziellen Bedeutungsverlust in einen anderen zu verwandeln, führt hin zu einer grundsätzlichen erkenntnistheoretischen Position, auf die während der vorliegenden Arbeit immer wieder Bezug genommen wird, dass nämlich jegliches Unternehmen, einen solchen Begriff eindeutig festzulegen, andere Bedeutungsgehalte eliminiert, die aber den Begriff ebenfalls maßgeblich konstituieren:[87] »Die Wirklichkeit der Sprache ist Vielfalt und Un-

---

84 Wir kommen hier in den Bereich von etwaigen Inkommensuralitäten (Kuhn 2001) als Nichtvergleichbarkeiten wissenschaftlicher Theorien und ihrer Begriffe und daraus folgender Kritik an sog. »Term-zu-Term«-Vergleichen. Sie verweist kritisch auf die Grenzen der Kommunikation zwischen den Therapieschulen!
85 Z. B. Thoma u. Cecero 2009
86 Sloterdijk 2021, S. 197
87 ▶ Kap. 3.

eindeutigkeit. So entstehen Widersprüche«[88], die Gegenstand eines psychotherapiewissenschaftlichen Diskurses werden. Hier nun bekommt die Übersetzungsarbeit eine neue Tönung und man sollte auf dieser Ebene »den Begriff ›Übersetzung‹ oder ›Translation‹ nicht zu wörtlich nehmen, sondern eher als eine poetische Möglichkeit begreifen, etwas bereits Existierendes für weitere potenzielle Benutzer*innen zu öffnen«[89]. Hier kommt schon die Rolle non-verbaler, künstlerischer Ausdrucksformen ins Spiel, auf die weiter unten detailliert eingegangen werden soll.

Ein inzwischen weithin, v. a. im stationär-psychotherapeutischen Kontext angewandtes und breit rezipiertes[90] Übersetzungsschema, angesiedelt zwischen den beiden größten psychotherapeutischen Orientierungen, der verhaltenstherapeutischen und der psychodynamischen[91] Schule, soll hier kurz vorgestellt werden. Die Auswahl der zu übersetzenden Termini folgte dabei der Entwicklung der Kognitiven Verhaltenstherapie heraus aus der psychoanalytischen Ich-Psychologie durch Aaron T. Beck und der deutlichen Übereinstimmung dieser beiden psychotherapeutischen Ansätze im Interessensfokus auf den sog. »Ich-Funktionen« wie z. B. Wahrnehmung, Denken, Intention, Verhalten etc. Gleichzeitig wird in der psychodynamischen Therapie schwerer beeinträchtigter PatientInnen deutlich, dass die bereits in den 50er Jahren des letzten Jahrhunderts bemerkte erhebliche Autonomie des Ich[92] bedeuten kann, dass PatientInnen trotz Fortschritten in der psychotherapeutischen Behandlung an ihren Symptomen quasi »festhalten« und es spezifische Methoden zur direkten Beeinflussung dieser beeinträchtigen Ich-Funktionen benötigt. Aus unterschiedlichen philosophischen Paradigmen heraus entwickelten sich so ähnliche Schwerpunkte der therapeutischen Praxis, was einen Übersetzungsversuch aussichtsreich erscheinen ließ.

Folgendes Übersetzungsschema wurde vorgeschlagen[93], ausgehend von der Beobachtung einer eine autonome Ich-Funktion betreffende Situation durch den/die TherapeutIn im therapeutischen Prozess (linke Spalte) und der Bezeichnung dieser Beobachtung in psychoanalytischer Terminologie (mittlere Spalte):

In der praktischen Umsetzung geht es dann konsequenterweise nicht um die Veranstaltung ganzer verhaltenstherapeutischer Therapieabschnitte, sondern um das temporäre und übertragungsreflektierte Anbieten der originär aus dem verhaltenstherapeutischen Repertoire stammenden Technik im Sinne einer (in der Sprache der grundlegenden Therapieschule, hier also der Psychoanalyse, formuliert) »temporären Übernahme von (Hilfs-)Ich-Funktionen«, bisweilen im Rahmen einer ›temporären Relativierung des Neutralitätsgebots‹. Damit bleibt auch die Durchführung eines integrierten Elements darstellbar in der Sprache der Basistheorie, und das oben dargestellte Kriterium von Integration bleibt bestehen.

---

88 Habeck 2018, S. 94
89 ruangrupa 2022, S. 31
90 Z. B. Schattenburg 2005
91 »Psychodynamisch« meint hier, der angloamerikanischen Tradition folgend, den Überbegriff über alle aus der Psychoanalyse abgeleiteten Verfahren.
92 Vgl. z. B. Hartmann 1972
93 Vogel 2005, S. 195

Übersetzungsschema verhaltenstherapeutischer Einzel-Methoden in psychoanalytische Terminologie

Patient/in: .... Datum: ....
Diagnose: .... Therapiestunde: ....

Wahrnehmung des/der Therapeuten/in	*Psychoanalytische Terminologie*	*Assoziierte VT-Methode*
	Kognitive Ich-Funktionen	
	Wahrnehmende Ich-Funktionen	
	Ausführende Ich Funktionen	
	Unterdrückungs- und evtl. Abwehroperationen	
	Objektkonstanz	
	Arbeit am Introjekt	
	Arbeit am/mit -dem Über-Ich	

Abb. 2.4: Psychotherapiesprachliches Übersetzungsschema

Dem Übersetzungsgedanken geht eine stark über die jeweils benutzte Sprache definierte Sicht einer Therapieschule voraus. Gleichzeitig schafft »Sprache« ohnehin schon »einen Weltbezug, der immer übersetzt« und damit Beziehung schafft. »Und das Übersetzen erinnert einen daran, dass die Dinge auch in der eigenen Sprache immer anders gesagt werden können. Nichts ist so, wie es in einer Sprache allein ist«[94]. Wir sehen bei der Anwendung dieses Übersetzungsschemas deutlich die Chancen, aber auch die Grenzen der Überführbarkeit von Begriffen unterschiedlicher erkenntnistheoretischer Herkunft, ja die Grenzen des sprachlichen Ausdrucks überhaupt, wenn es um psychotherapierelevante Grundbegriffe geht.[95] Zumindest die komplexeren psychotherapeutischen Begriffe sind, und hier sind Anleihen in Sprach- und Literaturwissenschaft zu nehmen, hoch »polysemantisch«,[96] ja opak (s. u.) und eine zunächst gemeinte Eindeutigkeit löst sich bei sorgfältiger Befassung in einer gewissen Bedeutungsbreite auf. Fast wie komplexe mehrdeutige »Kommunikate« rekurrieren sie auf die »Ausdrucksmittel unterschiedlicher Zeichensys-

---

94 Habeck 2018, S. 82
95 Ähnlich versucht im Übrigen z.B. die Schematherapie, meist allerdings in wenig transparenter Manier, »viele der klassischen tiefenpsychologischen Konzepte [...] in Termini zu übersetzen, sodass sie in den Rahmen der kognitiven Psychologie und der kognitiven Verhaltenstherapie zu einem stimmigen Gesamtkonzept integriert werden können« (Bender 2017, S. 15).
96 Zur Differenzierung zwischen Ambiguität (als Phänomen der Begriffslektüre) und Polysemie (als Ergebnis theoretischer, »komparativ-reflexiver« Tätigkeit), vgl. Weimar 2009, S. 59. Beides trifft im Zusammenhang vieler psychotherapeutischer Begriffe zu.

teme« (in unserem Fall etwa Worte, Bilder, Verhalten, Erleben…) und sind nie »losgelöst von nonverbalem Ko- und Kontext«[97]. Statt der tatsächlich u. U. irreführenden »Übersetzungs-«Vokabel werden deshalb an unterschiedlicher Stelle Begriffe wie Brücke, Dialog, Berührungsfläche etc. vorgeschlagen, die dem vorgestellten Schema wohl eher entsprechen, allerdings im psychotherapiewissenschaftlichen Diskurs wenig gebräuchlich sind.

Die Überführung eines therapieschulbezogenen Begriffes in die Sprache einer anderen Wissenskultur ist also immer nur annäherungsweise möglich und es bleibt notwendigerweise ein mehr oder weniger großer Bedeutungsüberhang bestehen, was bei Anerkennung dieser Tatsache der praktischen Nutzbarkeit allerdings keinen Schaden zufügt. Das Bemühen um eine beständige *interkulturelle Kommunikation*[98] zwischen den psychotherapeutischen Wissenskulturen ist durch Übersetzungsarbeit also nicht unnötig geworden. Hingewiesen sei an dieser Stelle auf die in einigen Teilen ähnlich motivierte Methode des Therapieschulendialogs von Kurt Greiner:

> »Ich bezeichne meinen speziellen therapieschulen-interdisziplinären bzw. intertherapeutischen Grundlagenforschungsansatz als Therapieschulendialog (TSD) und definiere diesen als (Definition) eine konstruktivistisch fundierte, dialogexperimentelle Forschungspraxis auf theorienanalytischer Verfahrensgrundlage, die im Zeichen der Förderung, des Ausbaus und der Weiterentwicklung des interdisziplinären Reflexionsdialogs der psychotherapeutischen Systeme (Mikro-Realitäten) steht. Das Ziel des TSD ist die Schaffung konstruktiver Begegnungsmöglichkeiten zwischen sämtlichen psychotherapeutischen Ansätzen und Richtungen durch systematische Ausgestaltung wissenschaftlicher Diskussions- und Kommunikationsformen innerhalb des disziplinären Gesamtrahmens der Psychotherapie (Therapieschulen-Interdisziplinarität).«[99]

Es wird im vorgestellten Schema jedenfalls eher kreativ-hermeneutisch als übersetzend[100] gearbeitet, wenn ein komplexer, zunächst theoretischer psychoanalytischer Begriff[101] in eine verhaltenstherapeutische Handlungssprache überführt wird. Wichtige Gütekriterien einer Übersetzung, wie etwa Explizitheit oder Verifizierbarkeit, bleiben dabei sprachwissenschaftlich auf der Strecke. Wir sehen aber auch,

---

97 Agnetta 2018, S. 25
98 Unter dem nun auch in der wissenschaftlichen community angekommenen Begriff der interkulturellen Kommunikation (intercultural communication) wird ein primär kulturwissenschaftlicher Zugang zu Umgangsweisen mit kultureller Vielfalt und Heterogenität verstanden.
99 Greiner 2012, S. 29–30
100 Das vorgestellte »Übersetzungs-«Ansinnen als Methode der In-Beziehungs-Setzung der Therapieschulen scheint, wenn auch unmittelbar aus der psychotherapeutischen Praxis kommend und für diese formuliert, durchaus anschlussfähig an die grundlegenden, sich nur kurz später formierenden Gedanken eines hermeneutisch formulierten systematisierten Therapieschuldialogs an der SFU Wien (Greiner 2018). Es handelt sich bei dem hier vorgelegten Schema wohl durchaus um eine vereinfachte Version »heterokontextuellen Integrationsversuchs« im Sinne Greiners (z. B. 2019), legt aber durch die Betonung der Opazität der zu überführenden Begriffe bzw. Konzepte mehr Wert auf dessen notwendige Unvollständigkeit. Jeder Transformations-(Übersetzungs-)Versuch enthält nicht nur für die Wissenskultur des Ausgangsbegriff u. U. interessante Ideen, sondern immer auch neue, im Ausgangsbegriff aufzufindende Aspekte und stellt damit eine Erweiterung des Verständnisses des Ausgangsbegriffes dar.
101 Hinzuweisen ist hier darauf, dass die jeweiligen Begriffe in ihrer praktischen Verwendung im therapeutischen Prozess, also quasi als »Begriffe im Vollzug« verstanden werden.

und das darf bei aller Grundlagendiskussion um eine »Im- bzw. Exportierbarkeit in Räume abweichender Sprache und Kultur«[102] nicht vernachlässigt werden, die Chancen, die in dem liegen, was möglich ist. Es wird klar, dass der vorgeschlagene Zuordnungsversuch die psychodynamische Begrifflichkeit unangetastet lässt und lediglich mögliche therapeutisch-handlungsmäßige Konsequenzen im Methodenkanon der Kognitiven Verhaltenstherapie anbietet, also weit von einer wörterbuchartigen Übersetzungsidee entfernt ist. Dadurch ist die Gefahr eines Eingreifens in die Integrität des Basisverfahrens gebannt. Zudem legt das Vorgehen Wert auf die permanente und genaue Reflexion der das psychodynamische Verfahren therapeutisch konstituierenden Variablen, nämlich der Ebene von Übertragung und Gegenübertragung. Sowohl die Indikation zur Integration als auch deren konkrete Praxis und deren Konsequenzen für die bewusste und unbewusste Beziehungsdynamik zwischen TherapeutIn und PatientIn werden einem genauen Monitoring und einer Reflexion unterzogen. Dies ist eine weitere, nunmehr dritte Gewährleistung der erhaltenen Schulenintegrität des (in diesem Falle psychoanalytischen) Basisverfahrens.

Eine exakte begriffliche Übersetzungsarbeit findet, wie bereits angedeutet, dann ihre Grenzen, wenn es sich bei den fraglichen Termini um nicht genau operationalisierbare Topi handelt. In der Sprachphilosophie gibt es – v. a. im Umfeld kontextualistischer Ansätze – den Begriff der *fehlerlosen Uneinigkeit*[103], der hier in etwas anderem Kontext eingeführt werden kann und bereits eine bestimmte, »akzeptanzorientierte« Sicht auf die Unterschiedlichkeit der psychotherapeutischen Schulrichtungen vorwegnimmt. Dies ist v. a. beim Einbezug »unbewusster« Begriffsanteile der Fall, denn »Das Problem ist: die ›Tiefe‹, das ›Unbewusste‹ zumindest in seinen leibnahen Schichten ist stumm; es hat keine Sprache«[104]. So bleiben z. B. bei dem Versuch einer Übersetzung psychodynamischer Begriffe oder gar Konzepte in die Sprache anderer Schulrichtungen vorwiegend psychodynamische Begriffsbasics auf der Strecke. Dies wird z. B. deutlich bei den aktuellen Versuchen der Überführung des Schemabegriffs der Kognitiven Verhaltenstherapie in den Komplexbegriff der Analytischen Psychologie[105] oder in die Konfliktsystematik der Operationalisierten Psychodynamischen Diagnostik OPD-II[106]. Eine Begriffsüberführung, die oft bei genauer Betrachtung implizit eigentlich eine Überführung eines ganzen, hochkomplexen Konzeptes bedeutet, etwa gelingt nur, wenn die Begriffsbestimmung eines archetypischen Kerns des Komplexes, wie in der Analytischen Psychologie postuliert, entweder ignoriert oder auf bewusstseinsfähige Definitions-Teilstücke des Archetypischen reduziert wird. Der Begriff des Archetyps als Inhalt des »Kollektiven Unbewussten« (so die Theorie der Analytischen Psychologie) ist nämlich per definitionem »unanschaulich«, »numinos« (zu diesen Begriffen ▶ Kap. 3.2), erscheint nur unklar als Mythologem oder Bild und widersetzt sich so jeglicher Definition. Damit ist er auch ein Paradebeispiel für das, was unter dem Opaziätsbegriff (s. u.) zu fassen

---

102 Agnetta 2018, S. 25
103 Z. B. Lötscher u. Conrad 2015
104 Bittner 2020, S. 24
105 Z. B. Meier 2012, Schlegel 2014
106 Bender 2017

ist. Er ist, obwohl er sich kulturell durch Bilder ausdrückt, eigentlich inhaltsleer, ist quasi eine selbst formlose, jedoch bewusste und unbewusste Inhalte formende, d. h. mit Struktur versehende Kraft[107]. Diese rezipierbaren inneren und äußeren Bilder, in denen Archetypisches sich zeigen mag, können wiederum also keiner wirklichen Deutung (im Sinne einer Übersetzung oder Enthüllung) unterzogen werden, denn das würde heißen, dem Archetyp doch von außen einen Inhalt zuzuschreiben. Sie müssen, wie die Archetypische Psychologie[108] weiß, um sie nicht zu zerstören, für sich stehen dürfen und können lediglich amplifikatorisch angereichert und imaginativ bzw. gestaltend umkreist werden, denn: »Wenn man archetypische Bilder ihres besonderen Gefühlstons, ihrer Numinosität entkleidet, so weicht das Leben aus ihnen und sie werden bloße Worte«.[109]

Dieses archetypische Bestimmungsstück eines Komplexkerns hat keine Entsprechung im Denken und in den Begriffen anderer Therapieschulen, was eine Gleichsetzung mit Konzepten aus deren Wissenssystemen eben unmöglich macht. Solche und auch andere eng mit dem Menschenbild der Analytischen Psychologie in Verbindung stehende Bestimmungsanteile bleiben jedoch auch deshalb in ihrer Gänze (nicht aber in Teilaspekten) unübersetzbar, weil sie auch für sich selbst (und innerhalb der Schulrichtung der Analytischen Psychologie) nicht eindeutig bestimmbar sind. Da der Archetypenbegriff durch seine Nähe zu archetypischen Bildern und Motiven nahe an einer, wenn auch durchaus in erster Linie bildhaften Zugänglichkeit steht, wird hier die Verwendung des Begriffs des »Archetypischen« vorgeschlagen. Dieses ist dann eben per se unanschaulich *opak* und *numinos*, lediglich durch Emotionen der Ergriffenheit (in erster Linie aber nicht ausschließlich *tremendum*/ehrfürchtiges Erschaudern und *fascinosum*/Entzücken und Faszination) erfahrbar (▶ Kap. 3.2). Die einzelnen Archetypen selbst hingegen sind schon gewisse, im Innerpsychischen erfolgende Gestaltungen, die dann hindurch kollektiver und persönlicher Schichten, in Bildern und Motiven erscheinen.

Zusammenfassend ist also festzuhalten: Der Versuch einer genauen, alle fünf Faktoren des Strukturschemas berücksichtigende Übersetzungsarbeit psychotherapeutischer Kernbegriffe weist hin auf eine nur teilweise gegebene Kommensurabilität therapeutischer Schulrichtungen, die spätestens auf der Ebene a), also der philosophischen Perspektive, deutliche Grenzen erfährt. Statt der Suche nach einem irgendwie gearteten, aus vermeintlich einer superioren Position abgeleiteten Wahrheitsanspruch, der eine der Schulrichtungen über die andere erhebt, kommt es nun zu einem respektvoll-diskursiven Verhältnis zueinander, in dem sämtliche Richtungen zunächst als mögliche Annäherungsweise an das Seelische betrachtet werden.

---

[107] Jung 1936 (1995), GW 9/I, §99 Alle Zitate Jungs beziehen sich, wenn nicht anders genannt, sämtlich auf die Studienausgabe der Gesammelten Werke.
[108] Die sog. »Archetypische Psychologie« ist eine in der 1970er Jahren innerhalb der Analytischen Psychologie entstandene und inzwischen recht eigenständige tiefenpsychologische Denkrichtung, die einige der Grundfiguren Jungs radikal weiterentwickelt.
[109] Jung GW 18/1, §589

2.5 Therapeutische Identität

Die therapeutische Schulrichtung mit der in ihr gesprochenen Sprache hat etwas mit dem zu tun, was als »therapeutische Identität« bezeichnet wird, und zwar sowohl bzgl. der sozialen (Eingebundensein in Gruppen und Institutionen) wie auch der weltanschaulichen Variante von Identität. In einer repräsentativen Untersuchung aus dem Jahr 2005 gaben lediglich 21 % der befragten PsychotherapeutInnen an, nur in dem Verfahren zu arbeiten, in dem eine sozialrechtliche Zulassung, also eine formalisierte Ausbildung erfolgte, 21 % bezeichneten sich als eklektisch und 54 % als integrativ arbeitend. Und wenn auch die persönliche Einschätzung der Bedeutung des erlernten Therapieverfahrens für die therapeutische Identität zwischen den Angehörigen unterschiedlicher Therapieschulen deutlich schwankt (mit den TiefenpsychologInnen an erster und den HypnotherapeutInnen an letzter Stelle), so kann ein enger Zusammenhang als zumindest statistisch durchaus erwiesen gelten.[110] PsychotherapeutInnen haben wie alle Menschen ein Welt- und Menschenbild, das sie leitet und ihre Kognitionen, Emotionen und Handlungen maßgeblich (mit-)bestimmt, und benötigen eine therapeutische Schulrichtung, die diesem entspricht. Auf der bewussten Ebene spielen (leider) die zugrundeliegenden anthropologischen Annahmen des von angehenden AusbildungskandidatInnen gewählten Verfahrens (mit dem sie, wie wir nun wissen, eine gesamte Wissenskultur betreten) oft nur eine untergeordnete, manchmal überhaupt keine Rolle.[111] Aspekte, wie die persönliche Erfahrung (etwa als PatientIn) oder die erwartete Akzeptanz im Gesundheitswesen, sind für die Entscheidung weit mehr ausschlaggebend und die Zufriedenheit mit der Wahl des Verfahrens ist in den verschiedenen Schulen ungleich verteilt.[112] Grundsätzlich lassen sich folgende Faktoren bzgl. der Entstehung einer therapeutischen Schulzugehörigkeit aufführen:[113]

Biographiegeschichtliche Gründe, z. B.:

- Identifikationen oder deren Vermeidung[114]
- Menschenbildannahmen
- Eigene Heilungswünsche und -versuche (Therapieerfahrungen)
- Prestigeträchtigkeit
- Universitätssozialisation/universitäres Lehrpersonal

---

110 Schindler u. Schlippe 2006
111 In einer Befragung aus dem Jahr 2014 gaben schulenübergreifend lediglich 55 % der AusbildungsteilnehmerInnen an, aus Überzeugung für die Konzepte und die Wirksamkeit des Verfahrens die jeweilige Wahl getroffen zu haben, Proll u. a. 2014.
112 Z. B. Barthel u. a. 2011
113 Vogel 2005, S. 18 f.
114 V. a. bei AusbildungsteilnehmerInnen in psychoanalytisch orientierten Verfahren finden wir häufig Vorerfahrungen mit TherapeutInnen derselben Schule.

Gesundheitsökonomische Gründe, z. B.:

- Finanzielle Vorteile
- Sichere Verankerung im Sozial- und Gesundheitssystem
- Präsenz in Kliniken und Beratungsstellen

Pragmatische Gründe, z. B.:

- Verfügbarkeit eines Ausbildungsinstituts und Zugangsmöglichkeit zu diesem
- Kosten der Ausbildung
- Investierbare Zeit in die Ausbildung

An dieser Übersicht wird der auch empirisch bestätigte Sachverhalt deutlich, dass neben ganz pragmatischen Überlegungen der persönliche Kontakt zu VertreterInnen einer Schulrichtung einen großen Anteil an der Entscheidungsfindung einnimmt. Gleichzeitig gibt es in Befragungen Hinweise auf unterschiedliche Motive der Schulenwahl bei psychodynamischen und verhaltenstherapeutischen AusbildungsteilnehmerInnen[115].

Psychotherapie ist, das wurde bereits angesprochen, bisweilen und oft notwendigerweise ein äußerst (identitäts-)verunsicherndes Unternehmen, worauf aktuelle Mikroanalysen der therapeutischen Beziehung immer wieder hinweisen.[116] Die Ausprägung der Identitätsverunsicherung jedoch, bzw. die Fähigkeit der TherapeutInnen, schnell eine Identitätsrestauration einzuleiten, kann direkt auf die psychotherapeutische Wirksamkeit Einfluss nehmen. Die Identifikation mit dem Menschenbild und den darin begründeten Methoden einer therapeutischen Schulrichtung wirkt dabei ebenso identitätsförderlich wie die Möglichkeit von Rückversicherungen in Institutsstrukturen, bei Fachtagungen oder der Orientierung an den »Alten und Erfahrenen«. Eine Schulen-Überidentifizierung führt, der allgemeinpsychologischen Dissonanztheorie folgend, so etwa zum Ausblenden alternativer und v. a. widersprechender Auffassungen. Eine zu schwache therapeutische Identität kann zu Verunsicherung und Planlosigkeit beitragen und es fehlt »die angstabwehrende und stabilisierende Bedeutung eines schulenspezifischen Bezugsrahmens«[117], wer seine schulspezifische Sprache völlig »verliert, wird heimatlos«[118] und verunsichert.

Die psychotherapeutische Schulrichtung stiftet also auf der einen Seite therapeutische Identität, die Wahl einer Schulrichtung und des ihr zugeordneten therapeutischen Verfahrens aber ist, wie bereits gezeigt wurde, auf der anderen Seite ebenfalls eng verwoben mit Persönlichkeit und Identität des/der TherapeutIn. Daher kommt auch der Beachtung einer intersubjektiven Passung und einer persönlichen

---

115 Proll u. a. 2014
116 Z. B. Jaenicke 2006, Vogel 2016a
117 Heinzel 2003, S. 181
118 Habeck 2018, S. 92

Indikationsstellung[119] in der psychotherapeutischen Praxis ein höheres Gewicht zu als die spezifische Indikationsstellung für das eine oder andere therapeutische Verfahren.

Auf einen weiteren wichtigen Faktor der positiven Identitätsfindung des/der TherapeutIn in und mit seinem/ihrem Verfahren wurde bereits hingewiesen. Es ist der inzwischen in der gängigen Therapieforschung gut belegte »Allegiance-Effekt« als Ausmaß der Überzeugtheit, ja des Glaubens (believes) des/der TherapeutIn an die Wirksamkeit des eigenen Verfahrens (▶ Kap.2.3).

---

119 Vogel 2001; »Die persönliche Ebene der Indikation betrifft den/die TherapeutIn als Person. Er/sie muss sich im Klaren sein, welche PatientInnengruppe für ihn/sie evtl. ungeeignet erscheint, vielleicht, weil aufgrund der eigenen Biographie nur schwer ein empathischer Kontakt herstellbar ist, der/die PatientIn eher Angst auslöst, von vornherein als hoffnungslos angesehen wird u.v.m« (ebd., S. 95).

3 Die Tiefenpsychologische Perspektive

*Das lebendige Geheimnis des Lebens [...], das Worte nicht verraten
und Argumente nicht erschöpfen können.*
C. G. Jung 1960 (1990), Briefe III, S. 328

3.1 Das Beispiel: Die Analytische Psychologie in der Nachfolge C. G. Jungs

Wir haben uns im vorherigen Kapitel mit den Bestimmungsebenen einer therapeutischen Schulrichtung und den Möglichkeiten und Grenzen einer Übersetzungsarbeit befasst. Dabei wurde deutlich, dass v. a. die in der psychotherapeutischen Wissenschaft nicht selten zu beobachtende Begriffsweite eine klare Einschränkung der Übertragbarkeit definiert. Gleichzeitig weist das Strukturmodell einer therapeutischen Schulrichtung auf die Notwendigkeit der Stimmigkeit der fünf Ebenen zueinander hin. Die Analytische Psychologie in der Nachfolge C. G. Jungs soll an dieser Stelle im Rahmen einer exemplarischen Grundlagenanalyse als tiefenpsychologisches Beispiel für die Entwicklung eines den anthropologischen Grundannahmen der tiefenpsychologischen Denkrichtung allgemein gemäßen wissenschaftlichen Ansatzes dienen. Die Auswahl gerade dieser Schulrichtung erfolgte zum einen geleitet von den ausbildungserworbenen Kompetenzen des Autors, zum anderen aber auch aufgrund des in der deutschsprachigen analytisch-psychologischen wissenschaftlichen »Szene« seit einigen Jahren geführten, lebhaften wissenschaftlichen Diskurses. Die Argumentation der analytischen Psychologie bietet, quasi als »Zuspitzung« tiefenpsychologischer Sicht, zudem eine theoretische Grundlegung für die sich innerhalb einer Übersetzungspragmatik (▶ Kap. 2) ergebenden Komplikationen. Die besondere Eignung der Analytischen Psychologie als tiefenpsychologische Ideengeberin für die Bestimmung einer Psychotherapiewissenschaft wird zudem deutlich werden in der Darstellung ihrer inzwischen fast schon als Teil der psychotherapiewissenschaftlichen Historie zu bezeichnenden Fokussierung auf die Grenzen wissenschaftlicher Zugänglichkeit im psychotherapeutischen Feld und den daraus sich ergebenden wissenschaftstheoretischen und praktisch-forscherischen Konsequenzen.[120] Wie grundsätzlich für den menschlichen Erkenntnisgewinn, so gilt auch in der mikroanalytischen Betrachtung einzelner therapeutischer Schulrichtungen, dass dem Eintauchen in die Tiefe des Untersuchungsgegenstandes nicht nur Aussagen über das Einzelne und Besondere, sondern mit zunehmender Tiefe auch über das Allgemeine zu entlocken sind.[121]

3.2 Die menschenbildlichen Grundlagen der Analytischen Psychologie und ihre erkenntnistheoretischen Implikationen

Wie dargestellt, ist die unterste, grundlegende Ebene einer Therapieschule durch ihre Menschenbildannahmen (Ebene a) des Strukturschemas) definiert. Daher seien hier die zentralen Grundkonzepte der Analytischen Psychologie aufgelistet, aus denen sich deren Menschenbild[122] herausfiltern lässt. Als Kernelemente der Analytischen Psychologie haben zu gelten[123]

- das Konzept eines dynamischen und geschichteten Unbewussten,
- die Psychologie des Selbst und die Idee von Ganzheit und Kompensation,
- die Konzeption der psychischen Grundfunktionen,
- das Prinzip der Finalität und Transkausalität,
- die Gegensatzstruktur der Psyche,
- die Idee der Individuation.

Diese Basiskonzepte bilden den weltanschaulichen Rahmen der Analytischen Psychologie ab, und aus ihm leitet sie deren Sicht auf den Menschen, sein Glück und

---

120 Einen im Anliegen verwandten elaborierten Versuch einer »Psychotherapiewissenschaft der Analytischen Psychologie« unternimmt Burda 2021.
121 Dieses Plädoyer für eine genaue Einzelanalyse um zu allgemein gültigen, heute würde man sagen »brauchbaren« Aussagen zu gelangen, ist Gegenstand der Philosophie seit Jahrhunderten. Als Beispiel sei hier Fichtes »Grundzüge zum System der Philosophie« genannt, in denen es z. B. in der Sprache des Idealismus und der Vor-Romantik heißt: »Je tiefer wir das […] Wesen der Weltwirklichkeit erforschen, desto sicherer und evidenter lesen wir darin die Natur des Urgrundes« (1845, S. 51). Oder Georg Simmel (1896): »[…] je tiefer wir einen Denkprozess zurückverfolgen, desto näher rückt er an die gemeinsamen Wurzeln heran, in denen das Menschengeschlecht ursprünglich zusammenhängt«.
122 C. G. Jung selbst bevorzugte in diesem Zusammenhang den Terminus »Weltanschauung« (Jung 1943, GW16 § 173ff.). Modern formuliert, versteht man unter einer Weltanschauung »nicht nur das, was jemand über seine Welt denkt, sondern die Gesamtheit des komplexen Bezugs eines Menschen zu seiner Welt, indem nicht-sprachliche Empfindungen, Grundstimmungen, Emotionen, Erlebnisse und Erfahrungen ebenso enthalten sind wie theoretische Annahmen über die Welt und das Leben« (Bordt 2015, S. 20).
123 Vgl. Vogel 2016, 2018

sein Leiden her. Auf der c-Ebene des Strukturmodells der Psychotherapieschulen (Psychopathologische Ebene) fänden sich dann abgeleitet

- die Theorie der psychischen Komplexe,
- die Theorie der Einseitigkeit,
- die Theorie des Individuationsstillstandes und
- die Theorie der psychischen Inflationierung

als die »Klinische Psychologie« der Analytischen Psychologie.

Die der Analytischen Psychologie zugrunde liegenden Menschenbildannahmen werden von Jung bewusst »provisorisch« beschrieben ohne den Anspruch auf eine letzt- und allgemeingültige Definition. Philosophiegeschichtlich ordnet sich die Analytische Psychologie vorwiegend als Disziplin der Romantik ein, paradoxerweise mit eindeutigen Kennzeichen postmodernen Denkens[124]; psychologisch betrachtet, steht sie zwischen den psychoanalytischen und den humanistischen therapeutischen Grundrichtungen. Es ist hier nicht die Absicht, all die genannten Kernkonzepte nun ausführlich zu erläutern. Vielmehr sollen die für eine Erkenntnislehre relevanten Essentials abgeleitet und dann deren forschungslogische Konsequenzen dargestellt werden.

3.3 Das Geheimnis

Bedeutung hat nur das Unverständliche.
C. G. Jung 1934 (1995), GW 9/1, § 65

V. a. die Psychologie des (Kollektiven) Unbewussten ist eines der deutlichsten Beispiele für die die Konzeption der Analytischen Psychologie auszeichnende Idee einer sog. »psychologischen Differenz«[125] zwischen Seelisch-Geistigem und Persönlichem[126]. Im objektiv-positivistischen Sinne nämlich kann über das Unbewusste nichts »gewusst« werden, es bleibt das »Andere«, es bleibt eine Negation. Es ist das letztendliche und bleibende Geheimnis, das eben durch das Nicht-Wissen definiert ist und kann in Denken und erst recht in Sprache nicht repräsentiert werden. Jung ist hier eindeutig: »Das Wesen des Psychischen reicht wohl in Dunkelheiten jenseits

---

124 Die Untersuchung postmoderner Denkfiguren als gleichzeitige Kritik und Wiederkehr romantischer Grundpositionen wäre sicher gewinnbringend.
125 Der Begriff der »psychologischen Differenz« macht die analytisch-psychologische Sicht der Seele als den Menschen übersteigend und ihm bisweilen auch autonom gegenüberstehend deutlich, die sich v. a. im Archetypenkonzept und der analytischen Selbstpsychologie äußert. Während das Psychologische sich mit der Seele befasst, ist der Gegenstand des Psychischen deren Erscheinungs- und Äußerungsformen. Nur sie sind einer exakten Wissenschaft zugänglich.
126 Giegerich 1994, 2017

unserer Verstandeskategorien«.[127] Die vielen Worte, die trotzdem darüber gemacht werden, müssen immer unter dieser Prämisse betrachtet werden. Sie sind Versuche, sich dem anzunähern, was nicht erfasst werden kann, Versuche, eine (oft unbeholfene) Sprache zu finden, um sich hypothesenhaft orientieren und positionieren zu können.

> **Kurzer Exkurs über das Unergründbare**
>
> *Mit der Frage nach der Natur des Unbewussten beginnen die außergewöhnlichen Denkschwierigkeiten, welche die Psychologie der unbewussten Vorgänge uns bereitet. Solche Hemmnisse treten immer dann auf, wenn der Verstand den kühnen Versuch unternimmt, in die Welt des Unbekannten und Unsichtbaren vorzudringen.*
> C. G. Jung 1954 (1995), GW 8, §381

Wenn auch v.a. die tiefenpsychologisch ausgerichteten psychotherapeutischen Wissenskulturen ein Hauptaugenmerk darauf richten, ja deren wissenskulturelle Hintergrundüberzeugungen (▶ Kap 2) sogar mit der Anerkennung von Unbewusstem beginnen, so kann heute doch davon ausgegangen werden, dass alle ernstzunehmenden Therapieschulen etwas »Implizites«, »Subliminales«, »Unterbewusstes« etc. annehmen und ihre Differenzierung lediglich im Grad der Anerkennung von dessen Unverfügbarkeit[128] zu finden ist. Die Philosophin und Psychoanalytikerin Anne Dufourmantelle meinte einmal: »Psychoanalytikerin zu werden heißt, sich auf die Seite des Geheimnisses zu begeben. Sich für das Halbdunkel zu entscheiden, für eine heimliche Reise in die Stille, für immer Migrant zu bleiben.«[129] Es wurde in der Begründung der Auswahl der Schulrichtung der Analytischen Psychologie als psychotherapiewissenschaftliches Exempel schon darauf hingewiesen, dass hier gerade, aber nicht nur durch ihren radialen Bezug auf das Unbewusste, einige wichtige Bestimmungsbausteine einer psychotherapeutischen Wissenschaft bereits historisch vorweggenommen und rudimentär ausformuliert wurden. Im Besonderen gilt dies für die Lenkung der Aufmerksamkeit auf die Möglichkeit eines letztlich Unerkennbaren im Seelischen, das sich aus der Weite eines ernst gemeinten Seelenbegriffes (bzw. des Begriffs der Psyche) über das Subjektive und gar über das Menschliche hinaus und damit zusammenhängend aus einem wirklichen Ernstnehmen des Unbewussten und v.a. seiner kollektiv-archetypischen Anteile ergibt, die ebenfalls ein letztendliches Geheimnis verteidigen. Das Unbewusste der Analytischen Psychologie (und das gilt auch für nicht unerhebliche Teile der Psychoanalyse oder der Humanistischen Psychologie) ist definiert durch dessen Erkenntnis-Unmöglichkeit, ja sie ist deren zentrales Bestimmungsstück. V.a. das Jung'sche »kollektive Unbewusste« ist nicht mehr Teil eines persönlichen Innenlebens des Menschen, es steht diesem vielmehr auch gegenüber, umfasst es und drückt sich in ihm aus, ist ein dem Einzelnen kollektiv übersteigendes und autonomes Unbewusstes. Das

---

127 Jung 1934, Seele und Tod GW 8, §815
128 Der Begriff der Unverfügbarkeit wurde kürzlich von Hartmut Rosa (2018) wieder stark in den Diskurs eingebracht. Anzumerken ist, dass auch Levinas von der letztendlichen Unverfügbarkeit des Anderen überzeugt ist (z.B. Levinas 1995).
129 Dufourmantelle 2021, S. 11

Unergründbare in und um den Menschen ist in dieser Sicht auch nicht das *noch* nicht Ergründbare, indem einfach ein geschwächtes Bewusstsein mit noch fehlenden Möglichkeiten der Erkenntnis postuliert wird, die irgendwann auch den letzten Rest des »Geheimnisses des Lebens« ergründen würden[130]. Vielmehr wird behauptet, dass das Hinausschieben der Grenzen der Erkenntnis das »Ganz Andere«[131], das letztlich immer abwesend Bleibende unangetastet lässt, dass es lediglich anerkannt, nicht aber erkannt werden kann, egal wie fortgeschritten die Forschungsmethodik auch sei.[132] Die Kontaktaufnahme mit ihm kann nur über Medien erreicht werden, die diese Unverfügbarkeit einbeziehen. In der Sprache der Analytischen Psychologie ist solch ein Medium das Symbol, aber auch und noch viel ursprünglicher, die Emotion in ihrer Reaktion auf die *Numinosität* des Unverfügbaren (▶ Kap. 3.2). Von Bedeutung ist die Ansicht, dass das Symbol den radikalen Gegensatz des Bewusstseins zum letztlich unverfügbaren Ganz-Anderen nicht etwa auslöscht und vernichtet, sondern in sich enthält. Gemeint ist ein Gut-aufgehoben-sein, ein Bewahrt-sein der Gegensätze im Symbol und endgültig in der Fiktion der Ganzheit. Nur aus dieser aufrechtbleibenden Gegensatzspannung entsteht, so Jungs Postulat, die psychische Energie[133]. Die Analytische Psychologie hat, hier ganz in der Tradition des Menschen- und Weltverständnisses der Romantik stehend, die Auffassung einer maßgeblichen Unbestimmbarkeit des Menschen psychologisch radikalisiert. Auch der Lebensweg des Menschen, die sog. »Individuation«, folgt, eine Konzeption Adlers aufgreifend, einer im eigentlichen Sinne unklaren Zielausrichtung, der Finalität, und bleibt ebenso, so Jung, schlussendlich »schwer zu enträtseln«[134]. Diese im Letzten auf ein ungewisses Ziel (Jung nennt hier *opake* Begriffe wie das Selbst oder auch den Tod als »Ziel, nach dem gestrebt werden« müsse) hinsteuernde Individuation selbst verleiht dem menschlichen Leben Sinn und Bedeutung und nicht etwa das Erreichen einer bewussten Entwicklungsetappe. Die Reise ins Unbekannte generiert also Sinn, dieser entsteht aber nicht durch eine wissende Zielerreichung. Das sich daraus ergebende Bild vom Menschen ist dadurch als transzendent zu bezeichnen, als der Einzelne immer als mehr als das betrachtet wird, als was er gerade in seinem augenblicklichen Leben ist. Er ist immer ein Wesen mit Potenzial, immer auf das Potenzielle hin ausgerichtet.

Die Methoden der Annäherung und der Umkreisung von letztendlich unbewusst Bleibendem, seien sie therapeutisch oder forscherisch, können keine exakten sein. Sie bleiben subjektiv, idiosynkratisch und »weich«, arbeiten mit Bildern, Metaphern, Allegorien und Kommentaren. Eine Anerkennung eines im letzten Grunde unverfügbaren Seelischen bedeutet dabei aber keine völlige Zurückweisung positivistischer Forschungsstrategien, auch wenn diese dem Un-

---

130 Lütkehaus spricht in diesem Zusammenhang sehr richtig von einem eventuellen »Kolonialisierungs-, Aneignungs-, womöglich Enteignungsprozess« (1989, S. 7).
131 Das »Ganz Andere« ist zu unterscheiden vom »innerseelischen Anderen«, an das eine Annäherung möglich ist.
132 Hier sei auch auf Rätselhaftigkeit allen Seins bei Weischedel 1960 verwiesen.
133 Vogel 2020a
134 Jung 1944, GW 12, §3

wissen eigentlich den Vernichtungskampf angesagt haben. Gefordert ist vielmehr eine forschungslogische Bescheidenheit, ja Demut vor dem »Unwissbaren und Halbsagbaren«[135] und ein klares Bekenntnis, dass die angewandten Forschungsstrategien nur einen sehr kleinen Teil einer seelischen Ganzheit (Wahrheit) abzubilden vermögen, dass es um ein sich an das Unergründbare anschmiegendes Wissen geht, das immer auch in dessen Bann befindlich ist. Auf dieser Grundlage kann sich parallel zur Wissenssuche die Fähigkeit, Unwissenheit und Unbestimmbarkeit zu ertragen ausbilden, eine Fähigkeit, die Jung zufolge dann sowohl in Forschung wie auch in der therapeutischen Praxis (s. u.) zentral ist.

Auf der Suche nun nach Umgangsweisen mit dem Unbenennbaren stoßen wir zwangsläufig und zuallererst auf die Kunst in all ihren Ausprägungen im Allgemeinen und auf die wegen ihres meist permanenten Charakters für einen wissenschaftlichen Zugang besonders brauchbaren Bildenden Künste im Speziellen (s. u.). Es gibt allerdings auch stattliche individuelle und kollektive Abwehrprozeduren gegen die Erkenntnis des Unergründbaren.

Geheimnisse tragen eine potenzielle Gefährdung mit sich. »Nicht wir haben Geheimnisse, die wirklichen Geheimnisse haben uns«[136] meint Jung und weist damit auf die Gefahr einer unreflektierten Ergriffenheit hin, die dann, mit dem Argument des letztlich Unergründbaren, auch dem rationalen Diskurs entzogen wird.

Eine Anerkennung des Geheim-Bleibenden lässt den (forschenden) Menschen offen sein für weitere Entwicklung und für das dafür essentielle Fraglich-Bleiben von Selbst und Welt. Sie braucht dazu die Skepsis gegenüber der Erkenntnis: »Ich für meine Person ziehe die köstliche Gabe des Zweifels vor, weil dieser die Jungfräulichkeit der unermesslichen Erscheinung unberührt lässt«[137]. Die bereits erwähnte französische Philosophin Anne Dufourmantelle[138] plädiert in diesem Sinne für das Zulassen von Verborgenem und Geheimem, ja für eine »Ethik des Geheimnisses«. Es schützt und bewahrt das Eigene und ermöglicht die innere Freiheit, die wir für unsere Entwicklung benötigen.

Die Anerkennung eines immer Unfassbaren, das gleichzeitig ein Umfassendes ist, führt zu einem weiteren erkenntnistheoretischen Lehrsatz Jungs: »Es gibt keine Erkenntnis über das Psychische, sondern nur im Psychischen«[139]. Er bestreitet also die Möglichkeit der Einnahme des berühmten »archimedischen Punktes« von dem aus ForscherInnen die Psyche betrachten könnten. Der üblichen abendländischen Idee des Wissenserwerbes, dass nämlich ein zumindest einigermaßen unabhängiger, d. h., vom zu Erkennenden getrennter Erkennender (hier ForscherIn oder aber auch TherapeutIn) existiert und aus der distanten Beobachtung Wissen erwerben oder anwenden könnte, wird hier eine klare Absage erteilt. Als zweites Argument führt

---

135 Steinweg 2022, S. 328
136 Jung 1959 (1995), GW10, §886
137 Jung 1943 (1995), GW 12, §8
138 Dufourmantelle 2021
139 Jung 1926 (1995) GW17, §161; in wissenschaftsmoderner Sprache wird hier, meist ohne sich auf Jung zu beziehen, z. B, eine »prinzipielle Strukturgleichheit zwischen epistemischen Subjekt und epistemischen Objekt« beschrieben, Lettau u. Breuer 2007, S. 10.

Jung die von ihm erkannte Polarität des Seelischen an: »Die Psyche kann nicht über sich selbst hinausspringen, d. h., sie kann keine absoluten Wahrheiten postulieren; denn die ihr eigene Polarität bedingt die Relativität der Aussage. Wo immer die Psyche absolute Wahrheiten proklamiert [...] fällt sie nolens volens in den ein oder anderen der Gegensätze«.[140] Auch hier wird noch einmal betont, dass immer die Psyche über sich selbst aussagt (»Wahrheiten proklamiert«), dass aber jede dieser Selbstaussagen auch sein Gegenteil enthält. Die Gegensatzstruktur, die die Analytische Psychologie im Psychischen erkennt, ist nicht ihre Erfindung, sondern schreibt abendländische, v. a. aber auch ostasiatische Philosophien und Weltbilder des Gegensätzlichen psychologisch fort. Viele der intrapsychischen Gegensätze sind bemerkbar und bisweilen bewusstseins- und versprachlichungsfähig. Zu Ende gedacht führt die Gegensatztheorie aber dann auch zum Blick auf das gänzlich Unverfügbare (vgl. Kap. 3.3) und einen relativierenden, keinesfalls aber beliebigen Blick auf (in unserem Fall psychotherapierelevante) Wahrheitskonstruktionen: »Wahrheit muss man pluralisieren. Es gibt meist mehr als eine«[141].

Kurzer Exkurs zum Begriff der Numinosität

[...] das Hauptinteresse meiner Arbeit liegt nicht in der Behandlung von Neurosen, sondern in der Annäherung an das Numinose.
C. G. Jung 1945 (1990), Briefe I, S. 465

Die bereits bemühten Archetypen als Elemente des Kollektiven Unbewussten sind, so Jung, »nicht inhaltlich, sondern bloß formal bestimmt«, sie sind »eine a priori gegebene Möglichkeit der Vorstellungsform«[142], sie sind numinos, unanschaulich und nicht wirklich erkennbar. Inhaltlich bestimmbar »ist ein Urbild nachweisbar nur, wenn es bewusst und damit mit dem Material bewusster Erfahrung ausgefüllt ist«[143]. Der Begriff des Numinosen wird in seiner traditionellen Verwendung auch als »vom Göttlichen stammend« übersetzt. Jung übernimmt mit dem Terminus der Numinosität bereits früh[144] in seinem wissenschaftlichen Schaffen eine von Rudolf Otto 1917 eingeführte[145] und dann weiterentwickelte Idee einer reinen gefühls- und erfahrungsmäßigen Erfassung eines Phänomens, ohne dass dieses über Sinneseindrücke erkennbar wäre. Otto beschreibt mit diesem Begriff das »Heilige« und ordnet ihm die bereits erwähnten Erfahrungen des fascinosum und des tremendum (z. B. zu übersetzen als »Ergriffenheit« bis hin zur »willenlosen Ergebenheit«[146], Schaudern und Erschüttern) zu, ausgelöst etwa durch ein reales Ereignis, ein Traumerleben aber auch z. B. durch eine Kunstrezeption[147]. Hinzu kommen bisweilen Gefühle der Übermächtigkeit, der Un-

---
140 Jung, Jaffé 1961 (2009), S. 381
141 Habeck 2018, S. 101
142 Jung 1936 (1995), GW9/1 §155
143 Ebd.
144 Jung 1912 (1995), GW 5
145 Otto 1917
146 Jung 1947 (1995) GW 8, §383
147 Kunst ist begrifflich betrachtet gekennzeichnet durch Opazität. Die ewige Frage, was denn eigentlich Kunst sei, würde hier emotionspsychologisch mit der Auslösung einer be-

nahbarkeit, ja des Zauberhaften und Unheimlichen. Jung »psychologisierte« den zunächst religionswissenschaftlichen Begriff gewissermaßen, entkoppelte ihn vom Erlebnis eines Religiös-Göttlichen und führte damit – und das ist bei Jung revolutionär – ein eigenständiges Drittes zwischen Natur und Sozialität/Kultur ein (das nicht etwa eine Mischdisziplin ist wie etwa eine »Social Neuroscience« u. ä.), wenn es um Fragen der Herleitung beobachtbarer Zustände (hier etwa archetypischer Bilder) geht. Das Numinose ist definiert durch dessen Nicht-Begreifbarkeit und das ihm innewohnende Geheimnis und steht damit in enger Verbindung zum oben bereits genannten Opazitätsbegriff. Opake Termini versuchen nicht selten eine Begriffszuschreibung für Numinoses. Deutlich ist diese Parallele v. a. in Ottos Betonung des nicht rational Erfassbaren: »Das Irrationale [...] strebt hier wider das Rationale und Realisierbare und droht fast, sich loszureißen«[148]. Die Erfahrung des Numinosen geschieht einem, ist eindrücklich erlebbar, ja wohl nur und ausschließlich über das Gefühl erreich- und in keiner Weise kognitiv erkennbar[149]. Kognitive, ja sogar bildnerische Fassungen des Numinosen sind lediglich als sekundäre Gefühlsverarbeitungen zu betrachten. In zahlreichen Disziplinen der Kulturwissenschaften genießt der Begriff der Numinosität inzwischen eine klare Anerkennung[150], wohingegen in der psychotherapiewissenschaftlichen Literatur eine Rezeption außerhalb der Analytischen Psychologie fehlt.

Das Numinose ist nicht rational, sondern nur durch seine Wirkmächtigkeit zu beschreiben. Numinose Erfahrungen, so Jung, erleben wir in der Begegnung mit dem Unbewussten, v. a. mit dessen tiefen, kollektiv-archetypischen Schichten. Numinosen Inhalten wird auch Autonomie zugesprochen[151], d. h., sie sind nicht durch irgendwelche subjektiven Aktionen beeinflussbar. Einem Eintauchen in diese Schichten schreibt Otto einen »emotionalen Wert« zu, eben den der Numinosität, einem »Gefühl des Überweltlichen (Senus Numinis)«[152]. Bemüht man sich aber doch, das numinos Erlebte mitzuteilen, sich ihm gar wissenschaftlich zu nähern, es also, wie Jung es formuliert, »nicht nur zu fühlen, sondern auch einzusehen«[153], dann ist eine Begriffsauffassung vonnöten, die dem intellektuell und rational nicht vollständig Erfahrbaren subjektiven Erleben Rechnung tragen kann. Es muss versucht werden, »von der Subjektivität des Forschers ausgehend Wissen zu erzeugen, welches zwar nicht ›objektiv‹ zu nennen ist, aber doch eine Gültigkeit hat, die über das rein Subjektive hinausgeht. Hiermit würde etwas Latentes, Unsagbares im Menschen dadurch zu begreifen versucht, dass es sich (dem erkenntnissuchenden Subjekt und, Anm. d. Verf.) einem anderen Men-

---

stimmten emotionalen Reaktion, nämlich mit einem *tremendum* und *fascinosum* beantwortet.
148 Otto1923, S. 1
149 Vgl. den unabwendbaren Widerfahrnischarakter jeder echten Erfahrung bei Weischedel 2013.
150 Z. B. Johannsen 2008
151 Jung 1934 (1995), GW 9/1, §85
152 Otto 1932
153 Jung 1950 (1995), GW 8, §180

> schen fühlbar macht«[154]. Dieser behutsame Erkenntnisansatz erinnert an die im psychoanalytischen Feld gebräuchliche Gegenübertragungsanalyse, in deren modernen Konzeptionen das subjektive Gefühl des/der TherapeutIn in nahen therapeutischen Beziehungen als Hinweis (auch) auf Intrapsychisches des/der PatientIn angesehen wird. Otto weist zudem auf die Bedeutung des Bildes und des Bildhaften im Zusammenhang mit dem Numinosen hin. Wenn er zwar jeder Darstellbarkeit des Numinosen skeptisch begegnet, so verweist etwa seine Darstellung des Numinosen in der buddhistischen Kunst deutlich auf den Wert hin, den er einer nicht-sprachlichen Annäherung beimisst.[155]
>
> Jung wies auch darauf hin, dass die Beachtung des Numinosen auch therapiepraktische Implikationen hat. Nicht nur, dass er meint, die (psychische) »Krankheit selbst nimmt numinosen Charakter an«, er behauptet auch, der Zugang zum Numinosen sei gar »die eigentliche Therapie«[156]

Die Annahme, dass wir es in der Psychotherapie also mit einem Anderen, nicht endgültig Zugänglichen zu tun haben, wirkt sich direkt aus auf die psychologische Begriffsbildung. Die Begriffe müssen diesen un(er)fassbaren Seelenüberschuss deutlich machen und sie tun dies eben durch ihre Unschärfe bzw. *Opazität*. Diese sind dann nicht mehr ärgerliche Störvariablen wissenschaftlichen Arbeitens, sondern notwendig, um dem letztendlich Unerkennbaren und damit nicht endgültig Versprachlichbaren Rechnung zu tragen.

3.3.1 Opazität als psychotherapiewissenschaftliches Grunddatum

Der Opazitätsbegriff wurde in der Philosophiegeschichte einigen Kritiken unterzogen. Es wird aufzuzeigen sein, dass er im psychotherapiewissenschaftlichen Kontext nicht dazu führt, das (kritische) Denken einzuschränken oder gar zu unterbinden, sondern dass im Gegenteil eine Erweiterung vorschnell einschränkender wissenschaftlicher »Gewissheiten« erfolgen kann. Hier wird mit der Opazität (lat. *opacitas* »Schatten«, »Beschattung«) ein von der Physik in die (Sprach-)Philosophie übernommener und dort meist auf sog. »opake Kontexte« bezogener Begriff[157] eingeführt, der selbst schwer definierbar bleibt, für den psychotherapeutischen Zusammenhang aber von herausragender Bedeutung ist.[158] Generell weisen opake Begriffe auf die Schwierigkeit hin, subjektive oder »objektive« Gegebenheiten durch

---

154 Sell 2012, S. 285
155 Otto 1923, darin der Aufsatz: Das Numinose in buddhistischem Bildwerk.
156 Jung 1945 (1990), Briefe I, S. 456
157 Man könnte vielleicht sogar behaupten, dass der Topos der Opazität die Sprachphilosophie des 20. Jahrhunderts in die heutige Zeit der Anerkennung des Nicht-Versprachlichbaren überführt: »Die Wirklichkeit der Sprache ist Vielfalt und Uneindeutigkeit.« (Habeck 2018, S. 94).
158 Es muss davon ausgegangen werden, dass die beiden das Fach konstituierenden Begriffe der Psyche (und der hinter ihr stehenden Psyche) als auch der Therapie eine erhebliche »opake Ladung« aufweisen.

Sprache abzubilden. Opazität hat Ähnlichkeiten mit dem semiotischen Begriff des Mythos von Roland Barthes[159], der damit u. a. auf konnotative Aufladungen und bisweilen widersprüchliche Bedeutungsüberschüsse von Begriffen verweist. Im psychotherapiewissenschaftlichen Kontext ist die Rede von opaken *Begriffen*, gleichzeitig auch die Rede von opaken, d. h. nicht eindeutig und endgültig fassbaren *Gegenständen*. Opaziät verweist hier auf ein immer nur beschränkt verstehbares und auch nur beschränkt einfühlbares Anderes. Physikalisch ist eine Opazität in erster Linie durch eine gewisse (Licht-)Undurchlässigkeit, Undurchsichtigkeit bestimmt; im auf den psychotherapiewissenschaftlichen Bereich übertragenen Sinne könnte man von Intransparenz und letztendlicher Unbestimmtheit und damit zu Umkreisung und Auslegung anregend sprechen. Einfach definiert und an die Sprachphilosophie angelehnt meint Opazität, dass ein Begriff (in unserem Zusammenhang zielen wir damit immer auf einen komplexeren psychologischen Begriff wie etwa das »Selbst«) nicht ohne Bedeutungseinbuße, also nicht *salva veritate*, ohne die Wahrheit des Begriffes zu verändern, in einen anderen überführt bzw. durch andere Begriffe definiert werden kann. Es ist die einem Begriff innewohnende Eigenschaft semantischer Unbestimmtheit, »of restisting substitutivity of identicals«[160], der den Sinn des jeweiligen Begriffes verschwimmen lässt. Opazität bringt die unhintergehbare Kontingenz, die Tatsache, dass alles auch anders sein könnte, in die Theorie und auch Praxis der Psychotherapie ein. Sprachphilosophisch haben wir es hier auch mit einer »radikalen« Form von Vagheit zu tun. Damit soll »zumeist ein Merkmal sprachlicher Ausdrücke eingefangen werden, welches eben gerade mit der Abwesenheit scharfer Grenzen zusammenhängt«[161]. Vage Begriffe sind »eben nur partiell definiert«[162], haben bisweilen einen »gleitenden und widersprüchlichen«[163] Charakter. Verwiesen wird in ähnlichem Zusammenhang[164] auf die Fraglichkeit objektiver Sinnzuschreibungen und den engen Zusammenhang zwischen dem Sinn und den Akten einer Sinngebung. Sozialpsychologisch betrachtet sind diese Akte immer auch intersubjektiv und oft zudem gruppendynamisch zu lesen. Psychotherapeutische Begriffe stehen, wie wir gesehen haben, im Zentrum psychotherapeutischer Theorie und Praxeologie und stellen einen Konnex her zwischen einer Bezeichnung und dem zu bezeichnenden Gegenstand. Der Begriff ist einerseits immer von dem Bezeichneten selbst verschieden, steht aber mit ihm in einer gewissen Verbindung, es gibt eine »[...] geheime Korrespondenz zwischen Sprache und Ding.«[165]

Opake Begriffe weisen hin auf die Unmöglichkeit der exakten Bestimmung der Gegenstände, die sie zu bezeichnen versuchen, ohne sich von diesen gänzlich zurückzuziehen. Die Idee der Opazität sieht also in einer erweiterten Form auch grundsätzlich davon ab, dass ein Begriff nur Repräsentation eines Vorhandenen sei. Vielmehr enthält er etwas darüber hinaus, ist mehr als reiner Bezug zur vorhandenen

---

159 Barthes 1964
160 Pablo 2001, S. 379
161 Kompa 2015, S. 361
162 Ebd., S. 369
163 Sartre 1996, S. 174
164 Weischedel 2013
165 Han 2021a, S. 74

Welt, hat, sprachphilosophisch ausgedrückt, einen weiteren Gehalt, ist »parakonsistent«[166]. Ein opaker Begriff i.e.S. ist ein wenig transparenter, vieldeutiger bzw. vielbedeutender Begriff mit einem verschleierten Bedeutungsfeld der bisweilen sogar seine Gegenbedeutung enthält. Opake Begriffe können rational-sprachlich nicht endgültig bestimmt werden, enthalten immer einen Bedeutungsüberhang, der sich aus unbewusst bleibenden Komponenten speist und maximal in einer Gefühlsregung wahrnehmbar ist. Überhaupt sind opake Begriffe, setzt man sich näher und ernsthaft mit ihnen auseinander, emotional besetzt. In ihrer Unerkennbarkeit, Unvorhersehbarkeit und radikalen Unverfügbarkeit und in ihrem harten Verweis auf die Grenzen des Erkennbaren verunsichern sie den/die LeserIn bis hin zur Angst, bringen ihn oder sie in Verantwortung[167] (da keine äußere Autorität die »wahre und volle« Bedeutung benennen kann), vermitteln damit aber auch Gefühle von Explorationslust, Weite und Freiheit.

In den Worten der Kommunikationswissenschaft verweist die Opazität auf eine »Wirklichkeit zweiter Ordnung«[168]. Wirklichkeit erster Ordnung: die »rein physischen und daher weitgehend objektiv feststellbaren Eigenschaften von Dingen, [...] Frage des sogenannten gesunden Menschenverstandes oder des objektiven wissenschaftlichen Vorgehens«. Wirklichkeit zweiter Ordnung: »[...] beruht ausschließlich auf der Zuschreibung von Sinn und Wert an diese Dinge und daher auf Kommunikation [...]. Im Bereich dieser Wirklichkeit zweiter Ordnung ist es also absurd darüber zu streiten, was ›wirklich‹ wirklich ist.«[169]

Opake Begriffe sind besonders prädestiniert, numinose Reaktionen hervorzurufen. Numinosität ist als ein der Opazität zugehöriges, vorwiegend affektives Geschehen aufzufassen. Als Synonym wird oft auch eine »Unerforschlichkeit« oder eine sog. »nicht-bezeichnende Eigenschaft« genannt. Es ist das diffuse, aber doch subjektiv-gewisse Gefühl[170], dass an dem Begriff »mehr dran« ist, als es die gerade vorliegende Begriffsbestimmung beschreibt, was man am deutlichsten im Gebrauch von Begriffen wie »Seele«, »Tod« oder »Selbst« zu spüren bekommt. Dabei kommt dem jeweiligen Begriff immer ein opaker Bedeutungs*kern* zu, während äußere Begriffsschichten der Erkenntnis durchaus zugänglich sein können.[171] Opake Begriffe

---

166 Der Begriff wird hier nicht im Sinne der sog. »Parakonsistenten Logik« verwandt, sondern näher an seiner Wortbedeutung als Hinter-Inhalt eines Begriffes.
167 Vgl. dazu auch Heideggers (1979) Angst vor dem Unbestimmten der Welt.
168 Watzlawick 2021
169 Ebd., S. 142f.
170 An dieser Stelle wird neben der kontextuell-intersubjektiven auch die idiosynkratische Ebene des Opazitätsphänomens deutlich. Es ist wohl davon auszugehen, dass die Reaktionen auf diese Unschärfe und die damit verbundene Verunsicherung individuell sehr verschieden ausfallen und auch das um den Begriff sich aufbauende Bedeutungsumfeld bei jedem Menschen irgendwie einzigartig ist. Gleichzeitig kann festgestellt werden, dass die Einzigartigkeit der Subjektivität immer auch durch einen nicht verbalisierbaren, unverfügbaren Aspekt charakterisiert ist.
171 Es handelt sich um eine Art »Zwiebelschalenmodell« der psychotherapeutischen Hauptbegriffe. Der opake Kern erinnert dabei an Kants nicht-fassbares »Ding an sich« oder das griechische Adyton, »das Unzugangbare oder das Unzugängliche« (Han 2011, S. 11). Das Zwiebelmodell erinnert zudem an das Schichtenmodell des Unbewussten, z.B. in der Analytischen Psychologie.

können nicht abschließend definiert werden. Sie werden notwendig, um Phänomene in Worte zu fassen, die nicht »der Bestimmbarkeit durch Anschauungsformen von Raum und Zeit, sodann der Bestimmbarkeit durch die Zahl, sodann der Bestimmbarkeit durch die Verstandeskategorien der Relation«[172] unterliegen, durch die man sich ihnen zwar annähern, sie aber nicht vollständig zu erfassen vermag. Zu diesen am Ende unzureichenden Bestimmungsversuchen gehört auch die Definition als im landläufigen Sinn »die Angabe des in einem Begriff gedachten Inhalts, also die beschreibende Aufzählung des durch ein bestimmtes Wort gekennzeichneten Vorstellungsinhalts«[173]. Diese Aufzählung bleibt bei opaken Begriffen immer ungenügend. Sie tragen in sich einen inhärenten Widerstand gegen ein rational-operationalisierendes Erfasst-werden. Operationalisierung ist allgemein definiert als Verdeutlichung und Festlegung eines Begriffes durch beobachtbare, in der Wissenschaft meist konkret messbare Gegebenheiten. Dabei müsste von einer Eindeutigkeit und der Möglichkeit einer restlosen Erfassung eines Begriffes ausgegangen werden, beides Attribute, die komplexe psychologische Begriffe eben nicht aufweisen. Auch Versuche einer verklammernden oder übergeordneten Operationalisierung zahlen immer den Preis der Begriffsverarmung und -beschränkung.[174] Das Collins Dictionary bezeichnet Opazität (opacity) als »The quality of being difficult to see through[175]«. Dieser hier angedeutete fehlende »Durch- oder Hineinblick« ist wohl das essentiell Gegebene, kommt aber evtl. auch durch um den unanschaulichen Bedeutungskern liegende, den Blick verstellende Bedeutungsschichten zustande. Sind die äußeren Begriffsschichten durchaus einer erkenntnisgeleiteten Beforschung zugänglich, so schwindet die Gewissheit zunehmend je näher wir ans Innere, »Intrapsychische«, implizite oder auch Unbewusste herantreten. Positivistische Forschung, die auf Eindeutigkeit und Operationalisierung angewiesen ist, begrenzt sich, ohne dies kundzutun, notwendigerweise auf die äußeren Zwiebelschichten, hat da ihren Wert und ihre Grenzen.[176]

Das opake Phänomen ist kulturgeschichtlich lange bekannt und symbolisiert. In den Tempeln des abendländischen klassischen Altertums hieß der innerste, allen Blicken entzogene Bereich das *adytum* (s. o.) und verweist auf die religiösen Versu-

---

172 Otto 1923, S.26
173 Mayntz u. a.1978, S. 14
174 Sehr eindrücklich wird diese Beschränkung z. B. bei der aus der Psychoanalyse entwickelten »Operationalisierten Psychodynamischen Diagnostik« (OPD-II, Arbeitskreis OPD 2014). Die dort bisweilen operationalisierten, eigentlich opaken Begriffe wie etwa der intrapsychische »unbewusste Konflikt« werden durch die Definition beschränkt und ihrem eigentlich konstitutiven Bedeutungsfeld z. T. sogar gänzlich beraubt. Die Operationalisierung bildet dann auch nicht wie angestrebt ein überspannendes Dach – hier über die psychoanalytischen Schulrichtungen – sondern entwickelt eine nunmehr weitere, eigene Schule.
175 Collins Dictionary 2023
176 Ein deutliches Beispiel für die genannten Bestimmungsstücke liefert hierfür der zu Forschungszwecken entwickelte Smile-Fragbogen von Fegg u. a. (2008), der das subjektive Sinnerleben anhand von vier Kategorien erfragt und dann mit der Formel Wichtigkeit x Zufriedenheit bewertet. Die implizite Sinndefinition dieses Verfahrens ist durchaus nachvollziehbar, hinterlässt bei jedem/jeder RezipientIn aber die Gewissheit, hiermit nur einen Teil des Sinnthemas erfasst zu haben.

che, das Unfassbare zumindest zum Ausdruck zu bringen. Das im Opazitätsbegriff mitgedachte, letztendlich nicht Erfassbare erinnert in gewisser Weise auch an das *Nouemenon* aus Kants »Kritik der reinen Vernunft«, wo er mit diesem Ausdruck das zwar Denk- aber doch nicht wirklich Erkennbare bezeichnet. Auch Jacques Derridas Dekonstruktion, die, von einer ganz anderen Denktradition herkommend, ebenso das Unverfügbare, sich Entziehende und Abwesende in den Blick nimmt,[177] ist hier zu nennen. Im Opaken würde sich demgegenüber aber das auch nicht Denkbare ausdrücken, so dass dafür andere Möglichkeiten der Annäherung, etwa das Gefühl, die Intuition oder auch das Bild in Frage kämen (s. u.). Damit bleibt Opakes auch immer unabgeschlossen und für die Zukunft offen, sichtet seine Aufmerksamkeit nach vorne.

Opazität verweist direkt auf Transzendenz (lat. *transcendere:* überschreiten), da immer ein über das sicht- und wissbare Hinausgehendes bedacht wird. Sie verweist auf einen philosophischen Urstreit, der in das klassische Griechenland zurückverfolgbar ist, wo zwischen Lethe, der Verborgenheit, und Aletheia, der Wahrheit und Unverborgenheit, unterschieden wurde. Kant fasst einen Begriff dann also transzendent auf, wenn er Erfahrung und auch theoretisches Wissen übersteigt und verbindet ihn mit einem a priori. In seiner Kritik der reinen Vernunft schreibt er 1784: »Ich nenne alle Erkenntnis transzendental, die sich nicht sowohl mit Gegenständen, sondern mit unseren Erkenntnisarten von Gegenständen, sofern diese a priori möglich sein soll, überhaupt beschäftigt.«[178] Er kommt damit nahe an den Begriff des Geheimnisses, des Opaken und auch des Unbewussten (v. a. in der Analytischen Psychologie) heran, wenn auch diese jeweils eigene Schwerpunkte setzen. Wir werden immer wieder darauf zurückkommen.

Der Begriff der Opazität ist in jüngerer Zeit v. a. durch Adornos »Negative Dialektik« in die kultur- und geisteswissenschaftliche Debatte gebracht worden, und dies zunächst in kritischer Manier. Adorno kritisiert eine vereindeutigende Verwendung der Sprache in der gängigen wissenschaftlichen, mathematisch-nomothetischen Erkenntnistheorie und meint, dass deren Identitätsauffassung das Opake erst entstehen lasse. Das Ziel der Überwindung von Opazität steht allerdings der in dieser Arbeit proklamierten Anerkennung von deren Unauflösbarkeit und notwendigen Offenheit zumindest bzgl. einiger nicht reduzierbarer Begriffe in Theologie und Philosophie gegenüber.

Wie eingangs erwähnt, fordern opake Begriffe und Gegenstände in ihrer Uneindeutigkeit Auslegungen heraus, jede einzelne Definition ist als eine solche Auslegung zu verstehen. Die Begriffe müssen von möglichst vielen Perspektiven aus betrachtet und erläutert werden. Dieser Prozess ist ein sehr subjektiver und dann auch kontextueller, dessen Annäherung an den Begriffskern kognitiv gefasst, v. a. aber auch affektiv erlebt wird im Gefühl, nun wenigstens ungefähr »erfasst« zu haben, was mit diesem Begriff gemeint sein könnte. Operationalisierungen, Messungen oder vermeintlich eindeutige Bestimmungen zerstören das Opake und machen aus ihm ein erkennbares Oberflächenphänomen, denn »die Verabsolutierung des (Wissens-, Anm. d. Verf.) Könnens zerstört den Anderen, der in seiner

---

177 Vgl. z. B. Geimer 2013
178 Gölz 2008, S. 25

Unverfügbarkeit sich gerade im Schmerz des *Nicht-Können-Könnens* offenbart.«[179] In der Psychoanalyse wurde dies anhand der inhärenten Negativität des Unbewussten, als Lacans verbleibender, nicht symbolisierbarer Rest oft herausgearbeitet, denn »das wunderbare am Unbewussten ist, das es wirklich unbewusst ist. […] Der Begriff des Unbewussten setzt nichts, der benennt nur mein Nichtwissen«[180]. Selbst ein hermeneutischer Verstehensprozess ist dann der Versuch, dieses Unbewusste einer Bestimmung zu unterwerfen, womit aber die Verfehlung gegeben ist. »Die Unbestimmtheit des Unbewussten liegt darin, dass es ein Eigenes ist, das als Fremdes erfahren wird, und dass diese Ambivalenz nicht aufgelöst werden kann.«[181]

»Wenn mich niemand danach fragt, weiß ich es, will ich es einem Fragenden erklären, weiß ich es nicht« so der Kirchenvater Augustinus in gleichem Duktus.[182] Opazität widersetzt sich damit radikal dem weitläufig erkennbaren wissenschaftlichen Imperativ zur Transparenz und setzt im Anerkennen der Grenzen und der Gefahren des Versuchs der »begrifflichen Verfügung über die Welt«[183] auf weiche Methoden z. B. von Stille und Resonanz (s. u.). Es erfolgen cirkumambulierende Annäherungen und »Tendenz-Aussagen […], weniger weich und entschieden«[184] als Tatsachenbehauptungen und Eindeutigkeiten.

3.3.2 Zwei Beispiele: Zur Opazität von Selbst und Tod

Ein Großteil der psychotherapiewissenschaftlich relevanten Kernbegriffe kann als opak bezeichnet werden,[185] mit all den genannten Konsequenzen für eine Begegnung psychotherapeutischer Schulrichtungen. Als erstes, prominentestes Beispiel sei hier der spätestens seit den 1970er Jahren im Zentrum der Psychotherapiediskussion stehende Selbstbegriff aufgeführt, an dem die Unmöglichkeit einer Definitionsfindung gut dargestellt werden kann.[186] Die Begriffsdefinitionen des Selbst scheinen dabei in ihrer völligen Sprachverwirrung die Verwirrung in den Versuchen des modernen Menschen widerzuspiegeln, tatsächlich dem nahezukommen, was er wirklich ist. In den Schönen Künsten, den Religionstheorien wie auch in den Geistes- und Naturwissenschaften erblühen Darstellungen, Sichtweisen und Definitionen des Selbst, ohne dass von einer »vorherrschenden Ansicht« oder der Definitionsmacht einer Disziplin ausgegangen werden könnte. Zudem sind die Termini Ich und Selbst in vielen Herangehensversuchen (etwa der klassischen Psychoanalyse Freuds) lange Zeit oder bis heute kaum unterschieden. Bisweilen hat man den Eindruck, man spräche über etwas Gegenständliches, über ein Ding, dann wieder kommt das Gefühl eines rein abstrakten Begriffes auf. Persönlichkeit, Dasein, Rolle, Authentizität, Existenz aber auch Psyche oder Seele sind Begriffe in der Corona des

---

179 Han 2020, S. 71
180 Jung 1946 (1990) Briefe II
181 Schurz1998, S. 2013
182 Zit. in Alloa 2018
183 Rosa 2020, S. 111
184 Müller 2023, S. 19
185 Vgl. z. B. Markus Gabriels Auffassung des Begriffes »Bewusstsein« (Gabriel 2020, S. 24 ff.).
186 Vogel 2016, S. 76 ff.

Selbst, die z. T. ebenfalls wieder opaken Charakter haben. Im abendländischen Diskurs sind das v. a. Existenzialismus und zuvor schon Idealismus, deren Theorien die Auseinandersetzung mit dem Selbst wohl am stärksten durchziehen. Die psychoanalytische Auseinandersetzung brachte zudem eine große Breite von Selbstauffassungen hervor, die, etwa wenn das Selbst Jungs mit dem Kernbergs verglichen wird, kaum mehr Schnittmengen aufweisen. Das Wiedererstarken des wissenschaftlichen Interesses am Selbst des Selbst in Psychologie und Psychoanalyse gerät dann nicht selten in den Verdacht der Wiedereinführung der Seele in die empirische Wissenschaft »durch die Hintertür«[187]. Auf die mindestens ebenso heterogenen Selbst-Konzepte vieler asiatischer Denktraditionen sei hier nur hingewiesen.

Diese tatsächlich nur ausschnittweise Auflistung von Selbstkonzepten macht die Weite und letztendliche Unbestimmbarkeit des Selbstbegriffes deutlich. Einzelne Definitionen scheinen sich völlig auszuschließen, manche liegen nahe beieinander und manche weisen Überschneidungen auf. Eindrücklich wird auch, dass die Opazität eines Gegenstandes und der ihn zu bezeichnen trachtenden Begriffe einer historischen Dynamik zu unterliegen scheinen. Je älter ein komplexes Thema (hier etwa das Selbst des Menschen) ist, je länger es Gegenstand geisteswissenschaftlicher und philosophischer Überlegungen und Diskurse ist, desto »opaker« scheint es zu werden. Die unterschiedlich sich entwickelnden Sichtweisen entstehen zwar nicht selten in Auseinandersetzung miteinander, bilden aber schließlich doch eher einen »Blumenstrauß an Sichtweisen« heraus, die eindeutige Bedeutungszuschreibungen verunmöglichen. Die Unmöglichkeit einer allgemeingültigen oder andere überragenden Definition des Selbstbegriffes wird also deutlich. Jede Selbstkonzeption lässt Elemente weg, die in anderen Konzepten zu finden sind, was »das Selbst« nun sei, ist nicht abschließend und generell zu beantworten, der Begriff ist polysemantisch, er »verschwimmt an den Rändern« und jeder Versuch, ihn zu vereindeutigen, greift nur einen oder mehrere einzelne Aspekte dessen, was das Selbst ausmachen kann, auf.

Als zweites soll nun, ebenso verkürzt, auf den Todesbegriff eingegangen werden. Auch hier haben wir es, vielleicht sogar noch potenziert, mit einer semantischen Uneindeutigkeit, einer »polysemen Anwendung« und »Denotationen« des Todesbegriffs zu tun, die »nicht als getrennte Prinzipien oder Phänomene zu betrachten« sind.[188] Dabei wird auch deutlich, dass es durchaus »widersprüchliche Weisen«[189], uns auf den Tod zu beziehen, gibt, die jeweils direkte Auswirkungen auf das psychologische Todeskonzept und den semantischen Todesbegriff haben. An anderer Stelle wurden bereits allgemein gängige Todesbegrifflichkeiten anhand ihrer wissenschaftlichen Zugehörigkeit aufgelistet[190] und man begegnet so heterogenen Todeskonzepten im medizinisch-biologischen, im spirituell-religiösen, im soziologischen oder administrativen Sektor.

Eine »Karte des Todesbegriffs« gibt dafür erste Hinweise:

---

187 Z. B. Bischof 2005
188 Valdes-Stauber 2022, S. 48
189 Rosa in Müller u. Berthold 2022, S. 115
190 Vogel 2022, S. 13 ff.

3 Die Tiefenpsychologische Perspektive

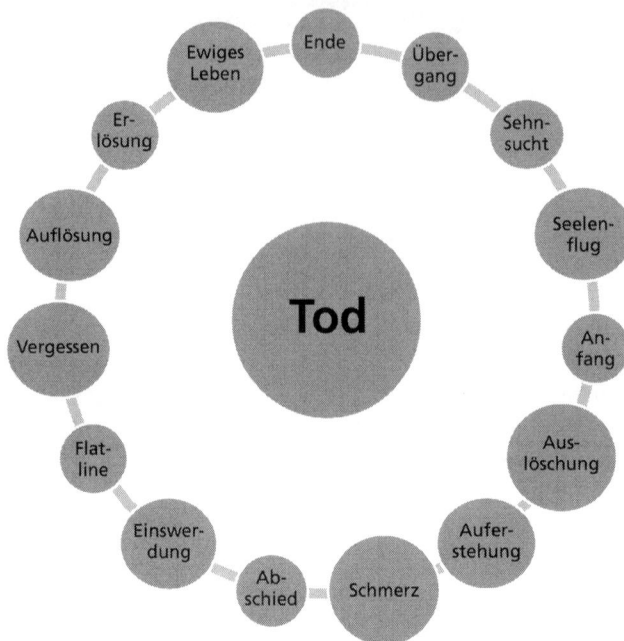

Abb. 3.1: Karte des Todesbegriffs

Der Tod als »existenzieller Hohlraum unserer Vorstellungskraft«[191] ist also besonders geeignet, die Bedeutung von *Opazität* zu veranschaulichen. Und wie anhand des Todesbegriffs besonders deutlich wird, beinhaltet Opazität bisweilen auch Bipolarität und Gegensätzlichkeit[192], da er z. B. im streng materialistischen Sinne das absolute Ende, in manch spiritueller Sicht jedoch den Beginn (etwa einer »Wahren Existenz«) vorstellt. Im Umfeld des Todesbegriffes erfahren wir auch eine weitere Dimension von Opazität, nämlich dass die damit zu bezeichnenden Begriffe bzw. Sachverhalte einer starken Gefühlsfärbung unterliegen, ja dass es bisweilen einfacher ist, zu einem opaken Begriff zugehörige Emotionen zu beschreiben, als den Begriff selbst sprachlich zu fassen. Hier kommen auch die Begriffe der Ambivalenz und der Ambiguität ins Spiel, die beide ja nicht unerheblich durch ihren emotionalen Gehalt bestimmbar sind.

Ambiguität oder Polysemie sind mit einer gegebenen Vagheit von Begriffen (▶ Kap 3.3.1) oft eng verbunden.

Opake Begriffe sind, das wurde deutlich, auch wenn sie zu Anfang nicht immer so erscheinen, durchweg komplexe Begriffe und bezeichnen oft ganze Konzepte, die der Interpretation nie vollständig zugänglich sind. Sie können allenfalls interpretiert werden und diese Interpretationen benutzen bestimmte linguistische Muster, die ihrerseits wiederum aus ganz ursprünglichen Bildern stammen.

---

191 Znoj 2015, S. 290
192 Zum Gegensatzthema in der Psychotherapie vgl. Vogel 2021.

Stimmen wir dem zu, dass die meisten komplexen und grundlegenden psychologischen Begriffe (und innerhalb der Psychotherapiewissenschaft haben wir es mit vielen solcher Begriffe zu tun) opak sind, stellt dies eine besondere Herausforderung für einen forscherischen Zugang dar, da bereits Bemühungen um eine eindeutige Operationalisierung scheitern müssen.

3.4 Die Folgen des Geheimnisses

Unergründbarkeit, Numinosität, und Opazität verweisen, so wurde zu zeigen versucht, auf ein der Psychotherapie und ihrer Erforschung also historisch inhärentes Problem, das eine erkenntnistheoretisch und psychotherapiepraktisch relevante Konsequenz mit sich bringt, nämlich die Relativität und Begrenztheit der Sprache und damit von (kognitiver) Erkenntnis. Diese Überlegungen sind natürlich nicht neu. Mit Descartes Meditationen von 1641 kommt die Frage nach der Möglichkeit von menschlicher (also denkender) Erkenntnis und nach der Erreichbarkeit einer zweifelsfreien Wahrheit in die Geistesgeschichte hinein. Die analytische Psychologie zieht dazu eine grundlegend skeptische Schlussfolgerung in ihrer Weltbetrachtung. Es ist hier nicht der Ort, die komplexe, weit über die Klinische Psychologie hinausgehende Symboltheorie der Analytischen Psychologie detailliert darzustellen. Die analytische Psychologie hat jedoch auch in ihrer therapeutischen Anwendung als konstituierendes Element die Wertschätzung des Symbolischen. Darin wird v. a. auf die überpersönlichen, nicht aus der individuellen Lebensgeschichte hervorgegangenen, also archetypisch eingefärbten Symbole abgehoben. Ganz allgemein finden wir in der Analytischen Psychologie zwei große Richtungen der Entwicklung des Symbolbegriffes, nämlich die »Symbolisierende Einstellung« und die Symboltheorie. Gemäß Jung ist psychotherapeutisches Arbeiten zu verstehen als ein in einer nahen Beziehung sich vollziehender, gegenseitiger hermeneutischer Vorgang. Die zentrale Methode ist dabei die sog. »symbolisierende« (manchmal auch »symbolische«) Einstellung[193].

> »Sie betrachtet die innerseelischen Vorgänge und die Geschehnisse im Außen als zusammengehörig, so dass Dinge, die einem widerfahren, Szenen, in denen man sich befindet, Bilder, die man phantasiert etc. als Weg, Hinweis und Anspielung zum Verständnis der inneren Welt genutzt werden, indem sie als Symbole für dieselbe betrachtet werden […]. Die grundlegende Haltung ist dabei, dass nicht nur das psychische Leben, sondern alles in der Welt Geschehende auch sinnhaft zu interpretieren ist, und dass es eben darum geht, den verborgenen Sinn – etwa auch einer psychischen oder körperlichen Symptomatik – zu extrahieren. Es ist dies eine achtsame Haltung der hohen Wertschätzung gegenüber allem Geschehen, eine Art psychologischer ›Auflading‹ der Welt mit tiefer Bedeutung.«[194]

---

193 Jung 1921 (1995), GW6 §824
194 Vogel 2019, S. 97

Neben dieser praktischen Anwendung einer Symbolidee entwickelte Jung einen weiteren elaborierten Denkstrang der Analytischen Psychologie, der das Symbolhafte an sich in den Fokus nimmt und sich psychohistorisch zu einer der bedeutendsten Beiträge der Analytischen Psychologie zu vielen therapeutischen und geisteswissenschaftlichen Disziplinen entwickelt hat:

> »Ein Symbol heißen wir einen Begriff, ein Bild oder einen Namen, die uns als solche bekannt sein können, deren Begriffsinhalte oder Gebrauch und Anwendung jedoch spezifisch oder merkwürdig sind und auf einen verborgenen, unklaren oder unbekannten Sinn hindeuten. [...] Ein Begriff oder ein Bild sind symbolisch, wenn sie mehr bedeuten, als sie bezeichnen oder ausdrücken. Sie haben einen umfassenden, ›unbewussten‹ Aspekt, der sich niemals exakt definieren oder erschöpfend erklären lässt.«[195]

Hier erkennen wir auch einen zentralen Unterschied zur klassischen Psychoanalyse Freuds, in der Symbolbildung im Dienst der Abwehr betrachtet wird, als Bemühen, unbewusst zu machen. Die Analytische Psychologie konzipiert das Symbol als das »bestmögliche Abbild einer inneren Realität und Wahrheit«. Begriffsgeschichtlich ist das *symbolon* »etwas Zusammengesetztes: das sichtbare Etwas einer auch unsichtbaren, ideellen Wirklichkeit. Die Analytische Psychologie begibt sich einmal mehr eindeutig in die Tradition der Romantik, wenn sie darauf hinweist, dass im Symbol immer etwas ›Hintergründiges‹ dargestellt wird. [...] Symbole werden jedoch in der Analytischen Psychologie nicht irgendwie aufgedeckt oder entschlüsselt. Sie haben Bedeutung aus sich heraus und stehen für sich. Im Gegensatz zu einem Zeichen ist es aber nicht nur eine einfache Repräsentation, sondern hat immer auch einen Bedeutungsüberschuss, verweist auf etwas Weiteres und Größeres, das besser nicht ausgedrückt werden kann, auf das es anspielt und das wertvolle Hinweise für die weitere psychische Entwicklung bereithält. [...] Gleichzeitig sind im Symbol immer auch Emotionen am Werk, sowohl in deren Entstehung als auch in deren Sichtbarwerdung. [...] Symbole sind nach Jung u. a. das Ergebnis der Gegensatzstruktur der Psyche. Sie konstellieren sich spontan, man kann sie nicht bewusst aufsuchen oder gar herstellen.«[196]

Die Analytische Psychologie wird hier zu einer Allgemeinen Psychologie, Symbole haben nichts Klinisches, sondern sind Bedeutungsträger und Bedeutungsgeber intrapsychisch wie auch in der äußeren Welt. Sie verweisen weniger zurück auf kausale Bedingungen als vielmehr auf Sinn und Ausrichtung im Hier und Jetzt.

Obwohl die symbolisierende Einstellung ubiquitär anwendbar ist, wird doch das Bild die nächstmögliche direkte Betrachtungsform des psychischen Innenraums. Bildhaftes Material, seien es nun innere oder äußere Bilder, ist im forschungs- wie im therapiepraktischen Kontext weit mehr geeignet, sprachliche Unschärfen opaker Begriffe zumindest ansatzweise zu kompensieren.[197] Auch wenn Jung unscharf zwischen Begriffen wie Vorstellung, Phantasie und Imagination unterschied und sie vielfach auch überschneidend oder gar synonym benutzte, schälte sich in der Geschichte der Analytischen Psychologie doch ein engerer Begriffsgebrauch von »Imagination« heraus, der auch in dieser Arbeit genutzt werden soll. Abgeleitet von

---

[195] Jung 1961 (1995), GW18/1, § 416 f.
[196] Vogel 2019, S. 98 f.
[197] Dies gilt sicher auch für in Sprache gebrachte Bilder, etwa in der Poesie oder im Mythos.

lat.: *imago*, das Bild, meint Imagination ein Geschehen herum um »innere« Bilder (plus der dazugehörigen anderen Sinnesqualitäten): »Imagination ist das absichtsvolle Hervorbringen unbestimmter innerer Bilder (incl. anderer Sinnesmodalitäten) mit Zugang zu symbolhaltigen Tiefenschichten der Seele«[198]. Sie muss unterschieden werden von Halluzinationen, Visionen oder Trance. Der von Jung benutzte Begriff der Einbildungskraft, der die Fähigkeit zur Imagination bezeichnet, muss also sehr wörtlich und ebenso als Kraft zur Ein*bildung* (Interiorisation) sowie der Aus*bildung* (das innere Geschehen wird in ein Bild bzw. einen Bildablauf gefasst) gleichermaßen gelesen werden. Komplikationen, die sich aus den Vermischungen des Imaginationsbegriffes mit der Auffassung (übergeordneter) Vorstellungen ergeben können,[199] bleiben so außen vor. Implizite Vorstellungen etwa, mit ihrem stark kognitiven Gehalt (z. B.: »Ich habe eine bestimmte Vorstellung von einer guten Sozialpolitik«) oder implizite weltanschauliche Vorannahmen gehören nicht in diesen engen Begriffsbereich.

Mit der Methode der *Aktiven Imagination* hält die Analytische Psychologie eine therapeutische aber auch als Forschungsinstrument nutzbare Zugangsweise zum Unbewussten vor, die der bereits hergeleiteten letztendlichen Unerkennbarkeit desselben Rechnung trägt. Kurzgefasst besteht die Aktive Imagination darin, spontan und unbeeinflusst innere Bilder in sich aufkommen zu lassen und sich dann aktiv mit seinem aktuellen Ich innerhalb dieser Bilder zu bewegen und mit den Facetten dieser inneren Bilderwelt in Kontakt zu treten. »Das einzig lebenswerte Abenteuer kann für den modernen Menschen nur noch innen zu finden sein«, meinte C. G. Jung[200], es ist eine »Reise nach innen«, die gleichzeitig die Rückkehr zu sich selbst, zum eigentlichen Selbst als, wie zu Anfang des Kapitels benannt, zentralem Bestandteil der Menschenbildannahme der Analytischen Psychologie.

»Das Unbewusste [...] ist eine seelische Spiegelung der ganzen Welt.«, schrieb Jung[201], was auf das Vorhandensein auch für unser Ich als fremd erscheinender Anteil hinweist und dem der islamischen Mystik zuzuordnenden Konzept eines *mundus imaginalis* sehr nahe kommt. Ideengeschichtlich ist dies zunächst zu unterscheiden von der Leibniz'schen (1646–1716) Vorstellung der Seele als »un petit monde« (Mikrokosmos), als Abbild und »présentation de l'universe«. Eher schon Schellings Konzept des Unbewussten in seinem »System des transzendentalen Idealismus« (1800) liegt auf dieser Linie. In die moderne (geisteswissenschaftliche) Diskussion eingebracht wurde der Terminus von dem französischen evangelischen Theologen und Philosophen Henry Corbin, dessen Interesse zunächst einer Verbindung von Existenzialismus (er war der erste Übersetzer von Heideggers Werk ins Französische) und Gnosis galt. Er hielt eine Professur für Islamische Studien in Paris und Teheran und war regelmäßiger Vortragender in den von C. G. Jung maßgeblich bestimmten Eranos-Tagungen von 1949–1978. C. G. Jung empfand in den Auseinandersetzungen mit Corbins Ideen »[...] eine ungewöhnliche Freude und eine

---

[198] Vogel 2014, S. 18
[199] Vgl. Burda 2019
[200] Jung 1988, S. 212
[201] Jung 1934 (1995), Briefe I, S. 187

höchst seltene, sogar einzigartige Erfahrung, ganz verstanden zu werden« [202]. Beide sind durch ein Interesse an Alchemie und an Aktiver Imagination verbunden, und neben dem fachlichen Austausch gab es wohl auch private Kontakte zwischen den beiden Gelehrten. Hillman zählt Corbin zu den »wegweisenden Figuren« in der Entwicklung der Archetypischen Psychologie, auch wenn Corbin mit dessen psychologisierender Verwendung des Begriffs des Mundus nicht immer einverstanden war. Unter anderem die Beschäftigung mit dem Wissen Corbins brachte Jung zu einer verstärkten Auseinandersetzung mit Elementen der Gnostiker. Diese Inspirationen flossen zumindest »unterschwellig« auch in seine Konzeptionen der Aktiven Imagination ein.

Der Gnosis geht es um den »Göttlichen Funken« (scintilla) im Menschen und seiner Sehnsucht zurück ins Ganze des Lichts (pleroma). Jung[203] sieht scintilla als philosophischen Ausdruck der psychologischen Bezeichnungen »Selbst« und »Archetypen«. Es ist wohl nicht zulässig, Jung mit einem Verweis auf gnostische Einflüsse in eine unwissenschaftliche Ecke zu schieben, wie dies nicht selten in verkürzten Betrachtungen seines Werkens geschah und immer noch geschieht: »Von diesen noch mittelalterlichen Kritikern werde ich daher das eine Mal als Mystiker und Gnostiker, das andere Mal als Atheist angeprangert«[204]. Vielmehr geht es auch hier um eine dem psychologischen Wissensdrang zugrunde liegende Theorie des Erkennen-Könnens überhaupt. Das Ziel psychologischer Methoden wird nun »Schauen oder Einswerden mit dem Gegenstand der Erkenntnis«[205], ein Gegenstand, der rational-kognitiv nicht zu fassen ist und unwissbar bleibt, sich aber »bebildert« und dadurch annäherbar wird. Diese gnostische (und, wie wir gesehen haben, auch psychologische) »erkenntnistheoretische Grundfrage«, was denn schlussendlich überhaupt erkenn- und wissbar sei und wie die Annäherung an dieses Wissen vonstattengehen könnte, findet sich neben der namensgebenden mittelalterlichen Gnosis auch im europäischen Idealismus, im jüdischen Chassidismus, im islamischen Sufismus, im chinesischen Daoismus, in Hinduismus und der Alchemie und generell in allen Sparten der Mystik wieder.

In Jungs Analytischer Psychologie und, quasi »auf die Spitze getrieben«, in der Aktiven Imagination, fließt eine (modern-wissenschaftliche) empirische Komponente, in der objektiv Beobachtbares festgestellt und beschrieben wird, zusammen mit einer gnostischen »Offenbarungskomponente«, einer »Abwartenden Schau« nach innen.

In seiner maßgeblichen Schrift »Mundus Imaginalis or the Imaginary and the Imaginal« siedelt Corbin die imaginale Welt zwischen der Welt der Sinne und der Welt der Ideen bzw. des Geistes (den beiden Schwerpunkten westlicher Philosophie) an. Sie beansprucht den gleichen Realitätscharakter (Jung nennt dies die »objektive Psyche«) wie diese. Der Mundus Imaginalis ist der »intersubjektive Ort der Archetypen«. Er hat eine eigene Topographie, er ist die »Terra incognita«, das in uns liegende unbekannte Land: »A world as ontologically real as the world of the senses

---

202 Jung 1953 (1990), Briefe II, S. 332
203 Jung 1946 (1995), GW 8 §300 ff.
204 Jung 1958 (1995), GW 8, S. 83
205 Evers 1987, vgl. dazu auch Herwig 1984

and the world of the intellect«[206]. Verena Kast spricht vom »innere(n) imaginative(n) Kosmos«[207]. Abgeleitet auch von Heideggers »Dasein« erinnert dieses Beharren auf der Realität des Imaginalen an viele Aussprüche Jungs, etwa auch seine »entscheidende Erkenntnis, dass es Dinge in der Seele gibt, die nicht ich mache, sondern die sich selbst machen und ihr eigenes Leben haben. [...] Auch er war mir sozusagen objektiv gegenübergetreten und ich verstand, dass etwas in mir ist, was Dinge aussprechen kann, die ich nicht weiß und nicht meine, Dinge, die vielleicht sogar gegen mich gerichtet sind«[208].

»Aktive Imagination endet in letzter Instanz in dem, was Erich Neumann das Erleben von ›Einheitswirklichkeit‹ nannte, eine Wirklichkeit, die Bekanntes wie Unbekanntes enthält. Dieses Erleben »führt nicht in den Bereich, auf welche unsere Bewusstseinserkenntnis zugeschnitten ist«[209]. Deshalb werden Bilder ausgeformt, ein Schöpferisches (Kunst) entsteht, die »große Erfahrung« wird möglich als »Durchbruch durch das Nur-Personale und durch die Partialwelten in ein Wesenhaftes, das den überpersönlichen Hintergrund der Wirklichkeit«[210] kennzeichnet. Wie das Unbewusste schlechthin, so kann auch der Mundus Imaginalis nicht direkt betrachtet, jedoch durchaus bildlich, metaphorisch und/oder »symbolisierend« erlebt und erfahren werden.[211]

Als eine der dem Mundus Imaginalis zugehörigen Wahrnehmungsmöglichkeiten nennt Corbin explizit die Aktive Imagination, wohingegen er in den rein therapeutischen Imaginationsmethoden wohl eine »Säkularisation des Imaginalen in das Imaginäre«[212] erblicken würde. Corbin kommt damit nahe an die für die Weiterentwicklung der Aktiven Imagination sehr relevante Schule der Archetypischen bzw. Imaginativen Psychologie heran. Das Bild gilt hier »als eine nicht weiter rückführbare Grundtatsache, die sich auf nichts anders bezieht, als auf sich selbst. Die Quelle der Bilder sei die Seele, die einfach Bilder produziert und selbst aus Bildern besteht«, so dass es »der archetypischen Psychologie primär um das ›soul-making‹, den freien Aufbau der Seele geht«[213]. Seele wird dabei nicht mehr als nur im Inneren des Menschen anzusiedeln gesehen, sondern ebenso als ihn umfangend und einschließend: »The active Imagination is the preeminent mirror, the epiphanic place of the Images of the archetypal world; that is why the theory of the mundus imaginalis is bound up with a theory of imaginative knowledge and imaginative function«[214]. Oder, modern jungianisch, geht es um eine: »[...] mirroring relationship between the ego and the unconscious, and then between the collective unconscious and the natural material world. [...] Likewise, our ego consciousness

---

206 Corbin 1964/1972
207 Kast 2011, S. 40
208 Jung u. Jaffé 1961 (2009), S. 204
209 Neumann 1956, S. 12
210 Neumann 1957, S. 30
211 Vogel 2014
212 Neumann 1957, S. 30
213 Hakl 2001, S. 331
214 Corbin 1964/1972

seems to be a sort of mirror to and for the unconscious, more specifically, for the Self«[215].

Eine der Analytischen Psychologie (und Psychotherapiewissenschaft?) angemessene Forschungsperspektive und -methodologie antwortet also methodologisch auf die Bildhaftigkeit der Psyche. Was ergibt sich so aus Numinosum und Opazität und der diese begründende letztliche Unwissbarkeit für die erkenntnistheoretischen Grundannahmen einer analytisch-psychologischen Forschung[216]?

1. **Skeptizismus**
   De omnibus dubitare. Descartes
   Eine Aufstellung von aus den Erkenntnissen der Analytischen Psychologie ausgehenden und diese abbildenden wissenschaftstheoretischen Grundlagen hat mit der Skepsis zu beginnen. »Dabei ist aber wichtig zu betonen, dass hier nicht ein landläufiges oder gar an nomologischen Falsifizierbarkeiten orientiertes Skepsisverständnis gemeint ist, sondern die Skepsis als antidogmatisches Grundphänomen der menschlichen Existenz, als das radikale und konsequente Infragestellen allen Wissens«[217]. Es findet sich auch »somit keine sichere Basis für die Wissenschaft«[218], ihre Ergebnisse können nie als absolut gesetzt werden, ja auch die Wissenschaft an sich muss sich einer skeptischen Untersuchung aussetzen. Die in jungianischen Kreisen angemahnte »Forschung [...], die die Selbstreflexion befördert«[219] mag hier ihr erkenntnistheoretisches Fundament haben.[220] Und die ebenfalls mit der Analytischen Psychologie zu verbindende Hermeneutik hat hier Anschlussflächen.

2. **Subjektivismus**
   Analytische Psychologie setzt den »einzelnen Menschen selber ins Zentrum des Blickfeldes«[221]. Der philosophische Sammelterminus »Subjektivismus« bezeichnet denkerische Strömungen, die die Möglichkeit von objektiver Erkenntnis in Frage stellen. In seiner individualistischen Variante, und auf die soll sich hier bezogen werden, setzt Subjektivität den einzelnen Menschen in seiner einmaligen Erkenntnis- und Entscheidungskompetenz an die erste Stelle beim Versuch des Wissenserwerbs. »Das Individuelle« ist »gegen das Normierte (zu) verteidigen«[222], sowohl im forscherischen wie auch im therapeutischen Kontext. Die beiden Einzigartigkeiten von TherapeutIn und PatientIn machen jede therapeutische Begegnung zu einer Singularität, was für die Auswahl von Forschungsinstrumenten von enormer Bedeutung ist. Gleichzeitig wird Intersubjektivität für Therapie und Forschung als unvermeidbar betrachtet. Wir landen unvermeidbar bei einer idiographischen und »kontextualistischen Wissenstheorie«, da »der Wahrheitswert eines Satzes [...] von der Situation desjenigen ab-

---

215 Mercurio 2009, S. 16
216 Vgl. Vogel 2012a
217 Vgl. Weischedel 1997
218 Pfister 2007, S. 92
219 Kast 2007, S. 104
220 Vogel 2012a, S. 85
221 v. Franz 2001, S. 17
222 Drewermann 1995, S. 5.

hängt, der diesen Satz äußert«[223], es also auch gilt, dass »Wahrheit eine Funktion sozialer Übereinkunft« ist, »und ihr Zustandekommen im Bewusstsein jedes Einzelnen folgt einem psychologischen Muster und passiert den pragmatischen Korridor.«[224]

3. **Phänomenologie**
Der Begriff des Phänomens (gr. *Phainomenon*, Erscheinung) bezieht sich auf die Unmittelbarkeit des uns Begegnenden, das »angeschaut«, aber nicht beurteilt, kategorisiert erkannt oder, modern ausgedrückt, vereinnahmt werden soll. Jungs überlieferte Aussage, Theorien seien auf dem Gebiet der Psychologie das »Allerverheerende«[225], gehört in diesen Zusammenhang. Hier öffnet sich ein weiterer Zugang zum Begriff des zuzulassenden Geheimnisses »geheimnisvolle[r], letztlich unfassbare[r] Zusammenhänge«[226].

4. **Das Bemühen um das Verstehen (Hermeneutik)**
Psychoanalyse und Tiefenpsychologie wurden von jeher auf geistes- und sozialwissenschaftlicher Seite als Hermeneutik in praktischem Vollzug bestimmt.[227] Sie musste Auswirkungen auf die bevorzugten Forschungsmethoden haben, die folgerichtig ebenso aus dem Fundus der wissenschaftlichen Hermeneutik schöpften. Jung selbst leitete die Bedeutung des Hermeneutischen vorwiegend aus seiner bereits beschriebenen Symboltheorie ab als »einer früher vielfach geübten Kunst [...] der durch das Symbol gegebenen Analogie weitere Analogien« anzureihen«[228]. Martin Heideggers »existenzieller Radikalisierung des Verstehens«[229] macht die Nähe von Phänomenologie und Hermeneutik klar. Diese gehört daher ins Zentrum psychotherapeutischer Wissenschaft. »Wie bei Heidegger so wird auch bei Jung aus einer stetigen Bevorzugung hermeneutischer Erkenntnisgewinnung im Laufe der Zeit eine ›hermeneutische Psychologie‹, d. h., nicht *nur* die Methoden sind hermeneutisch, diese aber natürlich erst recht.«[230] Trotz aller immer wieder aufscheinenden Nähe zu Grundgedanken Heideggers geht die Hermeneutik Jungs aber nicht in einer einzelnen philosophisch-hermeneutischen Grundrichtung auf. Von Bedeutung ist v. a., dass in Anerkennung eines letztendlich Numinosen, die Hermeneutik als fortwährendes Bemühen, nicht aber als Versuch der Bemächtigung verstanden wird.

5. **Finalität und Prospektivität**
Der Mensch ist immer auch ein Gewordener, er ist Produkt seiner Lebensgeschichte und der Historie von Familie, Gesellschaft und Menschheit. Durch seine Auseinandersetzung mit der ostasiatischen klassischen Philosophie und v. a. auch mit der Philosophie Kants wird Jung angeregt, die reine erkenntnistheoretische

---

223 Otscheret u. Braun 2005
224 Precht u. Welzer 2022, S. 176
225 Jung zit. N. Jacoby, 2010, S. IX
226 Kast 2006a, S. 36
227 Z. B. Habermas 1994
228 Jung 1917 (1995), GW 7, §493
229 Jung 2001, S. 104
230 Vogel 2012, S. 88. Vgl. dazu auch Weischedels Definition des Verstehens als »die Möglichkeit einer Sache einsehen«, ders, 2013, Bd. 2, S. 208.

Ausrichtung auf die Kausalität zu relativieren.[231] Neben und zeitweise über diesen Blick nach hinten setzt seitdem die Analytische Psychologie, in Weiterentwicklung des Teleologieprinzips Adlers, ihr Finalitätsprinzip (lat.: *finis*, das Ziel, lat.: *finalis*, auf einen Zweck und ein Ziel bezogen). Sie erinnert bisweilen an Sartres Versuch einer progressiv-regressiven Analyse, wobei bei ihm dem progressiven Ansatz das Attribut einer »reinen Phänomenologie« zukommt[232], sie kommt auch nahe an Heideggers »Vorlaufen in den Tod« und die Psychologie des (freien) Entwurfes in der existenzialistischen Sicht auf den Menschen. Die in den abendländischen Wissenschaften und auch in der Psychotherapie gängige Priorisierung der menschlichen Ausrichtung ausschließlich auf das Gewordensein, der kausal-reduktionistische Blick, hat nach Jung direkte Auswirkungen auf Therapie- und Forschungsmethodik, denn »die Kausalität ist nur ein Prinzip, und die Psychologie kann ihrem Wesen nach mit nur kausalen Methoden nicht ausgeschöpft werden, das die Psyche ebensowohl von Zielen lebt«[233]. Finalität ergänzt die akausale Warum-Frage durch die prospektive Wozu-Frage und ist somit zentral für menschliche Sinnkonstruktionen. U. a. die Hermeneutik als Sinnerstehenskunst kann dabei als eine nützliche Wissenschaftsgrundlage zur sorgfältigen Erforschung finalen Seins gelten, und ihre »schroffe Ablehnung kausaler Erklärungen in menschlichen Dingen hat nicht wenig dazu beigetragen, den Graben zwischen hermeneutischen Geistes- und gesetzesorientierten Naturwissenschaften zu vertiefen«[234].

6. **Innerlichkeit**
Der einflussreiche deutsche Philosoph und Psychoanalytiker Wolfgang Giegerich definierte Psychologie als eine »Disziplin der Innerlichkeit«[235]. Damit ist nicht nur der innere Seelenraum des Menschen, sondern die Innerlichkeit aller Phänomene gemeint, die als Ausdruck der Seele verstanden werden sollen. Die Innenperspektive im analytisch-psychologischen Sinn hat Vorläufer in Mystik und Gnosis, später bei Augustinus und schließlich in der Romantik. »Die von Jung gemeinte und von Corbin[236] verdeutlichte Innenschau legt den Fokus der Psychologie auf einen zunächst unbewussten ›objektiven‹ und ›intermediären Raum‹ zwischen den sensorischen Eindrücken einerseits und deren intellektuell-konzeptioneller Verarbeitung andererseits. Dieser Zwischenraum, der als der eigentliche Seelenraum aufgefasst wird und von Corbin[237] mit dem Begriff *mundus imaginalis* bezeichnet wurde (s. o.), ist das eigentliche Feld analytischer Psychotherapie und Psychologie. Dieses Kriterium, der der Introversion zugeneigte Charakter der Analytischen Psychologie, ist eine echte Herausforderung für Entwickler wissenschaftlicher Methodik [...] Das seelische Innenleben des Menschen ist eben nicht ein Reich der Metrik, ja man könnte ketzerisch sogar im Umkehrschluss behaupten: Das, was gemessen werden kann, ist nicht das Seeli-

---

231 Guretzky 2014
232 Ebd., z. B. S. 324, vgl. auch Smith 2007
233 Jung 1952 (1995), GW 8, §8
234 Jung 2001, S. 69
235 Giegerich 1999, S. 28
236 Z. B. Corbin 1998, Anm. d. Verf.
237 Z. B. Corbin 1964/1972, Anm. d. Verf.

sche [...]«[238], denn »(d)ie psychische Realität ist eine besondere Existenzform, welche mit der materiellen Realität nicht verwechselt werden soll«, so bereits Freud in der »Traumdeutung«[239].

Die dem Jungianischen angemessene Forschungsmethode, hier beispielhaft beschrieben als einer gegebenen Wissenskultur angemessenen Forschungsmethode, muss also versuchen, den Innenraum zu betreten, etwa in der Fokussierung auf den eigenen Innenraum im Falle naher Beziehungskonstellationen – Jung spricht vom sich »affizieren« lassen[240] – oder in der Nutzung besonderer Zugangsmethoden, die dem Innenraum entsprechen können. Hier kommen wir nun zum letzten Forschungsessential der Analytischen Psychologie, der Priorisierung des (inneren) Bildes.

3.5 Imaginology

Alles seelische Geschehen ist ein Bild [...].
C. G. Jung 1939 (1995), GW 11, §889

Die Analytische Psychologie wird im Kanon der Tiefenpsychologien nicht selten als die Psychologie der Großen Bilder bezeichnet. Damit ist zum einen die Archetypenpsychologie gemeint, da Archetypen in erster Linie als Bilder erscheinen, zum anderen weist diese Zuschreibung aber auch auf den zentralen Stellenwert einer Bilderpsychologie in der Analytischen Psychologie hin. Es geht um die Wertschätzung der aus dem Seeleninneren aufsteigenden Bilder und deren realer Gestaltung, ohne dass diese Bilder aber zu eng, etwa ästhetisch oder inhaltlich, betrachtet werden. Vielmehr geht es Jung um den das jeweilige Bild unterlagernden und es übergreifenden Untergrund, der durch Abstraktion, Verallgemeinerung und Amplifikation erahnt werden kann.[241] Diese Sichtweise ist durch viele jungianische AutorInnen verfeinert, aber auch grundsätzlich kritisiert und weiterentwickelt worden. Herausgebildet hat sich eine analytisch-psychologische *imaginology*, eine Wissenschaft des inneren Bildes, der Imagination. Mit diesem Terminus bezeichnen wir hier etwas spezifischer die der Bildhaftigkeit des letztendlich Unergründbaren, des Unbewussten, gerecht werdende Erkenntnistheorie und die daraus abgeleiteten Forschungsmethoden. Spätestens mit Kant gehen Überlegungen zu Vorstellung, Einbildung, Imagination etc. in die Erkenntnistheorie ein. Bezogen wird sich zunächst auf die Natur der gewonnenen Daten, die einem weiteren wissenschaftlichen Prozess ausgesetzt werden können. Positivistisch gewonnene und überprüfbare Wissensbestände werden notwendigerweise in wörtlicher Sprache ausgedrückt, und

---

238 Vogel 2012, S. 91
239 Freud 1900/1982, S. 587
240 Jung 1929 (1995), GW 16, §163
241 Vgl. z. B. Jung 1931 (1995), GW 8, §229, 8, §718

das logische Bemühen um die richtigen Wörter zur Formulierung einer Theorie durchzieht die Wissenschaftstheorie[242].

> »Die Analytische Psychologie hingegen arbeitet in ihren theoretischen und v. a. auch praktisch-therapeutischen Bereichen zunächst mit dem Bild (›[...] an imaginal psychology‹, Adams, 2008, S. 225), das erst in zweiter Linie, und dann schon einer Bearbeitung unterzogen, zur wörtlichen Sprache wird. ›Epistrophie‹ (griech: *epistrephein*, umwenden), die ›Rückführung von Erscheinungen zu ihrem imaginalen Hintergrund‹ bzw. die ›Rückführung durch Entsprechung, Ebenbildlichkeit‹ (Hillman, 1983, S. 11) ist hier als erkenntnistheoretische Grundlage ebenso zu nennen wie die ›Interiorisation‹ Henry Corbins (z. B. 1957) und Gershom Scholems (z. B. 1973), die beide gleichermaßen die Imagination an den Anfang jeglicher Erkenntnis stellen.[...] Im Imaginalen, das Corbin (z. B. 1964/1972) vehement vom profanen Imaginären abgrenzt, findet der Jung'sche Psychotherapeut wie auch der Forscher den ›Gegenstand‹ seiner Bemühungen, den ›Seeleninnenraum‹ vor.«[243]

Gleichzeitig bedeutet das Unterfangen der Imaginology auch den zaghaften und zögerlichen Versuch einer Translation unbewusster Inhalte zunächst in Bilder, dann evtl. in Formen des Denkens und Sprechens. »Die Elemente der Imagination sind anders als die Elemente der Wissenschaft, polyvalent«[244] und bleiben so nahe an ihrem Ursprung.

Betrachtet man forschungslogisch die Auffassung der Imagination in der Analytischen Psychologie und ihrer wissenschaftlichen Umgebung, so fallen zwei unterschiedliche Zugangswege auf. Einmal wird das Bild auf einer »konzeptionellen Ebene« gesehen, d. h. nicht das Bild selbst spielt die entscheidende Rolle, sondern das dahinterliegende »Konzept«. Eine Brücke etwa verweist dann auf das Konzept des Übergangs, das dann wiederum Gegenstand weiterer Betrachtung ist. Die konzeptionelle Ebene ist nahe an einer symbolischen Sichtweise[245] und wird häufig Jung selbst zugeschrieben.[246] Die zweite, davon grundsätzlich verschiedene Betrachtungsweise ist der Blick auf das Bild als Bild, unter Zurücklassung sämtlicher Konzeptionen oder Symbolismen. Sie wird vorwiegend im tiefenpsychologischen Kreis um James Hillman vertreten.[247] Diese zweite Betrachtungsweise setzt mit ihrem radikal phänomenologischen Ansatz keine zugrundeliegende (Symbol-) Theorie voraus und eignet sich so auch als Grundlage einer therapieschulübergreifenden Bildbetrachtung (▶ Kap. 4).

Von C. G. Jung selbst, der diese erkenntnistheoretischen Grundlagen seiner Psychologie nie explizit ausformulierte, gibt es zur Forschungsfrage klare Aussagen, die seine lebensgeschichtliche Abkehr von seiner als junger Psychiater vertretenen

---

242 Balzer 2009
243 Vogel 2012a, S. 91
244 Hillman 1983, S. 117
245 »Symbolisch« ist hier nicht im klassischen psychoanalytischen Sinne verstanden, dass Bilder in Bedeutung übersetzt werden könnten. Vielmehr ist mit Jung gemeint, dass das Bild (und nicht nur dieses) eine Möglichkeit des Erkenntnisgewinns in sich trägt, wenn es nicht reduktiv auf eine oder mehrere Bedeutungen zurückgeführt, sondern vielmehr angereichert und in Zusammenhänge gebracht wird und damit seine »Integrität« gewahrt bleibt.
246 Vgl. z. B. Jung 1929 (1995) GW 8, § 229
247 Vgl. Hillman 2004

experimentellen Methode mittels des Assoziationsexperiments deutlich machen, z. B.:

»Komplexe psychische Ereignisse sind für experimentelle Methoden nur in kleinstem Maße zugänglich. Man ist daher auf ihre Beschreibung angewiesen, und ihre Deutung kann nur durch Amplifikation und Vergleichung bzw. Analogisieren versucht werden. Dieses Procedere stellt nun geradezu das Gegenteil von dem dar, was der Spezialist zu erreichen bestrebt ist. Er will seinen Gegenstand in seiner eigensten Eigenart erkennen, während der amplifizierende und vergleichende Psychologe zum Verständnis seiner irrationalen, scheinbar chaotisch zufälligen Einzelheit sich auch vor augenfälligen, oberflächlichen und zufälligen formalen Analogien nicht scheuen darf [...].«[248]

Jung deutet hier drei wichtige forscherische Zugänge zum Bereich des Unbewussten und Unerkennbaren an:

Amplifikation (lat.: *amplus*, weit) meint ganz allgemein die Anreicherung und Erweiterung eines psychischen Sachverhalts mit Symbolen aus Kunst, Religion, Mythen und Märchen. Die zu betrachtende Gegebenheit wird in einen umfassenderen, meist kulturhistorischen Kontext gestellt. Dabei soll darauf geachtet werden, nicht nur einer einzelnen Amplifikationsrichtung zu folgen. Amplifikationen können von einzelnen Personen angestellt werden, sicher ist jedoch die Amplifikation ganzer (Forschungs-)Gruppen noch breiter und damit gewinnbringender. Amplifikation ist prospektiv und wenig kausal-reduktiv ausgerichtet. Forschungspraktisch bergen sie das nicht unerhebliche Problem, dass sie zu keiner wirklichen Datenreduktion führen und dem/der ForschungsrezipientIn einiges an Mühe und auch Geduld abfordern.

Die *vergleichende Methode* lässt v. a. an hermeneutische Forschungsansätze denken, innerhalb derer der Vergleich etwa von Narrativen und daraus zu folgernden, oft im Gruppendiskurs stattfindenden interpretativen Schlussfolgerungen zur zentralen Methode werden. Die vergleichenden Methoden finden heute ihren Einsatz v. a. in sozial- und literaturwissenschaftlichen Gebieten. Der Terminus der vergleichenden Psychologie geht von dem C. G. Jung gut bekannten Willhelm Wundt aus. Oft wird der Begriff auch in seiner klassischen Bedeutung für vergleichende Arbeiten zur Tier- und Humanpsychologie genutzt.[249] Diese stark in die Verhaltensforschung reichende und inzwischen als historisch zu betrachtende Disziplin soll hier unberücksichtigt bleiben. Sie ist, wie der Kontext der Aussagen Jungs zeigt, auch sicher nicht dessen Referenz für den Gebrauch des Terminus der »vergleichenden Methode« gewesen. Vielmehr haben wir uns auf den nämlichen Begriff der vergleichenden Methode in den Sozial- und Kulturwissenschaften zu beziehen.

Im *Analogisieren* greift Jung auf eine alte, schon aristotelische und ganz grundsätzlich von einer wie immer gearteten Beweisführung zu unterscheidende Erkenntnismethode und Forschungstechnik zurück, die Gegebenheiten in Verhältnisse zueinander setzt, um jeweils eine Verständniserweiterung zu erreichen. In der analogisierenden wissenschaftlichen Argumentation werden Entsprechungen, Übereinstimmungen oder auch deren Fehlen (etwa zwischen dem berichteten Traumbild eines Papageis und den tatsächlich im Regenwald anzutreffenden Pa-

---

248 Jung 1959 (1995), GW 10, §900
249 Dahl 1922

pageien) gesucht und registriert. Statt zu definieren werden Aussagen gemacht, die Ähnlichkeitsbeziehungen (meist zwischen Verhältnissen) herstellen, wobei diese Ähnlichkeiten äußerer oder aber auch innerer Natur (z. B. eine strukturelle Ähnlichkeit) sein können. Die so herangezogenen Ähnlichkeitsverhältnisse müssen schließlich nachvollziehbar begründet sein und dürfen nicht einfach behauptet werden. Eine Analogie ist dabei sowohl durch Gemeinsamkeiten wie auch immer einigen Unterschiedlichkeiten darzustellen und grenzt sich durch letztere von der Identität ab. Ein Analogismus als Ergebnis eines analogisierenden Arbeitens stellt die Schlussfolgerung aus dem Vergleich dar. Analogisieren erweitert Bedeutungsgehalte ähnlich der Amplifikation, ermöglicht aber auch Zuordnungen und Klassenbildungen sowie Transfers.

Imaginology hat auch einen forschungspraktischen Strang, wenn davon ausgegangen wird, dass im imaginativen Bereich eine Form von Wirklichkeit aufscheint. Diese Form der Wissensanreicherung durch Imagination führte Jung in seinem Roten Buch in ersten Ansätzen vor Augen.[250] Inzwischen ist die Nutzung von Imagination zu Forschungszwecken auch akademisch entwickelt, durchaus auch mit Bezügen zu Jung und seiner Aktiven Imagination[251]. Wir werden darauf in ▶ Kap. 5.1 nochmals zurückkommen.

Betrachtet man abschließend die erkenntnistheoretischen Basisvariablen der Analytischen Psychologie, »ist zu beachten, dass die aufgeführten Denkfiguren nicht als scharf voneinander getrennt gedacht werden dürfen und auch widersprüchliche Anteile aufweisen (dies gilt übrigens auch für die erkenntnistheoretischen Felder des wissenschaftlichen Mainstreams, wo sich z. B. positivistisch/deduktives vs. statistisch/induktives Forschen diametral gegenüberstehen). Es gibt allerdings viele Überschneidungen und Gemeinsamkeiten innerhalb dieser Kategorien, sie gehören, trotz aller Unterschiedlichkeit, wohl einer gemeinsamen erkenntnistheoretischen ›Spezies‹ an, welche ihrerseits wieder in einem spannungsgeladenen Verhältnis etwa zu einzelnen existenzialistischen Philosophien steht, denen sich durchaus auch manche jungianische Theoriebausteine nahe fühlen könnten«[252] und zu denen nun im nächsten Kapitel übergegangen werden soll.

> **Kurzer Exkurs: Die Analytische Psychologie und ihre Schulenzugehörigkeit**
>
> Überblickt man im Rahmen psychotherapiewissenschaftlicher Forschung (▶ Kap. 4) die Selbstzugehörigkeitsbeschreibungen (Selbstverortungen) der Analytischen Psychologie weltweit, so fällt eine Dreiteilung auf:
>
> - Analytische Psychologie als eigene Schulrichtung
> - Analytische Psychologie als Teil humanistischer Therapie- und Denkgebäude

---

250 Rowland u. Weishaus 2020
251 Z. B. Berger 2022
252 Vogel 2012, S. 92

- Analytische Psychologie als Teil psychoanalytischer Therapie- und Denkgebäude

Die jeweilige Begründung für eine dieser Varianten erfolgt vordergründig immer aufgrund für die Analytische Psychologie als besonders herausragend erkannten Grundannahmen (philosophische Ebene des Strukturmodells). Ein genauer Blick macht allerdings deutlich, dass zumindest zusätzlich und nicht unerheblich einflussreich auch gruppenpsychologische sowie ökonomische Interessen vorliegen. So sichert etwa die Zugehörigkeit der Analytischen Psychologie zur Psychoanalyse dieser den Verbleib im bundesdeutschen Kassensystem, da jede/r jungianisch ausgebildete PsychoanalytikerIn tiefenpsychologische und analytische Psychotherapien gemäß den bundesdeutschen Psychotherapierichtlinien abrechnen kann. Nun sind sicherlich sehr einfach genügend »Beweise« zu sammeln, um diese Zuordnung auch fachlich zu rechtfertigen, und die Nähe zur Psychoanalyse hat sich für die Analytische Psychologie in einigen Aspekten als durchaus auch inhaltlich fruchtbar erwiesen (z. B. bzgl. des stärkeren Einbezugs entwicklungspsychologischer Erkenntnisse). Gleichzeitig aber ist davon auszugehen, dass diese Nähe rückwirkend ein selektives Interesse jungianischer TherapeutInnen und AutorInnen an spezifisch psychoanalytischen Themen bewirkt und andere, vielleicht genuine, Aspekte der Analytischen Psychologie vernachlässigt werden.

Das Problem der Selbstverortung ist im Übrigen kein jungianisches. Es betrifft selbstverständlich auch andere im Umfeld der Psychoanalyse oder gar aus ihr heraus entstandene Schulrichtungen wie etwa die Individualpsychologie oder die Selbstpsychologie. Das Gleiche finden wir aber auch bei den Humanistischen Therapien (hier ordnet sich z. B. die Logotherapie einerseits der humanistischen Schule zu, andererseits aber auch nicht) oder der Verhaltenstherapie (z. B. bzgl. der Acceptance and Commitment Therapie oder der Schematherapie).

4 Die existenziellen Themen in Theorie und Praxis der Psychotherapie

4.1 Extrakte des Existenziellen

Es ist hier nicht der Ort, der philosophischen Bedeutung des Begriffs des Existenziellen nachzuspüren und sein Bedeutungsumfeld, etwa in den Vorstellungen eines Daseins, aufzuzeigen. Wir wollen uns hier auf »Extraktionen« aus dem weiten Feld der auf das Existenzielle hin orientierten DenkerInnen beschränken, wie sie bisher bereits in der Psychotherapie vorgenommen wurden. Bei dieser Gelegenheit stoßen wir erneut auf das Phänomen der Wissenskulturen, die sich je eigen mit zunächst gleichen (existenziellen) Begriffen befassen und aus ihren jeweiligen Befassungen ganz unterschiedliche Konsequenzen ziehen. Wenn auch, v. a. in neuerer Zeit, kaum mehr eine Therapieschule um eine wenigstens rudimentäre Befassung mit den sog. »Existenziellen Themen« herumkommt, so gibt es doch eindeutige Spezialisten, bei denen schon die a-Ebene des Strukturmodells der Therapieschulen (▶ Kap. 2.1), also die anthropologisch-philosophische Grundlagenebene, diese Termini ins Zentrum setzt. Es sind dies:

- die Daseinsanalyse in der Nachfolge Binswangers
- die Existenzanalyse in der Nachfolge Frankls
- die Analytische Psychologie in der Nachfolge Jungs
- die existenzielle Therapie in der Nachfolge Mays

V. a. letztere, vertreten durch ihren namhaften Protagonisten Irvin D. Yalom, hat sich bis heute international weitgehend erfolgreich gegen die Vereinnahmung als Therapieschule zur Wehr gesetzt und übt wohl gerade dadurch einen enormen »impact« auf die gesamte Psychotherapielandschaft aus. In einer bestechend einfachen Form gelang und gelingt es Yalom, diese übergeordneten und für die Psychotherapiepraxis direkt relevanten »Existenziellen Themen« zu extrahieren und in der weltweiten psychotherapeutischen community zu (re-)implantieren. Es sind dies die Themen Tod, Einsamkeit, Sinn und Freiheit.[253] Sie erinnern an Karl Jaspers Grenzsituationen Kampf, Leid, Schuld, Tod sowie das »In-Situation-sein«, auch wenn diese in einen etwas anderen Denkzusammenhang eingebettet sind. All diese Themen sind zwar als »Menschheitsthemen« anzusehen, die Befassung damit und das Scheitern an deren endgültiger Bewältigung ist sozusagen das den Menschen

---

253 Yalom 2000

Konstituierende, sie werden aber von jedem/jeder Einzelnen auf höchst individuelle Weise beantwortet. Damit sind diese Themen auch Themen von PatientIn und TherapeutIn gleichermaßen, was sich auf die therapeutische Beziehung auswirkt. Sie wird eine Begegnung zweier »authentischer Ganzheiten«, die an gemeinsamen Projekten (etwa der Auseinandersetzung mit der Sterblichkeit) arbeiten.

> **Kurzer Exkurs: Das Freiheitsthema als Voraussetzung und Ziel einer Psychotherapie**
>
> Therapieschulübergreifend könnte als Ziel einer professionellen Psychotherapie die Erweiterung von Freiheitsgraden für den/die PatientIn genannt werden. Irgendwie sind doch alle psychischen Beeinträchtigungen (zumindest auch) Beeinträchtigungen der inneren und bisweilen auch äußeren Freiheit. Gerade das Freiheitsthema eignet sich aber auch besonders, die gegenseitige Abhängigkeit von TherapeutIn und PatientIn vom ebengleichen existenziellen Problem aufzuzeigen. Freiheit ist hier in erster Linie philosophisch verstanden, Freiheit wird zur Freiheit bzgl. der eigenen Haltung und zur Entscheidungsfreiheit. Nicht wahrgenommene Freiheit führt zwangsläufig zu Unauthentizität, Inkongruenz, Selbstentfremdung und Unwahrhaftigkeit (vgl. Sartres *mauvaise foi*).
>
> Allenthalben einsichtig ist, dass PatientInnen zu Beginn einer Therapie zumindest ein rudimentäres Gefühl der Möglichkeit, auf ihre innere und/oder äußere Situation Einfluss zu nehmen, benötigen. Gleichzeitig besteht diese Notwendigkeit aber auch für den/die TherapeutIn. Dessen/Deren Freiheit kann eingeschränkt sein, etwa durch rigide rechtliche oder sozialrechtliche Vorgaben, durch wenig eigene innere Freiheit oder durch ein sklavisches Anhängen an einer bestimmten psychotherapeutischen Methode. Damit assoziiert sich das Freiheitsthema an psychotherapeutisch so bedeutsame Topi wie Schuld oder Scham. Und: In der therapeutischen Situation gilt das Freiheitsthema bidirektional: Sowohl für den/die PatientIn wie auch für den/die TherapeutIn impliziert ein Mehr an Freiheit auch ein Mehr an Verantwortlichkeit und damit an Angst vor Fehlern.

Der Existenzialismus oder die Existenzialphilosophie beantwortet die existenziellen Themen mit ganz bestimmten Schlussfolgerungen. Diese Antworten sind aber für die therapeutische Arbeit nicht zwingend. Eine Literaturübersicht zeigt folgende Hypothesen von Zusammenhängen:

- Existenzielles bricht in Krisensituationen ein
- Abwehr des Existenziellen bedingt Symptome
- Symptome sind missverstandenes Existenzielles
- Symptome sind unzureichende Antwortversuche auf die (primär nicht pathologischen, sondern allgemeinmenschlichen) existenziellen Herausforderungen
- Symptome enthalten alle existenziellen Themen
- Symptome enthalten (störungsspezialisiert) existenzielle Themen, z. B.
  – Depression → Sinnthema
  – Zwangsstörung → Freiheitsthema

- Angststörung → Einsamkeits- und Todesthema
- Trauer, Suizidalität → Todesthema

Existenzielle Themenbereiche können also als grundlegend für die Entstehung »psychopathologischer« Phänomene aufgefasst werden (sog. Transdiagnostische Faktoren), die, betrachtet man sie auf dem Boden der Menschheitsthemen, dann an ihr pathologisches Ausmaß stark einbüßen. Gleichzeitig hat die Aufmerksamkeit auf die vier Grundthemen, die ja generell eine Frage der therapeutischen Haltung ist, direkte Auswirkungen auf das therapeutische Handeln. So ist es von Nutzen für den/die TherapeutIn, sich vor Beginn einer jeden Therapiestunde ausreichend auf die existenziellen Themen einzustimmen, eine »existenzielle Gestimmtheit« zu erlangen, sodann den Themen der PatientInnen mit einer gewissen »Freude« zu begegnen, dass diese ihn auf das Existenzielle stoßen oder auch drittens eine Art »Vortherapie« zu erwägen, während der u. a. die Freiheits-Selbstzuschreibungen des/der PatientIn geklärt und evtl. bearbeitet werden.[254]

In unserem Zusammenhang werden die existenziellen Themen als prinzipiell unabschließbar, unlösbar bezeichnet. Auch wenn Jaspers den Begriff etwas anders nutzte, so drängt sich an dieser Stelle sein Terminus der Chiffre auf: »Hier findet statt, was auf keine Weise wissenschaftlich erforschbar ist. […] wodurch wir uns auf Transzendenz beziehen. […] Die Chiffren sind nicht Erkenntnis von Etwas. Sie sind nicht Zeichen, die deutbar sind, indem man sagt, was sie bezeichnen, sondern in ihnen selber ist gegenwärtig, was auf keiner anderer Weise gegenwärtig werden kann.«[255] Hier, durch die Betonung des Erlebnischarakters der Chiffre und dieses in der Schwebe haltende Vieldeutige, nicht allgemeingültige[256] wird eine besondere Nähe des Jaspers'schen Denkens zu unserer Begrifflichkeit der Opazität deutlich.

Existenzielle Psychotherapie meint in einer weiten Definition (d. h. über die Fokussierung in der therapeutischen Situation) die *explizite* Berücksichtigung der existenziellen menschlichen Themen (der »letzten Dinge«) im psychotherapeutischen Prozess, und zwar durch TherapeutIn und PatientIn gleichermaßen. Sie ist damit dann eben keine Therapieschule, sondern kann beim therapeutischen Handeln sämtlicher Schulen unterlegt werden.

Kurzer Exkurs: Das Todesthema in der Psychotherapie[257]

Als für unseren psychotherapiewissenschaftlichen Zusammenhang besonders ergiebiges und eingängiges Beispiel soll das Todesthema Beachtung finden. »Der Tod ist das Andere der Aufklärung, der unaufklärbare Rest, eine lästige Erinnerung daran, dass Wissenschaft Grenzen hat und leider, auch daran, dass jedes Leben endlich ist«[258]. Dabei ist zu Anfang einer Auseinandersetzung mit einem (potentiellen) opaken Begriff wie dem »Tod« zunächst die Selbstbeschränkung

---

254 Vogel 2020
255 Jaspers 1970, S. 29
256 Ebd., S. 97
257 Vgl. Vogel 2021
258 Welzer 2021, S. 31

deutlich zu machen, innerhalb derer der Begriff genutzt wird. Sprechen wir vom Tod, so sprechen wir bei genauer Betrachtung vom Todeskonzept als der bewussten oder zumindest vorbewussten (d. h. potentiell durch Anstrengung bewusstseinsfähigen) Sicht des Ich auf das eigene Selbst im Hinblick auf dessen (zeitliche und räumliche) Grenzen und damit Ende. Es enthält – analog dem Selbstkonzept – bestimmte kognitiv-affektive Strukturen und Inhalte. Im individuellen Todeskonzept finden sich also Vorstellungen plus dazugehörige Emotionslagen! Die Strukturen des Todeskonzeptes wären dann die Todesschemata mit ihren Inhalten (Jenseitsvorstellungen, Seelenglaube) und Affekten (Hoffnung, Angst, Verzweiflung ...). Es entwickelt sich entwicklungspsychologisch, lerngeschichtlich und in permanenter aktueller Auseinandersetzung und äußert sich in den subjektiven Haltungen etwa zu Sterbehilfe, Organspende (Hirntoddebatte), Abtreibungsdiskussion, »Tiere-Essen« oder Bestattungen.

Wenn also auch zu behelfsmäßigen Verständniszwecken so getan werden muss, als wüsste man, von was man redet, wenn die Wörter Tod und Sterben im Munde geführt werden, also vordergründig etwa ein bestimmtes Todeskonzept, also z. B. eine biologische Definition des Todes akzeptiert wird, gelangt man rasch zu der Erkenntnis, dass diese Behelfslösung nicht wirklich gewinnbringend in einer therapeutischen Auseinandersetzung im Umkreis des Todes ist. Vielmehr ist es nötig, sich auf die Suche nach menschheitlichen Auseinandersetzungen mit Tod und Sterben zu machen.

Wir betreten hier vorsichtig das Gebiet der Thanatologie, einer wissenschaftlichen Mischdisziplin mit Anteilen aus Psychologie, Soziologie, Kulturwissenschaften und Medizin. Als psychologische Teil-Disziplinen haben sich als Teile der Thanatologie Thanatopsychologie, Thanatopsychotherapie und Thantopsychoanalyse entwickelt. Die Gleichsetzung des Todeskonzepts mit dem Todesbegriff schlechthin ermöglichte der bis heute stark USA-lastigen Thanatopsychologie eine starke Nutzung psychometrischer Verfahren. Wir müssen an dieser Stelle die Kritik an der Thanatopsychologie außer Acht lassen und beschränken uns auf das Gebiet der Psychotherapie, hier konzipiert als Auseinandersetzung mit dem Tod, denn, »jeder Therapeut, der eine gewisse Sensibilität für Themen hat, die mit dem Tod in Verbindung stehen, wird von ihrer Allgegenwart beeindruckt sein«[259] und zahlreiche Theorien wurden bisher entwickelt, die Psychopathologie und das Todesthema in einen Zusammenhang bringen. Hier einige Beispiele:

- der verdrängte Tod als Ursache psychischer Störungen (Verdrängung des Todesthemas führt zu Angst und evtl. Psychose, überhaupt keine Verdrängung führt zu Depression)
- Todesangst als Ursymptom aller psychischen Störungen. In jeder Ätiologie stehen bei genauer Betrachtung Endlichkeit und Sterblichkeit im Zentrum
- jede Angst kann als verkleidete Form von Todesangst verstanden werden
- Todesangst als Auslöser (sekundärer) psychischer Störungen
- jeder Zweifel (z. B. bei einer Zwangsstörung) ist der Zweifel am Letztendlichen

---

259 Yalom 2008, S. 67

- das pathogene Todeskonzept als Ursache psychischer Störungen
- Todesangst als Entsprechung von Lebensangst
- der Tod als narzisstische Kränkung

Diese Aufzählung macht den diagnostischen und hermeneutischen Wert der psychotherapeutischen Berücksichtigung des Todesthemas deutlich. Gleichzeitig transportiert es andere grundlegende Themenstellungen, wie etwa

- Schicksal und Kontrolle,
- Sinn und Ziel,
- Schuld und Scham,
- Begrenztheit,
- Verhältnis Körper und Seele

und weist so auf seine Qualität als »Common Factor« der Psychotherapie hin.[260]

4.2 Die Unlösbarkeit des Todesthemas

Das Wissen zögert angesichts des Todes.
Han 1998, S. 11

TherapeutInnen haben einen deutlichen »Drang zur Umdeutung«, sind »selektiv unachtsam gegenüber Hinweisen auf unsere existenzielle Situation«. Und TherapeutInnen zeigen einen »Drang zur Pathologisierung« existenzieller Themen.[261] Das betrifft die AnhängerInnen sämtlicher Therapieschulen. Eine eigene Studie[262] konnte aufzeigen, dass sogar in auf Tod und Sterben quasi »spezialisierten« Einrichtungen, eine Art Sprachlosigkeit bzgl. des Todes herrscht. Aus der schriftlichen Befragung der PsychotherapeutInnen sämtlicher bundesdeutscher Palliativstationen aus dem Jahre 2011 seien hier nur zwei Ergebnisse beispielhaft herausgegriffen (im rechten Kasten neben dem Tortendiagramm finden sich die im Fragebogen vorgegebenen Antwortkategorien):

Worauf nun kann diese auffällige Abwesenheit des Todesthemas in beiden Gesprächssituationen begründet sein? Auf die Frage, wie sich die TherapeutInnen durch ihre Ausbildung auf ihre Tätigkeit vorbereitet fühlten, ergab sich folgendes Bild:

Selbstverständlich dürfen wir gerade bzgl. des Todesthemas wegen dessen Unvorstellbarkeit[263] und der damit zusammenhängenden inhärenten Sprachlosigkeit

---

260 Vgl. dazu Vogel 2019
261 Yalom 2008, S. 74
262 Vogel 2011
263 Vgl. z. B. Jaspers Hinweis auf die Unmöglichkeit sich vorzustellen, nicht In-Situation zu sein.

4.2 Die Unlösbarkeit des Todesthemas

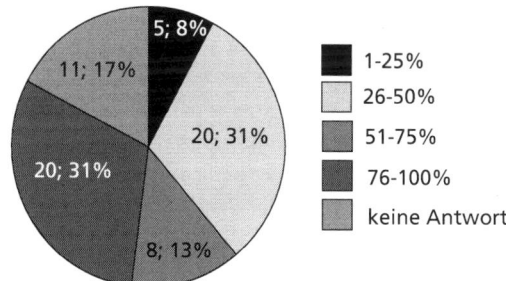

Abb. 4.1: Häufigkeit des Todesthemas in den psychotherapeutischen Gesprächen mit den PatientInnen der Palliativstationen (z. B.: 8 % der Befragten (5 TeilnehmerInnen der Studie) gaben an, dass in 1–25 % der Gespräche mit den PatientInnen Tod und/oder Sterben thematisiert wurde.)

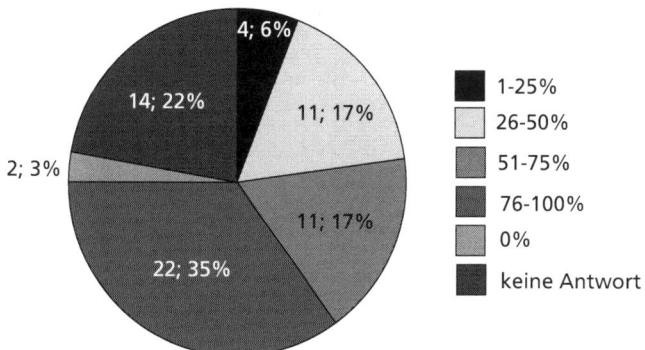

Abb. 4.2: Häufigkeit des Todesthemas in psychotherapeutischen Gesprächen mit den Angehörigen (z. B.: 6 % der Befragten (4 TeilnehmerInnen der Studie) gaben an, dass in 1–25 % der Gespräche mit den Angehörigen Tod und/oder Sterben thematisiert wurde.)

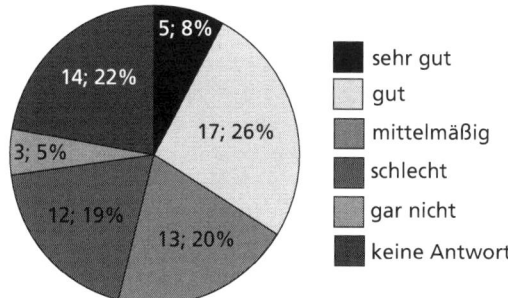

Abb. 4.3: Güte der Vorbereitung durch die therapeutische Ausbildung (z. B.: 8 % (5 TeilnehmerInnen der Studie) fühlten sich auf das Todesthema durch ihre Ausbildung sehr gut vorbereitet.)

(s. u.) solche Fragebogenergebnisse nicht als Fakten auffassen. Ihnen darf aber wohl ein empirischer Hinweischarakter zugesprochen werden auf etwas, das sich in Supervisionen wie auch in den Curricula psychotherapeutischer Ausbildungseinrichtungen widerspiegelt, nämlich einem gewissen psychotherapeutischen *neglect* des Todesthemas im Mainstream zeitgenössischer Psychotherapie. Es ist wohl, in den Worten des Dichters »das Wesen des Todes, eine Grenzwahrnehmung, die dem Ausdruck widerstrebt; eine metaphysische Verwirrung«[264].

Wir werden also immer wieder daran erinnert, dass die existenziellen Fragestellungen keiner endgültigen Lösung zugeführt werden können, ja dass die Verzweiflung über deren Unlösbarkeit gerade konstituierend für diese Themen sei:[265]

> »Auch wenn die Fragen nach Freiheit, Sinn, Einsamkeit und Tod sowohl in philosophischen wie auch in religiös-spirituellen Zusammenhängen immer wieder scheinbar und zum Teil mit großer nach Außen getragener Sicherheit beantwortet werden: Nimmt man eine ›metaphilosophische‹ Position ein, dann zeigt sich eine schier endlose Heterogenität, ja Widersprüchlichkeit dieser Antwortversuche, und der Versuch, zu einer allgemeingültigen Antwort zu kommen, ist so vergebens, dass man nicht umhin kommt, diese Themen (und sicher noch einige andere im Umfeld des ›Existenziellen‹) als *Aporien* zu erkennen. Jedes der vier genannten existenziellen Themen besteht aus unüberschaubar vielen Standpunktmöglichkeiten und somit auch Gegensätzlichkeiten und ›Ausweglosigkeiten‹.«[266]

Der in dieser Arbeit abzuleitende psychotherapiewissenschaftlich vertretene Zusammenhang zwischen skeptischer Grundhaltung und existenziellen Positionen findet seine Entsprechung in der Philosophie. Hier ist v. a. die existenzialphilosophische Haltung von Wilhelm Weischedel zu nennen, der aus einem philosophisch-theologischem Standpunkt heraus der Wirklichkeit wesenhaft eine radikale »Fraglichkeit« zuschreibt und dem Menschen die Aufgabe des beständigen und nie endenden Fragens zuweist und die existenzielle Frage nach dem Sinn eben daraus ableitet.[267]

Kurzer Exkurs über das Schicksal

Das Anerkennen von Aporie und Opazität erfordert Mut, denn »Mut heißt auch, Frieden mit der Ungewissheit unseres Daseins zu schließen«[268]. Diese umfassende Seinsungewissheit bezeichnet die »abendländische Denktradition von ihren mythischen Anfängen über die griechische und römische Philosophie hin zu Schopenhauer, Nietzsche und Camus bis in die heutigen, aktuellen Philosophiedebatten«[269] mit dem *Schicksals*begriff (altniederl. *schicksel*, das dem Menschen Geschickte). Aus theoretischen, aber auch aus psychotherapiepraktischen Gründen sollte ihm in der Psychotherapieliteratur ein prominenter Ort zukommen. Stattdessen findet man schulenübergreifend keinen wirklichen Bezug zum Begriff und der dahinterliegenden Erkenntnis, dass wir nicht immer über unser

---

264 Cioran 1980, S. 48
265 Vgl. Vogel 2015
266 Vogel 2020, S. 89
267 Weischedel 2013, ▶ Kap. 5.2.
268 v. Arnim 2021, S. 229
269 Vogel 2014

Werden bestimmen, egal, ob sich aus dieser Tatsache nun psychische Störungen entwickeln oder nicht. Das Schicksal, das ist der Lebensweg des/der Einzelnen, wie er gelebt wurde (als Biographie) oder wie er in ihm angelegt wurde (als Finalität. Es ist dann »[...] das Schicksal [...] eines jeden Menschen, ein einzigartiges und einmaliges Individuum zu sein, seinen eigenen Weg zu gehen, sein eigenes Leben zu leben und seinen eigenen Tod zu sterben.«[270] Es ist aber auch ein Sammelbegriff für die »Vorsehung, den Ratschluss Gottes, Gnade, Karma, aber auch Zufall«[271]. Diese und noch viel mehr Teil-Synonyme weisen zum einen auf einen gewissen Opazitätsgrad des Schicksalsterminus und der dahinterliegenden Ideen hin. Zuvorderst haben diese Umschreibungen aber das Attribut der Unverfügbarkeit gemein. Diese Tatsache könnte auch eine Ursache für das Ignorieren des Schicksalskonzeptes in der gängigen Psychotherapieliteratur sein, verweist sie doch auch auf die Grenzen des Mach- und Beeinflussbaren. Mit dem Schicksal kann gehadert werden, es wird (vergebens) bekämpft oder es wird akzeptiert, vielleicht auch nur hingenommen und bisweilen lediglich ausgehalten in seiner Akausalität und nicht selten in seiner Absurdität und Sinnlosigkeit. Ein wie immer geartetes Schicksalkonzept widersetzt sich in seiner Aporie dem »Terror des Positiven«[272], der Ideologie des Mach-, Veränder- und Kontrollierbaren. Dieses postmoderne »Übermaß an Positivität«[273], das auch manche Psychotherapierichtungen durchdringt und manche AusbildungskandidatInnen unter schweren Druck setzt, wird durch ein Konzept der Ohnmacht, des Keine-Machthabens, herausgefordert. Es bringt die Lebenstatsache des Kontingenten in die Therapie ein, dass nämlich bisweilen etwas weder unbedingt und notwendigerweise aus den gegebenen Umständen folgt oder aber anders völlig unmöglich wäre. All diese Attribute des Schicksalskonzeptes sind einer Umkreisung des Aporiegedankens hinzufügen. Dabei ist das Anerkennen von Schicksalhaftem, ebenso wie die Erkenntnis mancher Aporie, nicht mit Handlungsunfähigkeit gleichzusetzen, auch wenn das Schicksal bisweilen als Gegenspieler der Freiheit auf den Plan zu treten scheint. Wahl und Entscheidung sind auch innerhalb seines Schicksals möglich, ja dort vielleicht besonders gefordert.

4.3 Die Existenziellen Themen als »Common Base« der Psychotherapieschulen

Der prominente Wert der existenziellen Themen für die Psychotherapie(-wissenschaft) liegt a) im Aufzeigen von Aporetik als Grundlage und b) im Zur-Verfügung-

---

270 Sacks 2014, S. 29
271 Vogel 2014a, S. 90
272 Schneider 2022
273 Han 2010

Stellen eines eventuellen »Common Base« der Therapieschulen, die – dieser Aporetik Rechnung tragend – höchst unterschiedliche Ansätze der Annäherung an die Aporien herausbilden.

Der Begriff der »Common Base« ist entlehnt aus der Elektronik, wo er einen Verstärker bzw. Transistor bezeichnet.[274] Wir benutzen den Terminus hier sehr nahe am Wortsinn, fragen uns also, ob die vier genannten »Existenziellen Themen«, Sinn, Freiheit, Beziehung und Tod, für die Ausbildung einer gemeinsamen Basis der Psychotherapieschulen taugen könnten. Diese Themen, das Wissen um sie und der Umgang mit ihnen könnte zu dem werden, was heute als psychotherapeutisches *Kernwissen* benannt wird.[275] Allerdings würde ein Kernwissen dieser Art eben Therapieschulen nicht obsolet, sondern geradezu unverzichtbar erscheinen lassen, da sie auf die prinzipielle Unlösbarkeit höchst heterogene Antworten liefern und damit die notwendige Umkreisung als adäquate Zugangsweise fördern könnten (▶ Kap. 4).

Existenzielle Themen können auch als *transdiagnostische* Grundlagen der Psychotherapie gelten und widersetzen sich einer störungsorientierten Psychotherapie. Werden bisher zwar damit die zunehmend in der Psychotherapiewissenschaft Beachtung findenden transdiagnostischen Variablen wie Alter, Geschlecht, Werte und (Lebens-)Kontexte etc. bezeichnet, so sind dazu unbedingt auch die individuellen Antworten auf die existenziellen Lebensbedingungen hinzuzufügen.

4.4 Aporetik als psychotherapiewissenschaftliches Grunddatum

Psychotherapeutische Grundthemen sind existenzielle Themen, und existenzielle Themen haben einen aporetischen (griech. *a*, nicht, *poros*, Weg) Charakter. Aporetik entwickelte sich aus der griechischen Philosophie als diejenige Richtung, die Wissen anzuzweifeln geneigt ist. Sie wird heute oft verstanden als mutige (philosophische) Auseinandersetzung mit ungewissem Ausgang bzgl. der Lösbarkeit der aufgeworfenen Fragestellung. In ihrer Nähe finden wir auch zeitgenössischere philosophische Arbeiten etwa bei Scheler oder Kaspers und v. a. bei dem deutschen Existenzialphilosophen Peter Wust, der die aus dem Nicht-Wissen automatisch resultierende

---

274 Er ersetzt uns den auch in der Psychotherapiewissenschaft geläufigeren Terminus des »Common Ground«, der, aus der Linguistik kommend, eine interpersonelle Variable bezeichnete, nämlich die meist unbewussten Annahmen der an einer Kommunikation beteiligten Personen über deren gemeinsames Wissen. Die Existenziellen Themen können durchaus als Common Ground konzipiert werden, allerdings geht die hier gemeinte grundlegende Gemeinsamkeit über das kommunikativ hergestellte und validierte Wissen, das die Kommunikationstheorie meint, hinaus, da es sich ja, so die Annahme, eben um *existenzielle* Bedingungen handeln soll.

275 Den Begriff des Kernwissens findet man bisher meist im Umfeld von Entwicklungsversuchen »allgemeiner« oder »therapieschulunabhängiger« Modelle von Psychotherapie.

4.4 Aporetik als psychotherapiewissenschaftliches Grunddatum

Ungewissheit als Existenzial des Menschen herleitet. Eine »prinzipielle Ungewissheit« als »insecuritas-Stituation« wird ihm als primär zugesprochen.[276]

Aporetik befasst sich mit Aporien, also Begriffen und Fragestellungen, die bei ihrer philosophischen oder wissenschaftlichen Erörterung nicht auf ein eindeutiges Lösungsszenario hinauslaufen. Der Begriff der Aporie hat in der abendländischen Geistesgeschichte von Sokrates an unterschiedliche Bedeutungsnuancen erhalten. In unserem Zusammenhang verwenden wir den Begriff Aporetik eng an die griechische Klassik angelehnt als die Kunst und die Wissenschaft vom Unwissbaren, Unlösbaren und Unverfügbaren. Eine endgültige Wahrheit, ein letztendliches Wissen bleibt ungreifbar, ein Rest Geheimnis bleibt immer bestehen. Die Aporetik ist eine bestimmte Form der Beziehung zur Welt, Aporien ein ständiger Stachel im Fleisch der Moderne, die ja den Sieg über die Unwissenheit zum Programm machte und alles als im Prinzip erkenn- und wissbar betrachtete. Bis heute ist eine akademisch-wissenschaftliche Anerkennung von und Auseinandersetzung mit als aporetisch eingestuften Gegenständen selten und kommt rasch in den Geruch des Unwissenschaftlichen. Affektiv folgt bei vielen Menschen auf die Begegnung mit dem kognitiv-wissend Unerreichbaren oder auch nur Unlösbaren ein gewisses Unbehagen, Unzufriedenheit, bisweilen auch Ärger und gar nicht selten Angst vor dem »Dunst der schauderhaften Ungewissheit«[277]. Aporetik verweist uns im wissenschaftlichen Kontext an die Grenzen des Wissbaren, fordert uns aber vehement zu einer wissenschaftlichen Auseinandersetzung auf, denn »werden wir uns dieser Grenzen bewusst, des Erkennens, des Machens, so werden wir frei von Absolutierungen, in die wir immer geraten, wenn die Großartigkeit des wissenschaftlichen Erkennens und die Leistungen des Machens uns fiktiv ins Grenzenlose schwärmen lassen«[278]. Die Fähigkeit, sich auf diejenigen Themen einzulassen, die keiner (eindeutigen) Lösung zugeführt werden können, und der Mut, dies auch sehen und anerkennen zu können, wird also seit den alten Griechen als Aporie bezeichnet (Sokrates wie auch Aristoteles benutzten den Begriff, auch wenn sie in Nuancen Unterschiedliches damit meinten)[279]. In moderner Zeit wurde der Begriff der Aporie v. a. von dem französischen Philosophen Jacques Derrida in anderem Zusammenhang als Fähigkeit »gut nicht-gut-zu-wissen«[280] wieder genutzt. Er verwies auch explizit auf die Aporie des Todes und auf die Notwendigkeit, sich, statt in Lösungsversuchen und Widerständen zu verstricken, in einem nicht-passiven Aushalten, das er mit Heideggers »Gelassenheit« vergleicht, zu üben.[281] Die Wertschätzung der Aporien in der Philosophie erwächst auch aus ihrer Nähe zum Lebendig-Sein, denn »das Wissen vermag das Leben nicht vollständig abzubilden. Das ganz gewusste Leben ist ein totes. Das Lebendige ist sich nicht transparent. Gerade das Nicht-Wissen […] belebt das Leben […] der entschlossene Wille zum Wissen verfehlt das Innerste und Tiefste des Lebens.«[282] Dabei ist jedoch immer auch die Kritik an einer solchermaßen phi-

---

276 Wust 2014, S. 185
277 Storr 2010, S. 71
278 Jaspers 1970, S. 9
279 Vgl. z. B. Schlittmaier 1999
280 Nietzsche 1999, Bd. 3, S. 351
281 Derrida 1998
282 Han 2022, S. 21 f.

losophisch formulierten und in der Psychotherapiewissenschaft als grundlegend erkannten Aporie mitzudenken, denn Nichtwissen kann neben einem Nicht-wissen-können »auch durch mediale oder kommunikative Filterungen, Selektionen oder Verfälschungen entstehen, aus wissenschaftlichen Irrtümern erwachsen, ein verdrängendes Nicht-wissen-wollen«[283] sein, das potenziell korrigierbar wäre.

Das Zweifeln-müssen an jedem letztendlichen Wissensanspruch wird hier deutlich, so dass es nicht wundert, dass die Aporetik philosophisch nahe am Skeptizismus und am Pluralismus steht. Die Gleichwertigkeit von Gegensätzen, das Paradoxe und Konträre werden anerkannt und die damit verbundenen Gefühle von Verunsicherung und Unbehagen werden nicht abgewehrt. Von Freud wissen wir: Etwas »Verhülltes«, sich uns Entziehendes, Fremdes wird dann deutlich, Verdrängtes (individuell) oder Überwundenes (kulturell) kommt in Betracht.[284] Genauer heißt das: Nicht nur das (psychotherapiewissenschaftlich) Beobachtete, sondern die Unbestimmbarkeit der Gegenstände, das Scheitern in ihrer endgültigen Erfassung (Ungewissheit) und die notwendige Unbestimmtheit der dazugehörigen Begriffe erzeugen Angst, die abgewehrt wird.[285] Die wissenschaftliche Beschäftigung mit dem Aporetischen ist daher selten und bisweilen verpönt. In unserer gesamten Gesellschaft und erst recht im akademischen Sektor ist oft der Zweifel und das damit zusammenhängende Zögern[286] als wissenschaftsschädlich markiert und wird als minderwertig und schwach verstanden, es herrscht gar eine Art »Ethik der Sicherheit« [287] vor, die Verunsicherung brandmarkt. Die Anerkennung der letztgültigen Unwissbarkeit führt allerdings nicht in den bisweilen befürchteten (psychotherapie-)wissenschaftlichen Fatalismus, sondern erhebt die Aporetik zur Grundlage der psychotherapiewissenschaftlichen Rede und macht diese interessant: »Die Auslieferung des menschlichen Bewusstseins ans Unbestimmte und Unbestimmbare« ist aber auch »das geistige Abenteuer unserer Zeit«[288]. Es muss allerdings eingeübt werden, mit wissenschaftlichem Anspruch über Problembereiche und Fragestellungen zu forschen und zu sprechen, die nie einer wirklichen Lösung zugeführt werden können. Dazu können und sollen adäquate Forschungsinstrumente gefunden bzw. entwickelt werden. Im praktischen forscherischen Kontext verlangen Aporien eine kreative Herangehensweise. Lineare Forschungsstränge, die auf positivierbares Wissen hinauslaufen, verbieten sich von selbst. Aporien werden per definitionem nicht gelöst, mit ihnen wird wissenschaftlich *umgegangen*, mit ihnen wird sich *auseinandergesetzt*, an ihnen wird sich *abgearbeitet*, mit ihnen wird in Beziehung und in *Resonanz* getreten. All das ist radikal ergebnisoffen. Nichts kann erzwungen werden, aber es können Räume und Methoden für die Auseinandersetzung geschaffen und bereitgestellt werden, um mit ihnen in eine solche Resonanz zu kommen. Hier klingt bereits an, dass kreative Medien ein solches Bereitstellen

---

283 Amlinger u. Nachtwey 2022, S. 110
284 Vgl. Freuds Aufsatz über das Unheimliche, 1919
285 »[...] Ängste, die durch eine von der Gegenübertragung inspirierte Pseudomethodologie abgewehrt werden. Dieses Manöver ist für nahezu alle Mängel der Verhaltenswissenschaften verantwortlich.« G. Devereaux 1984.
286 Vgl. Heideggers »zögernde Scheu«, 2000, S. 128
287 Brinkmann 2017
288 Jung, 1939 (1995), Psychologie und Religion, GW 2, §168

eventuell gewährleisten können (s. u.), da sie in besonderem Maße aufzeigen, »das eine andere Weltbeziehung als die steigerungsorientierte, auf Verfügbarkeit zielende möglich ist«[289].

4.5 Von der Kunst lernen

Kunst ist zweifellos ein sehr komplizierter Ausdruck der menschlichen Seele.
C. G. Jung 1958

Der Fokus auf Opazität und Aporie als psychotherapiewissenschaftliches Grunddatum bestimmt diese als immer wieder an die Grenzen des akademischen Diskurses rührend, ist dieser doch kognitiv-sprachlich dominiert. Der Blick über diese Grenze eröffnet ein Feld der Veranschaulichung des, aber auch der Arbeit mit dem Opaken, das sich v. a. in der Kunst, ihrer Theorie und ihrer Wissenschaft aufspannt. In der Bildenden Kunst wird dies u. a. ermöglicht über den jeweiligen Bildinhalt oder die angewandte Technik, etwa über einen Palimpsest[290], über den gesamten Malstil oder aber einfach die Nutzung der Farbe[291]. Bereits seit der Renaissance (15./16. Jahrhundert) ist das Spannungsverhältnis zwischen Verbergen und Zeigen (Opazität und Transparenz) Thema der Kunstgeschichte. Gerade die Romantik in direkter Weise und der Impressionismus etwas subtiler, spielen hier eine besondere Rolle. »Was ein impressionistisches Bild zeigt, ist so gemalt, dass man gezwungen ist zu erkennen, dass es nicht mehr da ist.«[292] Seit der Postmoderne (Mitte des 20. Jahrhunderts): Abkehr von der objektiven Realität, gezeigt wird durch Verschleierung. Ganz praktisch wird als opak in der Kunsttheorie die Unmöglichkeit bezeichnet, unter die oberste Malschicht zu blicken. Hier bleibt der Begriff in der Nähe seiner aus der Physik stammenden Ursprungsdefinition. Jedoch scheint es im künstlerischen Diskurs ganz allgemein leichter zu sein, eine Opazität auch in unserem erkenntnistheoretischen Sinne bestehen zu lassen, was sicher mit der gegebenen Opazität schon allein des Kunstbegriffes selbst und erst recht jedes wirklichen Kunstwerks (ein Kunstwerk hat immer einen Bedeutungsüberschuss, etwas darüber Hinausgehendes) zu tun hat. Sartres negationstheoretische Kunstbetrachtung, die auf die Vergegenwärtigung von Abwesendem, ja Nicht-Existenten im Kunstwerk verweist,[293] gehört hierher. Auf drei grundsätzlichen Wegen kann von den Fähigkeiten zur »Konstruktion des Geheimnisses«[294] in der Kunst gelernt werden:

---

289 Rosa 2022, S. 67
290 Ein Palimpsest meint in unserem Zusammenhang eine Übermalung in bisweilen mehreren Schichten.
291 Sloterdijk (2022a) weist z. B. der Farbe Grau ziemlich vollständig die eine Opazität bestimmenden Begriffe »das Ungefähre, das Ungewisse, das Unentschiedene, das Unbestimmte, […] das Nebelhafte […], das Zweifelhafte, das Mehrdeutige« (S. 20) zu.
292 Berger 1999, S. 296
293 Sartre 1971

1. Um Verbindungen zwischen den Wissenskulturen herzustellen (pragmatischer Aspekt, vgl. ruangrupa 2022), wenn Übersetzungen nicht genügen.
2. Um sich Opakem wissenschaftlich nähern zu können (forschungspraktischer Aspekt).
3. Um Opakes in der Therapiepraxis handhabbar zu machen (therapiepraktischer Aspekt.

Von philosophischer Seite wird Kunst auch immer wieder »als autonome Weise der Welterschließung neben anderen«[295] gesehen und darauf hingewiesen, dass »die Nicht-Planbarkeit, das Offene/Unverfügbare [...] stark mit der Wesenhaftigkeit der Erkenntnisprozesse in ästhetischer Wahrnehmung und ästhetischem Ausdruckshandeln verknüpft«[296] ist. Kunst hat zudem etwas inhärent Intersubjektives. Der Betrachter tritt mit dem Kunstwerk in eine exklusive Beziehung ein, als Dritter steht der Künstler dabei, der ein Beziehungsdreieck bilden lässt. Zudem und gleichzeitig ist Kunst eine radikale Äußerung von Subjektivität, auch wenn sie gesellschaftlich eingebunden bleibt. Sie ist (mit wenigen Ausnahmen etwa in der Konkreten Kunst) völlig jenseits kognitiver und intellektueller Motivation, denn, wie Friedensreich Hundertwasser meint: »wenn ein Maler nicht völlig überrascht ist, von dem was er gemacht hat, ist es kein gutes Bild« und der an der Kingston University in London unterrichtende Künstler Martin Jackson gibt den Rat zur Kunstrezeption: »Befreie dich von dem, was das Kunstwerk ›bedeuten soll‹, in dem du versuchst, es ein bisschen weniger zu verstehen«[297]. Kunst wird damit zur prominenten Annäherungsform an Opakes. Auch von den Künstlern selbst wird dies zum Ausdruck gebracht, etwa wenn Gerhard Richter meint: »Abstrakte Bilder sind fiktive Modelle, weil sie Wirklichkeit veranschaulichen, die wir weder sehen noch begreifen können. Diese bezeichnen wir mit Negativ-Begriffen: Das Nicht-Bekannte, Un-Begreifliche, Un-Endliche, und sie schildern wir seit Jahrtausenden mit Ersatzbildern wie Himmel, Hölle, Göttern und Teufel. [...] Mit der abstrakten Malerei schufen wir uns eine bessere Möglichkeit, das Unanschauliche, Unverständliche anzugehen, weil sie in direktester Anschauung, also mit allen Mitteln der Kunst, ›nichts‹ schildert. ... diese transzendentale Seite...«[298] und weiter, direkt auf das Opake bezugnehmend: »Unschärfe ist ein Mittel, das du oft verwendest. Du machst das aus vielen Gründen. Wenn man ein unscharfes Bild betrachtet, dann wird ja die Möglichkeitsform hervorgerufen [...]!«[299] Richter arbeitet also *ex negativo* und führt damit »die fast schmerzhafte Nichterkennbarkeit der Welt vor Augen«[300]. Seine Aussagen kommen nahe an Freuds Erkenntnis schon aus dem Jahre 1933, der in fast paralleler Aussage feststellte: »Der Eigenart des Psychischen können wir nicht durch lineare Konturen

---

294 Zitat von Paul Klee in einem theoretischen Text am Bauhaus 1928 (aus dem Katalog zur gleichnamigen Ausstellung im Franz Marc Museum Kochel 2011).
295 Hetzel 2005, S. 12; vgl. auch seine Begriffe der »ästhetischen Welterschließung« und des damit verbundenen »Paradigmas der Erschließung«.
296 Niederreiter 2021, S. 13
297 Wylesol u. Jackson 2022
298 Richter 1982, S. 121
299 Richter 2022, S. 31, Gespräch mit M. Kluge
300 Friedrich 2009, S. 182 f.

gerecht werden wie in der Zeichnung oder in der primitiven Malerei, eher durch verschwimmende Farbenfelder wie bei den modernen Malern.«[301]

An etablierten Künstlern wie Gerhard Richter und seiner abstrakten Malerei[302], aber auch an modernen Künstlerinnen wie etwa der italienischen bildenden Künstlerin und Performerin Sophia Cinaciulli[303], wird das große Interesse der modernen Kunst an der Auseinandersetzung mit dem Opaken eindrücklich. Durch ihren »Bruch im konventionellen Verstehen«[304] ermöglicht die Kunst den Blick über die herkömmliche Wissenschaftlichkeit hinaus. »Das Kunstwerk hat zwei Ebenen, die der Repräsentation zugewandte und die ihr abgewandte Seite [...]. Es ist die Rückseite, der geheimnisvolle Hinterhof, das ›subtile Abseits‹ (hors-champ subtil) des Kunstwerks, ja, dessen Unbewusstes. Es widersteht der Entzauberung der Kunst.«[305] D. h., nicht (allein) durch die Möglichkeit, durch Kunst Opakes zu veranschaulichen, wird diese für die Psychotherapiewissenschaft von Bedeutung, sondern durch die Tatsache, dass sie selbst ein Unbewusstes besitzt und den/die RezipientIn auffordert, dieses zu berücksichtigen. Dabei enthält Kunst inhärent auch schon den Aufruf und auch die Anleitung zur Resonanzaufnahme, zum selbstreflexiven Umgang mit dem Opaken, versteht man »unter Opazität die selbstreflexiven Kapazitäten der Malerei, also die Summe der Elemente, die die gemalte Illusion stören, die transitive Transparenz der Leinwand trüben und den Betrachter auf diese Weise mit dem Medium der Darstellung konfrontieren.«[306] Anhand der Kunstbasierten Forschung werden diese Aspekte später besonders verdeutlicht (▶ Kap. 5.1).

Neben dieser prominenten Rolle in der Auseinandersetzung mit dem Opaken ist auch die Aporie zentraler Gegenstand des Künstlerischen. Zum Kunstwerk gehört »die Bejahung des Unbekannten und der Pakt mit der Kontingenz [...] eine »Öffnung auf das Sichentziehende«, denn »[...] weil das Inkommensurable inkommensurabel bleibt, fremd und unvertraut, muss es als solches im Kunstwerk erscheinen, indem dieses seine Irreduzibilität auf Bekanntes und Vertrautes nicht nur in Kauf nimmt, sondern aktiv zum Ausdruck bringt.«[307] Das Sich-einlassen auf (moderne) Kunst ist Einübung in Nicht-Wissen und Ambivalenztoleranz. Die Fähigkeit etwa, auszuhalten, dass manch künstlerische Gestaltungen immer unvollkommen und sowohl positive (schöne) als auch negative (hässliche) Anteile haben können (man denke etwa an Egon Schiele), ermöglicht eine kognitiv-emotionale Annäherung an ambige Sachverhalte und Ereignisse. Die Spannung zwischen den ambivalenten Polen energetisiert das Kunstschaffen und die Kunstrezeption. »[...] notorisch unklar und geradezu unbezeichnet bleibt dabei, was genau sich im Kunstwerk manifestiert«[308].

---

301 Freud 1933, S. 86
302 Richter 2008
303 Vgl. z. B. ihre *digital feelings*-Serie, die Opakes eindrücklich in Malerei, Fotografie und Installation veranschaulicht, https://www.sofiacianciulli.com/digital
304 Abramovic in Mechede 1993, S. 280
305 Han 2021, S. 77 f.
306 Nieslony 2016, S. 8
307 Steinweg 2012. S. 135 ff.
308 Rosa 2018, S. 476

5 Schlussfolgerungen: Opazität und Aporetik und die psychotherapeutischen Wissenskulturen

5.1 Psychotherapiewissenschaftliche Destillate

Die drei vorausgegangenen Abschnitte argumentieren aus unterschiedlichen Perspektiven für eine spezifische Grundlagenformulierung der Psychotherapiewissenschaft auf der Basis der letztendlichen Unmöglichkeit einer vollständigen Erkennbarkeit und (Er-)Fassbarkeit der psychotherapeutischen Gegenstände und in der Folge (zumindest zahlreicher) der psychotherapeutischen Kernbegriffe. Die Aufgabe ist es, zu eruieren, wie sich dem Unwissbaren, vielleicht durchaus über Umwege, dann aber doch denkend und im besten Fall erkenntniserweiternd, genähert werden kann. In der gebotenen Konsequenz ergibt sich die Notwendigkeit vielfältiger, polyperspektivischer Betrachtungsebenen, wie sie in den Therapieschulen als heterogene Wissenskulturen systematisiert sind. Dies meint im Einzelnen:

- Opazität, Polysemie und Numinosität psychotherapiewissenschaftlicher Kernbegriffe und Gegenstände
  Psychotherapiewissenschaft übernimmt die philosophische/soziologische Kritik an der Behauptung, dass es möglich sei, »etwas über psychische Sachverhalte aussagen zu können, die nicht sprachlich verfasst sind.«[309] Die prinzipiell letztendliche Unbestimmbarkeit der zentralen psychotherapiewissenschaftlichen Begriffe, und in einer Auffassung von einer engen Verknüpfung zwischen Begriffsstruktur und bezeichnetem Gegenstand auch der therapeutischen Konzepte, macht Versuche vereindeutigender Definitionen und Operationalisierungen und damit die Behauptung einer schlussendlich abschließenden Bestimmbarkeit und damit Wissbarkeit fraglich. Letztendliche Erkenntnis wird verneint oder zumindest deutlich relativiert, denn psychotherapierelevante Konzepte wie Selbst, Tod, Sinn (s.o.) aber auch Krankheit, Angst oder Melancholie[310] etc. behalten einen ›geheimnisvollen‹, z.T. numinosen Aspekt auch dann, wenn sie ausführlich erörtert werden und zeichnen sich durch vielseitige und bisweilen gegensätzliche Bedeutungsräume aus. Die Anerkennung von Opazität erkennt das Offene an und ermöglicht dadurch eine »Zone der Unbestimmtheit, die uns dazu befähigt,

---

309 Baecker u. Kluge 2003
310 »Ein Merkmal der Melancholie besteht aber gerade darin, dass sie sich solchen Zuordnungen entzieht. Sie setzt immer neue Gesichter auf und bleibt somit unangreifbar [...]. Alle spüren genau, was damit gemeint ist, sie zu enträtseln vermag aber doch keiner, und sie zu definieren noch weniger« (Földenyi 2021, S. 63).

etwas hervorzubringen, was noch nicht dagewesen ist.«[311] Sie erst ermöglicht echte Kreativität.
- Aporetik als grundlegende Zugangsweise zu den psychotherapeutischen Kernbegriffen und Gegenständen

Wie beschrieben, hat die Anerkennung von Aporien als Grundbausteine menschlicher Existenz und damit auch psychotherapeutischen Denkens und Handelns große Auswirkungen auf die Konstituierung von Psychotherapie als Wissenschaft. Es geht um nicht weniger als die Bestimmung einer Wissenschaft vom Umgang mit dem letztendlich Unwissbar-Bleibenden, Zugänge zum Todesthema etwa unterliegen, wie gezeigt wurde, durchgehend einer grundlegenden Fraglichkeit.[312] Von erkenntnistheoretischen Grundsatzüberlegungen bis hin zur konkreten Entwicklung von den Aporien angemessenen Forschungsmethoden reicht hier das Spektrum der Konsequenzen.

Opazität und Aporetik verweisen die Psychotherapiewissenschaft auf eine Selbstreflexion als »Wissenschaft des Negativen«, als Wissenschaft von dem, was (an Erkenntnis notwendigerweise) fehlt. Es kann als böse bekämpft werden, als »treibendes Negative« ist es aber anspornend, kreativ und produktiv.[313] Burda führt, ganz im Sinne der hier vorgestellten Denkweise, den theologischen Begriff des *Apophatischen*, der Unmöglichkeit (in diesem Fall über Gott) eine positiv bestimmende Aussage machen zu können, ein und meint: »Das Wesentliche ist, dass sich der Mensch immer auf etwas Größeres bezieht, das er nicht fassen kann. Dieses Größere ist unweigerlich mit der *numinosen Offenheit* seiner Existenz gegeben. Dabei muss er allerdings immer eine Grenze hinnehmen, die er wissensmäßig nicht überschreiten kann.«[314]

Forschung unter Kenntnisnahme der Opazität der Grundbegriffe bedeutet eine Forschung am Negativen, am Abwesenden, Mangelnden, Unverfügbaren, Fehlenden, Nicht-Wissbaren und -Sichtbaren und Unbewussten.

- Die Heterogenität der als Wissenskulturen betrachtbaren psychotherapeutischen Therapieschulen als die notwendige Folge
  Therapeutische Wissenskulturen sind als unterschiedliche aber grundlegend gleichwertige Zugangsversuche zu prinzipiell opaken und vieldeutigen psychotherapierelevanten Begriffen und Gegenständen zu betrachten. Es besteht zumindest bei denjenigen Schulen, die dem Strukturmodell einer Psychotherapieschule genügen (und nur solche wollen wir Psychotherapieschulen bzw. psychotherapeutische Wissenskulturen nennen), eine gewisse *Isothenie*, d.h. ein Plausibilitätsgleichgewicht[315] bzw. ein »gleichwertiger Widerstreit«. Sie alle bil-

---

311 Han 2022, S. 27
312 Weischedel 2016
313 Julien 2006
314 Burda 2023
315 Isothenie ist ein aus dem antiken Pyrrhonismus (4. Jh. v.Chr.) übernommener radikalskeptischer Grundbegriff, vgl. Prechtl u. Burkard 2008.

den im kritischen Diskurs die bestmögliche Annäherung an die Gegenstände der Psychotherapie(-wissenschaft)[316].
- Die Folge ist die Konzeption einer (selbst-)reflexiven und diskursiven Psychotherapiewissenschaft auf der Basis von Kontextualität und Skeptizismus.

5.2 Eine skeptische Psychotherapiewissenschaft der Fraglichkeit

Der Mensch ist von seinem Wesen her die große Frage an die Welt und an sich selbst, das existierende Fragezeichen im Ganzen des Seienden [...]. Es liegt vielmehr alles daran, dass wir uns, in nüchterner Einsicht, ernstlich in die Fraglichkeit von allem als das Geschick der Gegenwart stellen [...].
Weischedel 1960, S. 13 ff.

Die skeptische Denkweise hat ihre Anfänge bereits in der griechischen Antike und erlebt in Mitteleuropa eine Renaissance ab dem 15. Jahrhundert. Seit dieser Zeit ist sie nicht mehr wirklich aus den menschlichen Grundsatzüberlegungen über die Möglichkeiten und Grenzen seiner Erkenntnis verschwunden, wenn auch immer wieder einige wissenschaftliche Disziplinen zumindest temporär unter einen skepsisbezogenen Neglekt gelitten haben oder noch leiden. Es sei »die Pest des Menschen« zu glauben, wirkliches Wissen erlangen zu können, so Montaigne dann auch im 16. Jahrhundert in seinen »Essais« als einer der radikalsten Vertreter skeptischen Denkens.[317] Es sei eine »altehrwürdige Streitfrage, ob die Skeptiker wirklich zu den Philosophen gehören« meint Odo Marquard, der sich selbst dieser Denkschule durchaus zurechnete. Dass sie uns in der Psychotherapiewissenschaft angeht, wird deutlich, wenn er weiter beschreibt, es ginge um die Fähigkeit. »verzweiflungsvoll zu zweifeln – zunächst das Nichtbegreifen, die Irritierung zur Position«[318] zu machen.

Die Konsequenz der Destillate ist ganz generell eine *skeptische* und *moderat-relativistische*, *kontextuelle* erkenntnistheoretische Grundhaltung einer sich aus deren Erkenntnis und Anerkennung entwickelnden Psychotherapiewissenschaft.[319] Ähn-

---

316 Die Gleichwertigkeit ist zwar eine Grundsätzliche, wird aber von der herkömmlichen Psychotherapieforschung gestützt, wenn sie immer wieder bzgl. des sog. Therapieoutcomes anhand von Metaanalysen und Überblicksarbeiten dargestellt wird. So meint etwa, um ein aktuelles Beispiel zu nennen, Heedt (2019) nach einem Vergleich der wichtigsten schulspezifischen Verfahren zur Behandlung von PatientInnen mit Borderlinestörungen: »Alle sind auf ihre Art und Weise wirksam« (ebd., S. 266). Vgl. auch die kritische Analyse von Tschuschke u. Freyerher 2015.
317 Montaigne 2005
318 Marquard 2021, S. 22 f.
319 Diese Auflistung macht deutlich, dass nicht einer im philosophischen Diskurs bisweilen aufzufindenden Gegenüberstellung eines hier vertretenen Skeptizismus und dem Kontextualismus gefolgt wird, sondern im Gegenteil davon ausgegangen wird, dass ein kontextuelles Denken (hier etwa des Zustandekommens psychotherapeutischen Wissens inner-

lich der bereits in ▶ Kap. 4 erwähnten, von Wilhelm Weischedel entwickelten Philosophie der Fraglichkeit, lässt sich auch die Psychotherapiewissenschaft als ein grundsätzlich einer radikalen Fraglichkeit unterworfenes Unternehmen betrachten[320] und viele der für die Philosophie entwickelten Grundmuster sind gut auf die Psychotherapiewissenschaft übertragbar und bilden sozusagen »implizit« die Konsequenz der oben aufgeführten Destillate:

- Psychotherapiewissenschaft, die sich einer »radikalen Fraglichkeit« verpflichtet, hat sich aller letztgültigen und dogmatischen Aussagen zu enthalten. Sie hat im wissenschaftlichen Prozess dem Fragen »standzuhalten«, hat »alles in den Wirbel der Fraglichkeit hineinzureißen«[321] und dem eigenen intrapsychischen sowie dem extern-sozialen Drängen nach Eindeutigkeit und letztendlicher Gültigkeit zu widerstehen. Dadurch ist sie geschützt vor einer einseitigen Identifikation mit den Grundannahmen nur einer bestimmten psychotherapeutischen Wissenskultur. Diese, sich aus den Destillaten ableitende, ja notwendigerweise mit sich bringende Einsicht in die generelle Fraglichkeit (hier der psychotherapeutischen Grundbegriffe und -konzepte) kann, und das muss an dieser Stelle explizit formuliert werden, natürlich *gültige* Sätze formulieren, die allerdings niemals als letztendlich gewiss aufgefasst werden. Vielmehr bleiben sie, um erneut einen Terminus Weischedels in die Psychotherapiewissenschaft zu transformieren, in einer »kritischen Schwebe«, was ganz besonders in den Darstellungen des Opazitätsbegriffes (▶ Kap. 2) eindrücklich wurde. Es wurde ebenfalls bereits auf die konsequenterweise zu entwickelnde »Offenheit« verwiesen[322]. »Denn wo es Offenheit gibt, kann der Mensch Grenzen überschreiten, kann er also transzendieren. Er transzendiert letztlich in das Unbegreifliche.«[323] Weischedel bringt hier auch die Tugenden der »Toleranz« und des »Geltenlassens« ins Spiel, die im psychotherapiewissenschaftlichen Diskurs, z. B. in der Anwendung auf die Heterogenität der Wissenskulturen oder bei der Auswahl forschungsmethodologischer Zugänge, Anwendung finden. Das psychotherapiewissenschaftliche Schweben liegt über den Ambivalenzen des Wissens und des aushaltenden Nicht-Wissens (des Geheimnisvoll-Rätselhaften), über den Aporien und Polysemien.

---

halb einzelner Wissenskulturen) zwingend in eine skeptische Grundhaltung hineinführt. Kontextuell entstandenes Wissen *muss* skeptisch betrachtet werden.

320 Die Problematik der Überführung philosophischer und für Metaphysik und Theologie entwickelter Begriffe in das Gebiet der Psychotherapiewissenschaft und die damit immer verbundene teilweise »Verwaschung« dieser Begriffe ist hier bewusst in Kauf genommen und ist wiederum auf der Basis der in Kontakt kommenden Wissenskulturen zu reflektieren. Die große Überschneidung der Konsequenzen der dargestellten Destillate mit grundlegenden Konzepten Weischedels hätte es jedoch unredlich erscheinen lassen, sich nicht auf seine Philosophie zu beziehen.

321 Weischedel 2013, Bd 1, S. 27, bei ihm immer in Bezug auf die Philosophie.

322 Ein psychotherapiewissenschaftlicher, fragender Schwebezustand und die dazugehörige Offenheit erinnern an Hans »zögerndes Innehalten, Entschlossenheit zum Zögern« als konkretes Beispiel, hier in Bezug auf die Aporie des Todesthemas (1998, S. 11) oder Vogls Phänomenologie des Zauderns (2007). Gleichzeitig verweist die Offenheitsvokabel auf die Fähigkeit, sich selbst (hier als Psychotherapiewissenschaft) hinterfragen zu lassen.

323 Safranski 2021, S. 201

Damit kann Psychotherapiewissenschaft neben darstellend-deskriptiven Zugängen immer auch nur sehr moderat normative Ziele verfolgen.
- Die Anerkennung der Psychotherapieschulen als amplifikatorische Institutionen und cirkumambulierende Wissens- und Praxiskonglomerate um die opaken und vieldeutigen Begriffe und Gegenstände der Psychotherapie herum ist das zentrale Kriterium einer skeptischen Psychotherapiewissenschaft. Dieser Zugang erinnert auch an den von Nietzsche beschriebenen »Perspektivismus«, wenn davon ausgegangen wird, dass in den verschiedenen Therapieschulen die »Wahrheit« immer »ihr verschiedenes Gesicht zeigt«[324]. Als skeptische Disziplin entwickelt sich die Psychotherapiewissenschaft so heraus aus Fremdbestimmtheiten angrenzender Wissenskulturen, gerät zu ihnen in eine gewisse Distanz, jedoch ohne deren Wissensbestände zu ignorieren, sondern diese vielmehr einer skeptischen Analyse unterziehend.
- Selbstverständlich hat sich, dem Skeptizismus verpflichtet, die Psychotherapiewissenschaft selbst einer kritischen (Selbst-)Befragung zu stellen, benötigt eine reflexive »Selbst-Differenz«, um ihren eigenen Ansprüchen gerecht zu werden. Psychotherapiewissenschaft bewegt sich somit in die Richtung einer radikal skeptischen Disziplin, wenn sie diesen skeptischen Zugang auch an sich selbst anlegt.[325]

> **Kurzer Exkurs zur Vereindeutigung der Psychotherapie**
>
> Psychotherapeutische und psychotherapiewissenschaftliche Kernbegriffe wie Beziehung, Störung, erst recht aber auch Seele, Psyche, Selbst oder Ganzheit sowie die existenziellen Grundparameter wie Sinn, Tod, Freiheit, all diese Begriffe besitzen, wie aufgezeigt wurde, eine semantische Unschärfe, sind primär opak und polysemantisch. Wir verwenden den Terminus »Begriff« an dieser Stelle ausschnitthaft auf die linguistische Theoriebildung bezogen als »fachlich-theoretische Wissenseinheit«[326], gehen aber von einer Abhängigkeit der Begriffsbildung vom zu bezeichneten Gegenstand aus, der damit ebenso unter Opazitäts-, Numinositäts- und Aporieverdacht gerät.
>
> 2012 veröffentlichte der Münsteraner Islamwissenschaftler Thomas Bauer einen vielbeachteten und preisbewehrten philosophischen Essay zu den weltweit feststellbaren Vereindeutigungstendenzen und dem fortschreitenden Rückzug von Mehrdeutigkeit und Vielfalt.[327] Bauer beschreibt darin eindringlich seine Beobachtung einer kulturellen »Scheinvielfalt« und eines »Rückgangs an Mannigfaltigkeit« und plädiert leidenschaftlich für eine Steigerung individueller und

---

324 Nietzsche 1999, Bd. 13, S. 271
325 In einer konsequenten Fortsetzung muss auch der Skeptizismus selbst sich fraglich machen, was zwangsläufig in einen komplexen »Radikalen Skeptizismus« führt, vgl. Burda 2019.
326 Fraas 2000, S. 33
327 Interessant zu beobachten ist an dieser Stelle, dass es durchaus einzelne Felder der Widersprüchlichkeitstoleranz im Sozialen und Individuellen zu finden gibt, etwa wenn Menschen vehement die Nutztierzucht und -schlachtung verurteilen und gleich darauf einen Braten oder ein Grillhähnchen verzehren (vgl. dazu z. B. Welzer 2019).

gesellschaftlicher Ambiguitätstoleranz und dem »Aushalten von Zweideutigkeiten«.[328] Das Autorenteam Precht und Welzer beschrieb jüngst eindrücklich als sozialpsychologisch besonders bedrohliches Vereindeutigungsszenario das in den Leitmedien unserer Gesellschaft anzutreffende »frappierend einheitliche Meinungsbild« auch und besonders in »schwirigen, hochkomplexen Situationen«, das Pluralismus und Demokratie gefährde[329] und weisen auf die daraus folgende Gefahr von Feindbildbildung und »Verzweiseitigung« z. B. im Gut-und-Böse-Denken hin. Dies ist auch in der aktuellen LGBTQ*-Debatte zu verfolgen, die ja u. a. deshalb Angst und Anstoß erzeugt, weil sie liebgewonnene Vereindeutigungen infrage stellt. Bauer warnt zudem vor einer »Eindeutigkeits- und damit Ideologieversessenheit der Moderne«[330], die durchaus auch in der Umgangsweise psychotherapeutischer und therapieforscherischer Strömungen miteinander beobachtbar ist und hier zur Ideologisierungsgefahr von Psychotherapie führt. Er kommt damit nahe an die bereits vor ca. 100 Jahren in der Analytischen Psychologie entwickelte Forderung des Aushaltens des Gegensätzlichen (s. o., Exkurs über das Unergründbare, ▶ Kap. 3) und an die Einlassungen eines Weischedel'schen Skeptizismus. An anderer Stelle[331] beschreibt Bauer die Zurückdrängung von Ambiguität im kulturellen Feld als Folge gesellschaftlicher Modernisierung. Ambiguität als »antagonistisch-gleichzeitige Zweiwertigkeit«[332] oder gar Mehrwertigkeit findet in Aporetik, Opazität und Polysemie mächtige, in der Psychotherapie aufzufindende Zugehörigkeiten sowie Argumente gegen eine Vereindeutigung der Psychotherapie in Praxis und Forschung. Auch in konventionellen internationalen Kreisen der Psychotherapieforschung wird die Uneindeutigkeit und mangelnde Einheitlichkeit des Faches beschrieben und festgestellt, dass wenige bis überhaupt nicht übereinstimmende Erkenntnisse sowohl in den Sozial- wie in den Naturwissenschaften nicht gerade selten sind.[333] Allerdings wird dies im Gegensatz zum vorliegenden Ansatz meist mit Bedauern zur Kenntnis genommen und als zu überwindender Zwischenzustand des Faches kritisiert.[334] Die vorliegende Arbeit plädiert für eine zumindest in der Psychotherapiewissenschaft notwendige Anerkennung der Unterschiedlichkeit und Uneindeutigkeit, eine »sich von sich selbst unterscheidende Eindeutigkeit, modifiziert also durch das Aufbrechen und die Integration von Differenz [...]«[335] und findet in dieser Anerkennung Anschluss an ein Projekt der Moderne, nämlich der Anerkennung und Auseinandersetzung mit dem Fehlen von Eindeutigkeit.

---

328 Bauer 2012, S. 9 ff.
329 Precht u. Welzer 2022, S. 11
330 Bauer 2022, S. 32
331 Bauer 2011
332 Berndt u. Kammer 2009, S. 10. An dieser Stelle sei auch darauf verwiesen, dass das Synchronizitätskonzept der Analytischen Psychologie als akausales Prinzip sinnhaft verbundener Gleichzeitigkeiten durchaus gewinnbringend mit dem Konzept der Ambiguität verbunden werden kann.
333 Z. B. Cole 1992
334 Z. B. Goldfried 2000
335 Weimar 2009, S. 58

Spätestens seit der Annäherung und in manchen Bereichen sogar völligen Parallelisierung der psychotherapiewissenschaftlichen Erkenntnistheorie mit dem Paradigma der Naturwissenschaften liegt das primäre Ziel von Forschung in der Aufhebung von Mehrdeutigkeiten. Diesem Ziel haben sich zusätzlich und erschwerend nicht wenige der Gründerfiguren der unterschiedlichen therapeutischen Schulrichtungen verschrieben, indem sie ihr eigenes Theoriesystem als quasi alleingültig und andere als wenig brauchbar oder gar unsinnig erklärten. Das von Precht und Welzer beschriebene »moralistische Hyperventilieren und der Hang zur Diffamierung Andersdenkender [...] zum Polarisierenden, Simplizierenden, [...] Autoritären«[336] macht auch vor der psychotherapeutischen Community nicht halt. In der psychotherapeutischen Praxis hingegen hat sich, wie wir aus einer Vielzahl von Forschungsberichten wissen, diese wissenschaftliche Vereindeutigung nie vollzogen, »unerlaubterweise« arbeiten PsychotherapeutInnen heute mit und in Vieldeutigkeiten, allerdings mit einem schlechten »Bauchgefühl«.

Ambiguitätstoleranz entwickelt sich, wie wir aus der Entwicklungspsychologie wissen, bereits ab dem frühen Kindesalter, und es kann persönlichkeitspsychologisch ein veritables Ambiguitätstoleranz-Defizit-Syndrom (ATDS) beschrieben werden, das, in unserem Zusammenhang sozialpsychologisch verstanden, heute weiten Kreisen der psychotherapeutischen Forschung und Wissenschaft attestiert werden muss. Ambiguitätstoleranz meint bisweilen auch Widerspruchstoleranz und damit das Aushalten von Verunsicherung und bisweilen auch Angst. Soziologisch verweist eine geringe Ambiguitätstoleranz auf Defizite der interkulturellen Kompetenz von Individuen und Gesellschaften, was in unserem Zusammenhang in den nicht enden wollenden Versuchen, die psychotherapeutischen Wissenskulturen zu vereindeutigen, aufzeigbar ist (▶ Kap. 2).

Sowohl ambige und opake Begriffe und Konzepte, aber auch die in der Psychotherapie so häufig anzutreffenden uneindeutigen Emotionen und Gefühlslagen erfordern ihnen angemessene Ausdrucks- und Erfassungsmittel. Diese liegen vorwiegend im nonverbalen Bereich (Bauer nennt etwa die Kunst), und die enge Korrelation von Kreativität und Ambiguitätstoleranz wird auch im psychotherapeutischen Feld immer wieder nachgewiesen[337], womit wir wieder einmal bei der herausragenden Bedeutung des Bildes auch in der wissenschaftlichen Erfassung vieldeutiger Phänomene angelangt sind.

Verwandt ist die Suche nach Eindeutigkeiten und der Zwang zur Vereindeutigung mit dem sozial- und motivationspsychologischen Phänomen des »Need for Cognitive Closure« (NCC)[338]. Es bezeichnet das sowohl situations- als auch persönlichkeitsabhängige menschliche Bedürfnis nach Konkretheit bzgl. der Antworten auf bedeutsam erlebte Fragen. Dabei werden ungenaue oder beliebige Antworten dem Fehlen jeglicher Antwort vorgezogen und Nicht-Wissen und

---

336 Precht u. Welzer 2022, S.11 f.
337 Z. B. Grube 2002: Abnehmende Hierarche an Ambiguitätstoleranz von KünstlerInnen zu Klinikpersonal zu neurotischen zu psychotischen PatientInnen.
338 Webster u. Kruglanski 1994

> Ambiguität werden zumindest auf der bewussten Ebene vermieden. NCC beeinflusst die Gruppenkreativität und ist maßgeblich für die Aufrechterhaltung von Gruppennormen, der Selbstkontrolle und der Befolgung von Standards alter Gruppenmitglieder verantwortlich[339].«

Das Gegenteil der Vereindeutigung und die Folge eines verstärken Bemühens um Ambiguitätstoleranz ist die bereits genannte *Offenheit*, die eine Uneindeutigkeit, Fraglichkeit und Vielheit zulässt, möglich macht und sogar fördert. Die durch Uneindeutigkeit und Fraglichkeit entstehende, dem Menschen wohl inhärente, existenzielle Angst vor Ungewissheit könnte somit wenigstens reduziert werden.[340] Ein aktueller Vorschlag:

> »Aintegration bedeutet, dass ein Individuum in seiner mentalen Konstitution über ein gewisses Niveau an Komplexität verfügt, das ihm die funktionelle Bewältigung des Lebens ermöglicht. Es handelt sich demnach um die Fähigkeit eines Menschen sich wohlzufühlen, auch ohne, dass sämtliche bio-psychosozialen Ebenen oder bestimmte Teile jeder Ebene (beispielsweise Kognitionen, Werte, Affekte) zu einem übergeordneten Ganzen integriert werden. [...] die – leidfreie – Empfindung von Widersprüchen, Inkonsistenzen, Relativismen, Asynchronismen, Diskontinuitäten, Zwiespälten, Zweideutigkeiten und Absurditäten. [...] Aintegration ermöglicht es dem Individuum, statt durch Manipulierung inkompatibler Inhalts- und Wesenselemente mit seinem Problem dadurch umzugehen, dass er bewusst an solchen Elementen ›festhält‹, mit ihnen lebt, sich aber gleichzeitig wohlfühlt und die Erfahrung von Integrität, gesunder Identität und eines reifen Selbst bewahrt.«[341]

»Integration und Aintegration sind als selbständige orthogonale Ordnungsprinzipien zu betrachten, im Gegensatz zur konventionellen Sicht, die Integration als positiv und Nicht-Integration (Aintegration) als negativ auffasst.«[342] Deutlich wird hier auch der Zusammenhang mit Kontextualismus, Relativismus und Dialektik.

Kurzer Exkurs zur Evidenz

Der Begriff der Wissenschaftlichkeit ist in gängiger Praxis und in der Tradition des kritischen Rationalismus eng verknüpft mit dem der Evidenz und hat, ausgehend von den Naturwissenschaften, als »Zauberwort und Münchhausen-Begriff«[343], inzwischen auch Kultur- und Sozialwissenschaften erreicht. Evidenzbasiert ist das zeitaktuelle Zauberwort für Richtig und Wahr (engl. *evidence*, Beweis, Beleg) und wird meist als empirisch gesicherter, maximal gewisser und somit

---

339 Livi u. a. 2005
340 Aktuell wird an verschiedenen, v. a. journalistischen, aber auch wissenschaftlichen Stellen darauf hingewiesen, dass im Rahmen der weltweiten sog. »Corona-Krise« v. a. Nicht-Wissen und der persönliche und gesellschaftliche Umgang damit ein (psychologisches) Problem darstellt (vgl. z. B. Müller-Jung 2020). Die eigentlich mit der Orientierungsgebung beauftragte Naturwissenschaft produziert heterogene, ja bisweilen widersprüchliche Erkenntnisse, welche im Zuge von »Alternativlosigkeit« und Vereindeutigung ignoriert werden, jedoch im Untergrund (im Unbewussten) weiterwirken.
341 Lomranz 2011, S. 232
342 Ebd., S. 233
343 Sandkühler 2011, S. 33

unbezweifelbarer Tatbestand definiert. Die Evidenz hat aber u. U. Gradierungen, es gibt hohe, mittlere und niedrige Evidenzen, die sich meist aus statistischen Berechnungen wie etwa Signifikanzen und Effektstärken ableiten. Im Rahmen etwa der sog. Evidenzbasierten Medizin wurden anhand des Einsatzes kontrollierter bzw. quasiexperimenteller, randomisierter Studien Evidenzlevels entwickelt, die den wissenschaftlichen Wert eines Verfahrens abbilden und zugleich Handlungsanleitungen liefern sollen. Diese Form sog. *empirischer Evidenz* ist damit zu einem Bewertungskriterium geworden, das vorgibt, Auskunft über den grundsätzlichen Wert und Unwert, etwa einer psychotherapeutischen Methode, geben zu können. Damit ist die Evidenz auch eingebettet in die Gütekriterien dieser Form – vorwiegend messender – wissenschaftlicher Forschung, v. a. bzgl. Objektivität, Wiederholbarkeit etc. Diese Evidenzbestimmung ist zur gängigen und auf alle (potenziellen) Wissensbereiche angelegten Bewertungsform von Wissenschaftlichkeit geworden, die kaum mehr gerechtfertigt oder begründet wird. Kritisch »zu fragen ist (aber) nach den Bedingungen der Möglichkeit von Evidenz«[344] sowie die völlige Negation unterschiedlicher Wissenstypen[345]. Es liegt auf der Hand, dass unter den Bedingungen von Opazität und Aporie und dem damit einhergehenden kontextuellen/intersubjektiven sowie skeptischen Denken dieser herkömmliche Evidenzbegriff hinterfragt werden muss, ohne ihm damit seine Bedeutung für einzelne Wege der Erkenntnisgewinnung abzustreiten. Allerdings wird dessen Universalitätsanspruch bestritten, ja für die in Frage stehenden Opaken Gegenstände sogar als einengend und hinderlich betrachtet. Wissenschaftliche Nachweise sind auch und u. U. v. a. subjektiv zu führen, die sozialkonstruktive Komponente ist offenzulegen und von letztendlicher Gewissheit kann keine Rede sein. Die hier angeführte Kritik liegt in der Tradition der Phänomenologie und des Hume'schen Skeptizismus. Schon in der qualitativen Sozialforschung wurden Evidenzkriterien erweitert und etwa Nachvollziehbarkeit, Kommunizierbarkeit und Transparenz (▶ Kap. 5.4.1.2) kamen hinzu. Diese Kriterien sind auch für die Forschung im opaken Feld von Bedeutung, müssen aber ergänzt werden um Faktoren, die der oben dargestellten Begrenztheit der Sprache bei der Erfassung des Opaken Rechnung tragen und v. a. aus den künstlerischen Wissenschaften abgeleitet werden können (s. u.).[346]

Die grundlegende Umgangsweise der ForscherInnen innerhalb einer solcherart konzipierten Psychotherapiewissenschaft muss, wir hatten es schon benannt, eine respektvoll-diskursive sein. Die Notwendigkeit einer skeptischen Psychotherapiewissenschaft der Fraglichkeit wurde in diesem Kapitel aus den psychotherapiewissenschaftlich relevanten Destillaten der drei ersten Abschnitte begründet. Zwei konkrete Positionsbestimmungen für die psychotherapiewissenschaftliche Forschung sind daraus ableitbar.

---

344 Ebd.
345 Vgl. z. B. Weber u. Antos 2009
346 Die Diskussion um einen neuen und erweiterten Evidenzbegriff bringt übrigens auch die Farge nach den »erlaubten« Daten mit sich, v. a., wenn es sich um solche handelt, die nicht einfach anschaulich oder gar messbar sind.

5.3 Psychotherapiewissenschaft als »Supra-Wissenskultur« zwischen den psychotherapeutischen Wissenskulturen[347]

5.3.1 Grundsätzliches: Der/Die PsychotherapiewissenschaftlerIn als kritische/r HermeneutIn

Die drei dargestellten Ausschnitte psychotherapiewissenschaftlicher Überlegungen, die Frage der begrifflichen Übersetzbarkeit bzw. Unübersetzbarkeit (bzw. dem Scheitern von Übersetzung) schulenspezifischer Termini und Betrachtungsspezialitäten, die analytisch-psychologische Aufarbeitung von Erkenntnistheorie und daraus folgender Forschungslogik und schließlich die Ausarbeitung von Unschärfe und Unlösbarkeit der existenziellen und als solches auch dem psychotherapeutischen Handeln zugrundelegbaren Menschheitsthemen können in der Zusammenschau zu einem theoretischen Forschungsansatz mit dem Anspruch, auf alle therapeutischen Schulrichtungen gewinnbringend anlegbar zu sein, komprimiert werden. Sie können auch, wie beschrieben, dazu beitragen, eine *common base* der Psychotherapiewissenschaften zu erarbeiten, die jenseits der darin nicht aufgelösten, sondern konstitutiv notwendigen Therapieschulen liegt und diese quasi von einem gewissen integrierten[348] Außenstandpunkt betrachten kann. Auf die Problematik der Behauptung eines solchen Außenstandpunktes wurde an unterschiedlicher Stelle und in ähnlichen Zusammenhängen bereits hingewiesen.[349] Es ist daher wichtig zu verdeutlichen, dass es sich bei der vorgeschlagenen, die therapeutischen Wissenskulturen »von oben« zu überblickenden Aufgabenstellung der Psychotherapiewissenschaft nicht um die Behauptung einer diesen Wissenskulturen überlegenen und sie quasi auf den Stellenwert einer minder bedeutsamen Sub-Kategorie degradierenden Vorgehensweise handelt. Im Gegenteil stellt sich die Psychotherapiewissenschaft hier in den Dienst der Einzeltherapieschulen und leitet sich direkt aus ihnen ab. Auch wird nicht behauptet, durch eine Zusammenschau der therapeutischen Mikrowelten die an sich opake Begrifflichkeit der Psychotherapiewissenschaften nun doch erkennen zu können. Psychotherapiewissenschaft versteht sich hier als selbstreflexive Vermittlerin und Übersetzerin, die in nicht-identifizierter Haltung auf der Suche nach Verbin-dendem und Widersprüchlichem innerhalb und v. a. zwischen den Therapieschulen, *inter mundus*, unterwegs ist. Sie fördert, in moderner Terminologie, die *cross-cultural bzw. intercultural communication*[350] und

---

347 Die Personenbezeichnung eines/einer »HermeneutIn« entstammt der Selbstwahrnehmung des Autors als seit Jahrzehnten v. a. in wissenschaftskulturell, verhaltenstherapeutisch und psychodynamisch, aber auch etwa in systemisch, kunsttherapeutisch und psychiatrisch sich verortenden Institutionen als Dozent und Supervisor übersetzend und auslegend hin und her Reisender.
348 »Integriert«, weil die Therapieschulen in ihrer Gesamtheit ja in sich enthaltend.
349 Z. B. Greiner 2005, ▶ Kap. 3.2.
350 Vgl. Gudykunst 2003

hilft, ganz im Hannah Arendt'schen Sinne, der Psychotherapie »im Plural zu existieren«, in dem sie den Psychotherapieschulen ermöglicht, »miteinander und wohl auch über sich selbst« sprechen zu können[351] und führt zu einem *kommunikativen Pluralismus* in Anerkennung letztlich irreduzibler psychotherapeutischer Wissenskulturen.[352] Das obige Übersetzungsschema auf der therapiepraktischen Alltagsebene oder der bereits genannte Greiner'sche »Therapieschulendialog« auf der theoretischen Ebene können in diesem Sinne genutzt werden. Psychotherapiewissenschaft widersetzt sich mit dieser Sichtweise einer psychotherapeutischen Leitkultur und steht ein für den aus Opazität und Aporie notwendigerweise abgeleiteten Wert der Vielfalt, auch der psychotherapeutischen Ansätze/Wissenskulturen. Der Opazität der psychotherapiewissenschaftlichen Grundgegenstände entsprechend, verpflichtet sie sich in der Folge auch zu einer *perspektivischen* Sichtweise. Da die wahre Erkenntnis über opake und numinose Aspekte des Psychischen nicht zu haben ist, ist die Eröffnung und die Zusammenschau möglichst vieler Ansichten und Blickrichtungen die psychotherapiewissenschaftliche Erkenntnismethode der Wahl: »Es gibt nur ein perspektivisches Sehen, nur ein perspektivisches ›Erkennen‹; und je mehr Affekte wir über eine Sache zu Worte kommen lassen, je mehr Augen, verschiedene Augen wir uns für dieselbe Sache einzusetzen wissen, um so vollständiger wird unser ›Begriff‹ dieser Sache, unsere ›Objektivität‹ sein«[353]. Anklänge an die unten noch näher zu beschreibende *Circumamabulation* sind in dieser Perspektivität nicht zufällig. Dabei wird dem hier durchaus möglichen Verfallen in einen Beliebigkeitsrelativismus u. a. dadurch vorgebeugt, dass jede der psychotherapiewissenschaftlich relevanten Perspektiven die Struktur einer psychotherapeutischen Wissenskultur aufweist. Auch »mögen zwar unterschiedliche Ontologien im Hintergrund unseres Bestrebens nach Wissen (hier der philosophischen Perspektive der Therapieschulen, Anm. d. Verf.) stehen, aber es ist nicht egal, welcher man den Vorzug gibt«[354]. Es sind dazu kommunizierte, durchaus auch subjektiv und kontextuell begründete und wissenschaftlich erfassbare Entscheidungen zu treffen und dafür ist Verantwortung zu übernehmen.

Die verschiedenen Therapieschulen sind in dieser Sichtweise soziokulturell und gruppendynamisch sich entwickelnde, alternative, jedoch nicht einander entwertende oder gar ausschließende und eigene Sprachen sprechende Ansätze zur Generierung von Erkenntnis und Wissen, was wie oben dargestellt, zusammenfassend als Wissenskulturen bezeichnet wurde. Sie beherbergen die Gefahr, sich zu »gruppenautistischen Blasen«[355] zu entwickeln, die Nabelschau betreiben und die Beziehungen zu den Nachbarn vernachlässigen oder gar einstellen. Der Blick auf die Psychotherapieschulen als Wissenskulturen oder Narrationen ermöglicht die für

---

351 Vgl. Arendt 1960
352 Anregungen zu diesen Aspekten könnten auch aus dem Begriff des Polylogs von Hilarion Petzold erwachsen, als »ein Geflecht von Rede, Gegenrede, Einrede, von Anmerkungen, Kommentierungen, Ergänzungen, Zustimmungen und Ablehnungen, Konsens und Dissens, [...] (eine) prinzipiell multidiskursiven Auseinandersetzung, der sich Menschen nicht entziehen können« (Petzold 2023, S. 2).
353 Nietzsche 1968
354 Burda 2019, S. 165
355 Sloterdijk 2022, S. 117

eine forscherische Betrachtung notwendige Distanzierung. Die Folgen für eine solche perspektivische und auch *kontextsensitive* Supra-Psychotherapiewissenschaft wären in drei Ebenen darzustellen[356]:

1. An der Oberfläche[357] sind die Gegenstände der Psychotherapiewissenschaft additiv die gesammelten Gegenstände der Psychotherapieschulen.
2. Auf der ersten Tiefenschicht sind v. a. die Strukturelemente der Psychotherapieschulen Gegenstand der Psychotherapiewissenschaft, also deren Inhalte, Konsistenz, Zustandekommen, deren Entwicklung und deren Verteidigung. Psychotherapiewissenschaft wird damit u. U. auch zu einer Anleitung zur methodischen Selbstreflexivität der Therapieschulen aus deren Binnenperspektive heraus.
3. Auf der zweiten Tiefenebene ist das Verhältnis der Psychotherapieschulen zueinander Gegenstand der Psychotherapiewissenschaft, wie es im folgenden Schaubild verdeutlicht ist:

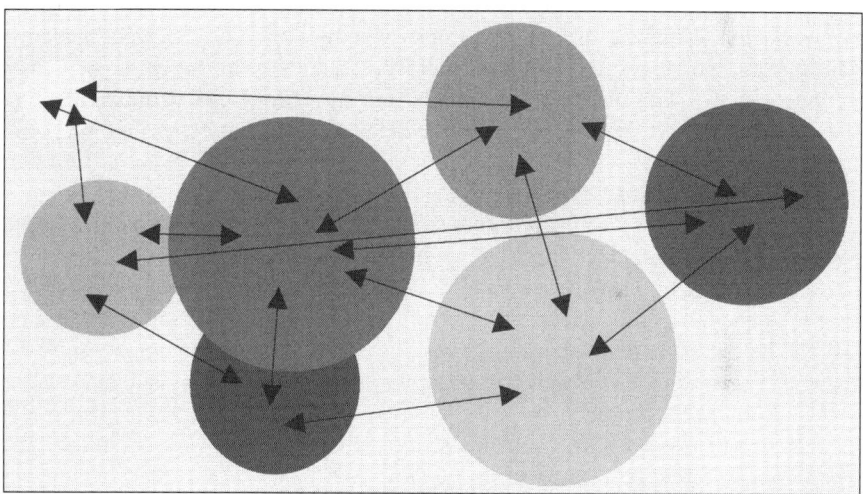

Abb. 5.1: Psychotherapiewissenschaft zwischen den und um die Psychotherapieschulen

Psychotherapiewissenschaftliche Forschung wäre in ▶ Abb. 5.1 also sowohl in den Beziehungspfeilen (als Gestalterin sog. »Theoriebrücken«) wie auch in der grauen, die Schulrichtungen umfassenden Rahmenbildung anzusiedeln. Dabei soll das Pfeilzeichen die Aufgabe der wechselseitigen Verbindung, aber durchaus auch das

---

356 Natürlich hat sich die Psychotherapiewissenschaft selbst auch im Verständnis dieser drei Faktoren in ihrem Status als Wissenskultur zu reflektieren. Sie ist aber (noch) nicht wirklich eigenständig, da ihre Forschungsgegenstände außerhalb ihrer selbst (in den einzelnen Wissenskulturen) entwickelt werden und ihre Aufgabe in deren Super-Vision besteht.
357 Oberfläche wird hier nicht im bewertenden Sinne von »oberflächlich«, sondern als räumliche Metapher etwa ähnlich einer Außenschicht verwendet.

Spannungsreiche dieser bisweilen recht heterogenen Schullandschaft veranschaulichen. Die »Alternative zum Ausstieg«, in unserem Falle aus dem System der heterogenen Psychotherapieschulen, »ist der Umstieg auf eine andere, nämlich die ›Metaebene der Verständigung‹«[358], und auch autokratischen Ansprüchen einzelner Schulrichtungen auf Überlegenheit wird durch einen kommunikativen Beziehungspluralismus eine Abfuhr erteilt. Dabei ist nicht eine harmonische Übereinstimmungsideologie gemeint, eine Art verbundener »legitimer Dissens«[359] bei Anerkennung irreduzibler Verschiedenheiten wird immer mitgedacht und ermöglicht.

> »Der Umstand, dass heute nur eine Naturansicht vorzuherrschen scheint, darf nicht zu der Annahme verführen, dass wir am Ende nun doch ›die‹ Wirklichkeit erreicht haben. Er bedeutet nur, dass andere Wirklichkeitsformen vorübergehend keine Abnehmer, Freunde, Verteidiger haben, sondern weil man sie entweder nicht kennt oder an ihren Produkten kein Interesse hat.«[360]

Die sich intrasystemisch in sozialen und gruppendynamischen Prozessen einerseits und in subjektiver Auseinandersetzung der Einzelmitglieder andererseits herausbildenden und weiterentwickelnden psychotherapeutischen Wissenskulturen stehen nach außen ebenfalls in gegenseitigen, sich bisweilen sogar überlagernden kontextuellen Bezügen, die sie mit konstituieren. Hier sind die verschiedenen Therapieschulen relevante Kontexte füreinander, die Psychotherapiewissenschaft wird zu einem regelgeleiteten Auseinandersetzungs- und Debattierraum. Psychotherapiewissenschaft bekommt hier, mit Hartmut Rosa gesprochen, ein »republikanisches Verständnis«, nämlich dass »durch wechselseitiges Erreichen« Entwicklung und »wechselseitige Transformation«[361] passiert.

Ausgehend von den impliziten und expliziten (und bisweilen auch kaum explizierten) epistemologischen Modellen großer psychotherapeutischer Schulen und deren Überschneidungen, Vereinbarkeiten bzw. Unvereinbarkeiten, ergibt sich wie bereits angedeutet eine (selbstreflexive und selbstkritische) psychotherapiewissenschaftliche Betrachtung des psychotherapeutischen Feldes, quasi von einem imaginären, übergeordneten Beobachterstandpunkt[362] aus, der weiß, dass es einen solchen nicht wirklich geben kann.

Jede Schulrichtung entwickelt aus sich heraus (aus ihrer Wissenskultur, den Phantasmen) eigene Forschungsrationale und -strategien. Die psychotherapiewissenschaftliche Forschungsarbeit versucht, sie zu erkennen, begleitet die Entwicklungsprozesse kritisch und bietet darüber das komparativ-additive[363] Dach in größtmöglicher Anerkennung »epistemologischer Diversität« und »in Abwesenheit einer apriorischen Hierarchie des Wissens«[364]. Überhaupt trägt eine solcherart

---

358 Nida-Rümelin 2011, S. 93
359 Begriff aus der Politologie, Mouffe 2014, S. 46
360 Feyerabend 1984, S. 44
361 Rosa 2022, S. 55
362 Das Reklamieren eines außen- und darüberstehenden Beobachterstandpunktes für die Psychotherapiewissenschaft ist, das sei hier angemerkt, durchaus kritisch zu betrachten und im Forschungsverlauf zu begleiten.
363 Additiv meint nicht hierarchisch, aber durchaus nach Gemeinsamkeiten, Widersprüchen und Komplementaritäten Ausschau haltend.
364 Sell 2012, S. 279

konzipierte Psychotherapiewissenschaft zu einer »Sprache und Kultur der Anerkennung«[365] statt der in der psychotherapeutischen Landschaft allenthalben zu beobachtenden Gefahr gegenseitiger Entwertung und Ignoranz bei. Integrative Bemühungen der einzelnen Therapieschulen werden kritisch-unterstützend begleitet und einer primär kompetitiven Beziehung zwischen den Psychotherapieschulen im Sinne eines epistemischen Kontextualismus«[366] eine grundsätzliche Absage erteilt. Psychotherapiewissenschaft untersucht stattdessen die »komplexe Verzahnung von Macht, Wissen, Selbstformung soziale(r) Rituale und Diskursformen«[367] innerhalb der Wissenskulturen der Psychotherapieschulen und zwischen denselben. Zur Untersuchung der Prozesse innerhalb der Therapieschulen bietet sich die fortlaufende Analyse des »großen Narrativs« der Schulrichtung, wie es etwa in den wichtigen Lehrbüchern niedergelegt ist, an, ebenso aber auch die subjektiven Narrative einzelner Mitglieder. Diese Narrative dienen, wie beim einzelnen Individuum, auch bei Gruppen (wie etwa dem Gesamt der Mitglieder einer Therapieschule) auch der Herausformung von Autonomie und Einzigartigkeit und somit der Selbstgestaltung und -vergewisserung. Das Verhältnis der Psychotherapieschulen zueinander wird als amplifikatorische Nutzung des Wissens und der Praktiken der anderen mit einem evtl. kompensatorischen, ja komplementären und entwicklungsfördernden Anliegen, gesehen,[368] die einzelnen Schulen werden zu wertzuschätzenden *Perspektiven*[369] oder *Dimensionen*[370] des Gesamts der menschlichen Psyche und ihrer Therapie. Psychotherapiewissenschaft ist hier die Plattform eines Kulturendialogs der Therapieschulen, entwickelt entsprechende Dialogformen und ist befasst mit entsprechenden Wechselwirkungen sowie einer Synthesebildung. Mit den Erkenntnisfacetten der Therapieschulen kann sie eine Art übergeordnete »multi-kulti«-Wissensbank anlegen und so einen ansonsten radikalen Relativismus etwas abschwächen. Und auch eine reflektierte und transparente, temporäre Teilidentifikation mit dem Wissenschaftsverständnis einer bestimmten Wissenskultur ist, bei Wahrung der grundsätzlich skeptischen Ausrichtung, möglich und kann in Ausnahmefällen, etwa zur Kompensation von Vorherrschaften und Einseitigkeiten, sinnvoll sein.

Die Untersuchung des Verhältnisses der Therapieschulen zueinander, der Diskurs und die Auseinandersetzung, haben ebenso, von dem Anerkenntnis von Opazität und Aporie ausgehend und eine skeptische psychotherapiewissenschaftliche Grundlage haltend, stattzufinden. Die Selbstdefinition jeder einzelnen Therapie-

---

365 Habeck 2018, S. 69
366 Detel 2003, S. 132
367 Detel 2003, S. 125
368 Vgl. dazu z. B. Vogel 2019a: Hier wurde das komplexe und opake Konzept der Individuation nicht mittels der Methodik der Analytischen Psychologie, der dieser Begriff zugehört, betrachtet, sondern mittels der Ergebnisse empirisch-positivistischer akademischer thanatopsychologischer Forschung, die amplifikatorisch den Zugang zum jungianischen Individuationskonzept verbesserte.
369 Der Begriff der Perspektive wurde in dem vorliegenden Text ausführlich und bedeutungsbreit genutzt. In der hier nun gemeinten Form meint die Perspektive eine subjektive oder auch soziale Blickrichtung, die die andere Seite zwingend benötigt und deren vieler erst das Gesamtbild eines opaken Gegenstands erahnen lässt.
370 Deleuze u. Guattari 1977, S. 34

schule gilt als einer der vielfältigen Beiträge des psychotherapeutischen Wirklichkeitsbezugs, ohne einen Anspruch auf Vorherrschaft. Durch ihre Pluralität bieten sich die Therapieschulen an, sie z. B. in der Logik der »Verfremdung«, einer zentralen aus dem Konstruktiven Realismus entwickelten Forschungsmethode, miteinander in Beziehung zu setzen.[371] Eine Therapieschule gilt als bedeutsamer, außerhalb der betrachteten Wissenskultur stehender Blick auf die andere Schulrichtung und hat darin einen großen Wert. Andere, in der psychotherapeutischen Ausbildung und Praxis nicht einmal allzu selten anzutreffende, bisher aber wenig oder nicht systematisch aufbereitete Methoden der In-Beziehung-Setzung, wären etwa:

- Gemeinsame Fallbesprechungen »Angehöriger« unterschiedlicher Therapieschulen
- Schulenplurales Arbeiten in der stationären Psychotherapie (dort ist das Neben- und Miteinander der Therapieschulen seit Jahrzehnten Praxisalltag)
- Schulengemischte Intervisionszirkel
- Schulenheterogene Hierarchien (z. B.: einem/einer psychoanalytisch ausgebildeten Chefarzt/Chefärztin unterstehen verhaltenstherapeutisch und systemisch ausgebildete PsychologInnen
- Schulenfremde Supervision (der/die SupervisorIn gehört einer anderen therapeutischen Schulrichtung an als der/die SupervisandIn)

In der Untersuchung solcher, oft ungezwungener, Inseln des Aufeinandertreffens der Wissenskulturen eröffnet sich ein bedeutsames Tätigkeitsfeld einer Psychotherapiewissenschaft. All diesen angedachten Forschungsfeldern ist gemein, dass es sich bei den Forschungszielen nicht um das Bemühen um wertende Aussagen, sondern um eine möglichst genaue und dadurch Einsichten vermittelnde Prozessdeskription handelt. Als skeptische Disziplin ist die Psychotherapiewissenschaft eben letztendlich urteilsenthaltend tätig.

5.3.2 Forschungslogische Nähe

Die hier vertretene Wissenschaftsauffassung hat in ihren forschungspraktischen Konsequenzen große Ähnlichkeiten mit der postmodernen und poststrukturalistischen und inzwischen weit diskutierten *Rhizomatik*, die, wissenschaftstheoretisch verstanden, ein einem unterirdischen knolligen Wurzelgeflecht nahekommendes Verständnis von Wissen den kognitiv- und hierarchischen Baum-Modellen vorzieht[372]. Es werden Verzweigungen, Verknüpfungen und Polyloge (kommunikative Verbindungen unter Vielen) vor den hegemonialen Monologen und auch Dialogen präferiert und prinzipielle Gleichwertigkeit im kommunikativen Austausch gefordert, es geht um »nicht zentrierte Systeme, (und) Netzwerke«[373] an Bedeutungen. Wichtige der in der Rhizomatik beschriebenen Prinzipien wie etwa die Konnexion,

---

371 Vgl. Greiner 2005
372 Deleuze u. Guattari 1977
373 Ebd. S. 28 f.

die Vielheit und die Heterogenität sind passend für das Opake und Aporetische und können die netzwerkartige Grundstruktur einer zeitgemäßen Psychotherapiewissenschaft gut abbilden. Auf der forschungspraktischen Ebene zeigen sich auch Überschneidungen zu manchen Überlegungen bzgl. einer sog. mixed-method- bzw. emergent-method-Forschung. Unter ersterer versteht man in klassischer Auffassung in erster Linie die Kombination qualitativer und quantitativer Methoden, meist im Endeffekt dann doch unter dem Primat des Quantitativen. In mixed-method-Ansätzen erfolgt nicht selten eine eklektische und erkenntnistheoretisch wenig reflektierte Methodenkombination. Es besteht »keineswegs notwendigerweise eine enge Verknüpfung zwischen wissenschaftstheoretischer Ausrichtung und den eingesetzten Methoden: Naiver Empirismus kann sich beispielsweise problemlos beider Methoden bedienen«[374]. Deshalb und da der in diesem Text vorgeschlagene psychotherapiewissenschaftliche Ansatz die Dichotomie zwischen Quantitativ und Qualitativ um das Verständnis und die Anerkennung des Opaken erweitert, wird dieser Möglichkeit skeptisch begegnet. Unter emergent-method-Forschung (engl: *emergent*, entstehend, sich entwickelnd) wird eine Forschung »im Prozess« beschrieben, in der sich die Forschungsmethoden diesem und dem Forschungsgegenstand permanent anpassen und sich verändern. Es wird mit Emergenzen gerechnet, also mit dem unerwarteten und bisweilen auch unerklärbaren Auftauchen von Neuem, was bzgl. der Forschung im Umkreis des Opaken unvermeidlich erscheint. Sowohl empirische als auch theoretische Elemente gehören in ein solches Forschungsdesign und zu den üblichen qualitativen und quantitativen Forschungsmethoden gesellen sich z. B. kunstbasierte oder ethnodramatische Möglichkeiten.[375]

5.4 Psychotherapiewissenschaft als wiederum eigenständige Wissenskultur

Jede ernstzunehmende Wissenschaft beinhaltet auch die kritische Betrachtung ihrer selbst. Dies kann u. a. durch einen Eigenbezug ihrer zentralen Prämissen erfolgen. Der aufgezeigte skeptisch-fragliche psychotherapiewissenschaftliche Ansatz erfordert neben den oben dargestellten, die Psychotherapieschulen betreffenden und sich aus diesen ableitenden Forschungsbemühungen daher zusätzlich eine eigenständige psychotherapiewissenschaftliche Herangehensweise. Innerhalb des psychotherapiewissenschaftlichen Feldes siedeln sich zwar u. U. temporär durchaus auch einige Methoden der Naturwissenschaften und ein Großteil der geisteswissenschaftlichen Methoden an, hier entwickelt die sich zu einer eigenen wissenschaftlichen Disziplin emanzipierende Psychotherapiewissenschaft aber auch eine eigenständige Metho-

---
374 Kuckartz 2014. S. 28
375 Vgl. z. B. Hesse-Biber u. Levy 2006

dologie, die der Opazität, Polysemie, bisweilen auch Numinosität sowie der teilweisen Aporie ihres Erkenntnisfeldes entspricht. Damit betritt die Psychotherapiewissenschaft einen nicht unumstrittenen Boden, hatte Wissenschaft doch seit ihrer Entstehung die Aufgabe, Sicherheit zu schaffen. Sie sollte und soll institutionell verankerte sichere Erkenntnisse zur Verfügung stellen, um die existenziell-menschliche Verunsicherung zu binden. Das vorgeschlagene psychotherapiewissenschaftliche Paradigma setzt diese Prämisse von Wissenschaft außer Kraft, ja fordert vielmehr von der (Psychotherapie-)Wissenschaft das Aushalten von Unsicherheiten, statt dem vergeblichen Versuch, diese zu eliminieren. Andere Wissenschaften sind diesen Weg bereits gegangen, so etwa die lange Zeit als Modell einer modernen Psychologie dienende Physik.[376] Es wird versucht aufzuzeigen, dass forschungsmethodische Ansätze in der Psychotherapieforschung entwickelbar sind, die der opaken Offenheit und Aporie einer Vielzahl ihrer Gegenstände gerecht werden.

5.4.1 Ansätze einer psychotherapiewissenschaftlichen Forschungsmethodik

Die Kernbegriffe der Psychotherapiewissenschaft sind in ihrer Opazität, Numinisotät, Polysemantik und Aporie zusammenfassend als »transzendente« Begriffe zu bezeichnen. Dabei geht es, wie hoffentlich deutlich wurde, nicht wie bei der Transzendentalphilosophie, um die Frage, ob über die Dinge an sich etwas auszusagen ist oder nicht, sondern *wie viel* und *in welcher Art* über einzelne Begriffe ausgesagt, d. h. gewusst werden kann. Psychotherapeutische Kernbegriffe überschreiten *(trans-cendere)* jede Bedeutungszuschreibung, überschreiten damit immer auch sich selbst.

Zu den »Riesenbegriffen« der Menschheit und ihrer Geschichte wie Tod, Sinn, Selbst etc. kommen auf dem Feld der Psychotherapie etwa der Begriff der Beziehung, der Kommunikation, der Heilung, der Störung oder auch des Menschenbildes hinzu, die sämtlich ebenso nur auf den ersten Blick einer eindeutigen Definierbarkeit zugänglich sind. Die Klärung komplexer Begriffe ist in der Geistesgeschichte zuallererst Sache der Philosophie, von ihren Anfängen an bis hinein in die heutige Analytische Philosophie. Psychologisch jedoch gesellen sich zu den formal-logischen Versuchen der Begriffsfassung zwei weitere relevante Variablen. Gerade die für die Psychotherapie als konstitutiv ansehbaren Termini besitzen zum einen eine hohe emotionale »Ladung« und sind zum andern stark subjekt- und kontextabhängig. Begriffe vereinigen in sich Wissen und Erfahrung, haben aber eben immer auch eine gruppen- und individuumsspezifische[377] Erlebenskomponente. Bei genauer Betrachtung sind die zunächst identischen Begriffe nicht die-

---

376 Die heute noch zu findenden Anleihen der Psychologie an Wissenschaftsverständnis und Methodologie der Physik sind bei weitem nicht mehr up to date und nurmehr als anachronistisch zu bezeichnen.
377 Forschung bleibt trotz und auch durch seine Kontextualität auch im Subjektiven gebunden und an die Persönlichkeiten des Forschenden und des/der ForschungsrezipientIn attachiert. Daher ist die persönliche Voraussetzung zur Forschung in jedem Falle offenzulegen.

selben, wenn sie von unterschiedlichen Subjekten und Gruppen verwendet werden. In der praktischen Psychotherapie wissen wir das längst, wenn wir im therapeutischen Verstehensversuch möglichst genau nachvollziehen wollen, was der/die PatientIn mit einem benutzen Begriff (z. B. Angst, Traurigkeit etc.) denn genau meint. Die Erkenntnis der Opazität schützt den/die praktizierende PsychotherapeutIn sowie die Psychotherapiewissenschaft als Ganzes vor einer in der psychotherapeutischen Theorieliteratur bisher meist anzutreffenden Gleichsetzung von Begriff (bzw. dem dahinterstehenden Konzept) mit dem damit bezeichneten Gegenstand. Diese Verwechslung eines Konzepts mit der Realität, die Verwandlung quasi in eine objektiv gegebene Substanz, trägt zu weitreichenden psychotherapiewissenschaflichen Problemen bei. Wie bereits erwähnt geht auch die hier vertretene Begriffsauffassung von einer gewissen, zumindest formallogischen »Verbindung« zwischen Bezeichnung und Bezeichnetem aus. Trotzdem wird in unserem Zusammenhang erst einmal gegen das Wörtlich-nehmen v. a. psychologischer Kernbegriffe plädiert. Dies macht, angewandt auf die Psychotherapiewissenschaft, diese zu einem komplexen Unterfangen, das sich schon zu Beginn hegemonialen Ausschließlichkeitsansprüchen einzelner Forschungsstränge widersetzt. Vielmehr wird evident, dass Psychotherapiewissenschaft eine genuine bzw. originäre Methodologie zu entwickeln hat, indem neue Methoden dargestellt, angewandt und begründet werden (vgl. dazu z. B. die empirisch-hermeneutische Text-Analyse) oder in einem transmethodischen Sinne etablierte, in erster Linie (aber nicht ausschließlich) philosophische und geisteswissenschaftliche Ansätze kreativ weiterentwickelt und/oder kombiniert werden. Dabei spielt auch die bereits an unterschiedlichen Stellen herausgearbeitete Kontextualität bzw. Intersubjektivität des Wissens(-erwerbs) eine zentrale Rolle. Forschung findet immer im intersubjektiven Feld als bi-direktionaler, relationaler und co-kreativer Vorgang statt und hat dies, etwa in der Beachtung und Offenlegung intrapsychischer (Gegenübertragungs-)Prozesse des/der ForscherIn in maximaler Authentizität und Wahrhaftigkeit zu berücksichtigen. Opake Forschungsgegenstände und aporetische Zusammenhänge sind wegen ihrer bereits aufgezeigten Polysemie auch am besten innerhalb kommunikativer ForscherInnengruppen zu erkunden, deren Erkenntnisprozess wiederum intersubjektiven Kriterien unterliegt, welche offenzulegen sind.

Die forscherische Antwort auf die Weichheit der psychologischen Konzeptbegriffe ist aber auch u. a. die Relativierung der Sprache als primären Zugang. Das Bildhafte hat auch in der Wissenschaft seinen Platz einzunehmen, zum einen als das der Begriffswelt Vorausgehende, zum andern dann auch als konkrete Forschungsanstrengung, die der »Wort-Forschung« in der zeitlichen Abfolge des Forschungsprozesses primär ist.

Besonders eindrücklich ist in der empirischen Forschung der notwendige Einsatz des Bildhaften in der Forschung um das Todesthema dokumentiert. Selbst äußerst kreative aber verbal ausgerichtete Methoden, wie z. B. die zur Untersuchung von Death-Thought-Accessibility entwickelte assoziative Wortvervollständigungsliste[378], erweisen sich immer wieder als ungenügend. Empfohlen werden daher dringend

---

378 Köbler 2022

bildbezogene Methoden wie »ambiguous pictures tasks« oder sog. visuelle Dotprobe-Aufgaben zur Messung von Aufmerksamkeitsselektivitäten[379].

Primat des Bildes und maximale Offenheit verweisen auf zwei grundlegende Ansätze der Forschung, nämlich *Imaginology*[380] als psychotherapiewissenschaftliche Nutzung des inneren und äußeren Bildes und damit der konkreten Animation zur Bildproduktion sowie eine notwenige Renaissance des *Narrativs* in der Psychotherapieforschung als das maximal offene Verfahren zur behutsamen Besprechung des Opaken. Die Methode einer skeptischen Disziplin in Anerkennung einer grundsätzlichen Fraglichkeit des Wissens kann nicht die der stringenten und linearen Beweisführung sein. Vielmehr dient die kritische Argumentationslinie als bevorzugtes wissenschaftliches Mittel, geht es doch um die Verdeutlichung von Kontingenzen statt der Behauptung von Kausalitäten, um eine Form des »zweifelnden und damit kontingenztauglichen Wissenszugangs«[381]: »Kontingent ist alles, was zwar möglich, aber nicht notwendig ist,«[382] und Kontingenz soll nicht aufgelöst oder vernichtet, sondern als Existenztatsache anerkannt werden. Die Suche nach eindeutigen Beweisen weicht dann dem Aufspüren von Hinweisen und schlüssigen Nachweisen. Weitere Anregungen hierfür können aus amplifikatorisch-erweiternden, komparativen Forschungsansätzen entwickelt werden, wie sie bereits etwa in den Kulturwissenschaften vorgedacht wurden. Eine Aussage ist dann eher nachvollziehbar *triftig* statt wahr, der Deskription wird ein hoher Stellenwert zugemessen.

Bei diesen psychotherapiewissenschaftlichen Vorannahmen scheint zunächst auch die Hermeneutik als konsequente forscherische Grundlage angezeigt. Die Dekonstruktion als eine weit vorangetriebene Form der Hermeneutik ist wohl diejenige qualitative Disziplin, die das in dieser Arbeit dargestellte psychotherapiewissenschaftliche Unverfügbare am ehesten in ihre theoretischen und praktischen Ausformulierungen einbeziehen könnte. Doch auch sie bleibt im letzten Blick einer Verfügbarmachung verpflichtet, worauf an verschiedener Stelle bereits hingewiesen wurde.[383] Wir haben nun jedoch eine Wissenschaft und dazugehörige Methoden zu entwickeln, die wirklich von der Unverfügbarkeit relevanter Seelenanteile ausgehen, dadurch aber ihren Charakter einer Wissenschaft aber nicht einbüßen. Die wissenschaftliche Annäherung, d. h. auch das wissenschaftliche Sprechen über das letztendlich Undenkbare hat also folgende Kriterien einzuhalten:

- Es ist umkreisend, vergleichend und analogisierend[384] statt klarifizierend.
- Es drückt sich häufig aus in Negationen statt in positiven Setzungen (der aus der Religionswissenschaft stammende Begriff der *via negativa*, dort für den Gottesbegriff reserviert, wird hier als nutzbringend für opake Begriffe an sich betrachtet.

---

379 Z. B. Naidu u. a. 2020
380 ▶ Kap. 3.5.
381 Bernd Stegemann in Flaßpöhler 2022, S. 21
382 Burda 2019, S. 153
383 Ebd.
384 ▶ Kap. 3.5.

Er meint, sich positiver Aussagen zu enthalten und nur mitzuteilen, was etwas nicht ist. Angenähert wird sich durch konstantes Eliminieren).
- Es macht einen Möglichkeitsraum auf, statt ein eindeutiges Ergebnis zu produzieren. Quasi sicheres Wissen wird bisweilen eher als schädlich und irreführend betrachtet.
- Es trägt eine pluralistische Wahrheitsauffassung in sich. Auf eine Frage kann, darf, ja soll es unterschiedliche Antworten geben, die einen gleichen Wahrheitsgehalt zugesprochen bekommen, d.h., es kommt zu einem synthetischen aufsummierenden Ergebnis statt eines der Behauptung einer einzig wahren Tatsache.

Exkurs zur Circumambulation

Die Bewegung der Seele ist zyklisch.
Plotin

Der aus der Religionswissenshaft stammende Begriff der Circumambulation meint dort zunächst die meist rituell vorgegebene, kreisförmige Bewegung (etwa der PilgerInnen oder PriesterInnen) um den Heiligen Gegenstand oder Ort. Oft als Relikt der Nachahmung des Sonnenlaufs interpretierbar, ist der psychologische Gehalt des Umkreisens ein bedeutender und kann in eine wissenschaftliche Grundhaltung überführt werden: Es geht 1. um ein respektvolles Abstand-halten vom Numinosen und Unerkennbaren, 2. um einen beständigen Wechsel der Perspektive und 3. um einen aktiven Vorgang. Konsequenz eines behutsamen und konzentrierten Umkreisens ist nicht die Entwicklung positiven Wissens, sondern eine sich steigernde aber trotzdem »unendliche Approximation«[385]. Es handelt sich dabei durchaus um einen empirischen Zugang, allerdings im Sinne einer »zarten Empirie, [...] die sich mit dem Gegenstand innigst identisch macht und dadurch zur eigentlichen Theorie wird. Diese Steigerung des geistigen Vermögens aber gehört einer hochgebildeten Zeit an«[386].

Diese zögerliche und vorsichtige, kreisförmige Betrachtung psychotherapeutischer »Gegenstände« gilt für die Forschung, aber auch für den therapeutischen Prozess. Nicht von ungefähr wird dieser meist nurmehr behelfsmäßig als linear ausgerichtet gefasst, und das Wissen psychotherapeutischer PraktikerInnen, das wir es bei der Psychotherapie mit einer tatsächlichen »Zyklotherapie«[387] zu tun haben, d.h., sowohl die relevanten Themen einer zyklischen Veränderung unterliegen als auch der therapeutische Prozess zyklisch verläuft, wird auch in der therapeutischen Praxeologie deutlich.[388]

In gewissem Grade handelt es sich zum einen um eine Renaissance der von Carus bereits 1851 in seiner »Psyche« formulierten synthetisch-kontemplativen Metho-

---

385 Jaffé 2015
386 Goethe 1949 Bd.9, Nr. 565
387 Yalom 2001, S. 302
388 So konzipieren stationäre Psychotherapieinstitutionen schon seit einiger Zeit ihre Behandlungen als sog. »Intervalltherapien«, gehen also von einer zyklischen Wiederholung des Therapieprogramms in gewissen Zeitabständen aus, vgl. z.B. Schepank u. Tress 1988.

de«[389]. Die den daraus möglichen abzuleitenden forscherischen (und wohl auch psychotherapiepraktischen) Methoden zugrundeliegende Haltung ist die einer *skeptischen Hermeneutik* des Opaken[390], statt des Versuchs, dieses zu eliminieren oder zu ignorieren. Eine so verstandene Hermeneutik wird einem skeptisch-fraglichen Grundverständnis der Psychotherapiewissenschaft gerecht, da durch sie keine objektive und zu normativen Zwecken verwendbare »Wissens«-Generierung erfolgt, sondern sie vielmehr Heuristiken und Hilfen bei der eigenen generellen Haltungs- bzw. situativen Standpunktfindung und Ausrichtung bieten will.

Auch »der/die Andere« als einzigartiges Individuum darf dann in der Forschung wie in der psychotherapeutischen Situation opak und ein Geheimnis bleiben, kann und muss nicht gläsern und transparent werden, um sich ihm/ihr annähern zu können.

Anzumerken bleibt: Natürlich sind Opazität und Transparenz in den Begriffen der Psychotherapieforschung nicht ein duales Entweder-Oder. Vielmehr stellt das Transparente und damit auch oft Messbare eine Oberflächenhülle des Gesamten dar. Jedoch fordern Unsichtbarkeit, Uneindeutigkeit, Opazität einen hermeneutischen Freiraum, der z.B. durch Machtausübung leicht einzuschränken oder gar zu zerstören ist.

5.4.1.1 Das Narrativ als Forschungsmethode

Bereits in ▶ Kap. 5.3 wurde eine bestimmte Analyse eines Narrativs – der einer therapeutischen Wissenskultur – als Aufgabe von Psychotherapiewissenschaft verstanden. Nun geht es spezifischer um das Erzählen-wollen von sich selbst, von anderen und von Ereignissen und Erfahrungen als einem wissenschaftlich nutzbaren Anthropologikum.

> »Unter Narrativen versteht man Geschichten oder Erzählungen, die einen Handlungsanteil haben und meistens mit Menschen und ihren Beziehungen, ihren Gefühlen und ihrem Verhalten zu tun haben. Man denkt im Narrativ an Personen, die als Urheber handeln und Absichten und Ziele verfolgen, die sich in einer kausalen Sequenz mit Anfang, Mitte und Ende entfalten.«[391]

Narrative dienen der Selbstdarstellung, der Selbst- und Weltvergewisserung und z.T. auch -aneignung, sie stiften Kohärenz und Sinnerleben. »Echte« Erzählungen unterscheiden sich von den inflationären Formaten etwa des Storytelling oder des sog. »Narrative Turn«[392]. Narrative benötigen Entschleunigung: einen »Zustand der Entspannung«, ein »Lauschen«, dem »eine besondere Aufmerksamkeit«[393] innewohnt. Hier wird die Notwendigkeit des Kontemplativen, Bedächtigen für die Annäherung an das Opake deutlich.

---

389 Carus 1851
390 In theologischen Zusammenhängen findet sich bisweilen die Rede von der Hermeneutik des Opaken.
391 Cierpka 1996, S. 194
392 Han 2023
393 Ebd., S. 20f.

Sie stellen keine objektive Realität dar, auch wenn die ErzählerInnen sich darum bemühen, und sind genau deshalb ein brauchbares Instrument für die, wie wir gesehen haben, an objektiven Tatsachen arme Psychotherapiewissenschaft. Sie können umschreiben und umkreisen. Während sich die Bedeutung des Narrativs als Therapeutikum[394] in vielen Psychotherapieschulen etabliert hat, ja sogar die Rede von einer sog. »Narrativen Psychotherapie« zu vernehmen ist, die ihre Wirksamkeit vorwiegend aus dem therapeutischen Erzählen schöpft, ist spätestens seit den 90er Jahren des letzten Jahrhunderts das »Forschungsinstrument« Narration weitgehend und bis auf wenige EinzelakteurInnen aus dem Methodenkanon der akademischen Psychotherapie verschwunden oder zumindest auf einen untergeordneten Stellenwert etwa als Hypothesenlieferant oder Einzelfallbeispiel herabgestuft worden.[395] Trotz einer an manchen Stellen proklamierten Renaissance des Narratives darf nicht vergessen werden, dass die Erzählung als minimal-invasives Forschungsinstrument systematisch bereits in den 1980er Jahren, und damals v. a. innerhalb der Sozialwissenschaften im Kontext der Biographieforschung, ausdifferenziert wurde, und dass viele dieser Ansätze zumindest in Teilen anschlussfähig an die hier beschriebene skeptisch-fragliche Grundorientierung sind.[396] Die in dieser Arbeit begründete Forderung der (forscherischen) Offenheit verlangt ein erneutes Partizipieren der Psychotherapieforschung am »Konzert der narratologischen Wissenschaften vom Menschen«[397].

5.4.1.2 Das Bild[398] als Forschungsmethode

1. Das Bild als Annäherung an das Opake, Numinose und Aporetische
Nicht rational Erfassbares und dadurch Verwirrendes hinterlässt nichtsdestotrotz und vielleicht auch gerade deshalb, oft einen großen emotionalen Eindruck. Dieser Eindruck, manchmal bewusst wahrgenommen, manchmal unerkannt bleibend, formt zuallererst ein inneres Bilderleben aus, ein erstes intrapsychisches Abbild des Erlebten. Gleichzeitig kann heute davon ausgegangen werden, dass spontanes inneres Bildgestalten dem bewussten Denken immer unterlegt ist. Hier herrscht eine seltene Einmütigkeit zwischen ansonsten sehr diametralen Wissenskulturen, wenn etwa die Seele als primär bildgenerierendes Organ in der Analytischen Psychologie und das Gehirn als primär bildgenerierendes Organ in der Neurowissenschaft nachgewiesen werden.

---

394 Vgl. z. B. Boothe 2018
395 Ausnahmen bestätigen auch hier die Regel, vgl. dazu v. a. Straub 2019 bzw. vereinzelte VertreterInnen der sog. Narrativen Psychologie.
396 Vgl. v. a. Schütze, z. B. 1983
397 Weilnböck 2006, Art. 22
398 Der Terminus ›Bild‹ wird hier in zweierlei Weise benutzt: Zum einen als innerlich erlebbarer Zustand, der sich in Anschauung, aber auch in olfaktorischen oder haptischen Empfindungen äußert. Zum andern als äußeres ›Werk‹, wo es Zeichnen, Malen, Bildhauern u.v.m. meint, Gestalt annimmt und damit auch von einem Anderen betrachtet werden kann. Der Weg vom einen zum anderen ist eine erkenntnistheoretische und methodologische Herausforderung der Psychotherapiewissenschaft.

2. Das geäußerte Bild
Das das innerliche Erleben veranschaulichende innere Bild kann auf unterschiedliche Weise in ein sichtbar gestaltetes Bild überführt werden. Techniken des »Malens aus dem Unbewussten«[399] seien hier genannt, als konkretes Beispiel sei hier kurz auf die Arbeit mit dem Resonanzbild als psychotherapiewissenschaftliches Forschungs-instrument hingewiesen. Die sog. »Resonanzbildmethode« wurde von der Kunsttherapeutin und Psychoanalytikerin Gisela Schmeer zunächst und bis heute in erster Linie als Methode zur gruppendynamischen Arbeit, im therapeutischen und im Selbsterfahrungs-Kontext, entwickelt[400]. Sie wird aus unten dargestellten Gründen hier nicht direkt als psychotherapiewissenschaftliche Forschungsmethode vorgeschlagen, allerdings wird ihre Ausgangsidee, die Anfertigung eines Resonanzbilds, als besonders geeignet empfunden.[401] Resonanz wird verstanden als ein zunächst inneres ›Mitschwingen‹ mit Erlebnissituationen, ein »Mitschwingen mit äußeren Gegebenheiten, das dauernde unbewusste Auswählen sowie die gestalterische Verarbeitung dieses permanenten unbewussten Dialoges zwischen drinnen und draußen«[402]. Der so gebrauchte Resonanzbegriff steht also durchaus in Zusammenhang mit psychotherapeutischen Grundbegriffen wie dem Ein- oder Mitfühlen, der Empathie etc.
Schmeer stellt nachvollziehbar dar, dass das Resonanzbild – wie wahrscheinlich andere »bildgebende« Methoden auch – den Anspruch eines ›analogen‹ Mediums vertreten kann. Analogie (▶ Kap. 3.5) kann hier gesehen werden als Gleichheit oder zumindest Ähnlichkeit eines meist spontanen Ereignisses (hier einer kurzen Bildskizze) mit einer anderen Gegebenheit, bei Schmeer v. a. der erlebten Gruppendynamik, in unserem Zusammenhang z. B. das Erleben von Opazität und Numinosität. Analogie verzichtet auf Logik und herleitbare Kausalität sowie auf Eindeutigkeit, sie hat zu tun mit Kreativität und intuitiver Schau. Resonanzbilder haben hinweisenden statt beweisenden Charakter[403] und ordnen sich so einer Psychotherapiewissenschaft der Fraglichkeit und auch der sich daraus ergebenden grundlegenden Anerkennung des letztendlich rätselhaft-geheimnisvoll Bleibenden zu. Das intellektuell-rationale Verstehen kann sich dem analogen Geschehen nachordnend anschließen, muss es aber nicht.

Während andere Bildbetrachtungsverfahren psychotherapeutischer Schulrichtungen (berechtigterweise) in der philosophischen Ebene ihrer Schule fußen, sich darin

---

399 Riedel und Henzler 2016
400 Schmeer 2006
401 Eine besondere Form des Resonanzbildes führte 1962 schon C. G Jung in seinem Erinnerungs-Buch ein, wenn er schreibt: »[...] skizziere jeden Morgen ein Carnet, eine kleine Kreiszeichnung, ein Mandala, welches meiner jeweiligen inneren Situation zu entsprechen schien [...]« (S. 199).
402 Schmeer 2003, S. 71
403 Eine skeptische Psychotherapiewissenschaft der Fraglichkeit entlässt den/die ForschungsrezipientIn nicht aus der Verantwortung der kritischen Prüfung, sondern zeigt ihm/ihr vielmehr einen Möglichkeitsraum für verantwortliche Entscheidung auf. Die Rezeption hat wiederum eben auch skeptisch zu erfolgen.

begründen und daraus ableiten[404], ist das Arbeiten mit dem Resonanzbild, ähnlich wie oben beim Narrativ dargestellt, zunächst keiner psychotherapeutischen Wissenskultur verpflichtet. Das weitgehende Fehlen theoretischer Begründungen und Herleitungen, bzw. die aus sehr heterogenen Wissenskulturen zusammengesuchten Blickweisen auf die Methode sind erkenntnistheoretisch sicher problematisch, empfehlen sie aber andererseits als Ausgangspunkt für die Entwicklung einer weitgehend therapieschulunabhängigen psychotherapiewissenschaftliche Methode. Das wird dadurch deutlich, dass sie etwa in systemischen, psychoanalytischen oder kunsttherapeutischen Kontexten Verwendung findet und zudem neurowissenschaftliche und kognitiv-behaviorale Überlegungen dazu angestellt wurden. Die Methode ist vorwiegend aus einer nicht auf Psychotherapieschulen beziehbaren Zeichen- und Piktogrammtheorie hergeleitet und verweist auf aus der Kunstwissenschaft stammende Mechanismen der graphischen Verdichtung und Abstraktion. Schmeer schlägt zwar z. B. an der projektiven Testpsychologie orientierte inhaltliche und formale Auswertungsmethoden vor, diese gehen aber wegen ihrer eindeutigen Zuordenbarkeit zu einer bestimmten psychotherapeutischen Sichtweise nicht in eine psychotherapiewissenschaftliche Nutzung des Resonanzbilds ein. Dasselbe gilt für die in der Gruppenarbeit genutzte Anweisung, auf der Hinterseite des Bildes spontan einen Satz oder ein Wort zu notieren.[405]

Die entstehenden, durchwegs uneindeutigen Resonanzbilder können einzeln betrachtet oder in eine Sequenz gebracht werden. Die auswertende Betrachtung bleibt, falls eine Verbalisierung überhaupt erwünscht ist, zunächst phänomenologisch-beschreibend, in einem zweiten Schritt evtl. auch kommentierend. Eine offene Gruppendiskussion einer ForscherInnengruppe »in Resonanz zum Resonanzbild« mit hoher Deutungsabstinenz ist dem evtl. sogar noch vorzuziehen.

Opazität, Numinosität und Aporie haben, wie schon kurz angedeutet, gemeinsam – und das ist bei der Betrachtung von Narrativen wie von Bildproduktionen einzubeziehen – dass sie zusätzlich oder vielleicht auch im Kern einen *Gefühlston* aufweisen. Die Rede war etwa von Verwirrung, Ängstlichkeit, Freiheit etc. bei der Konfrontation mit opaken Begriffen oder von *tremendum und fascinosum* in der Begegnung mit dem Numinosen. Hier wird mit Uneindeutigem und Vieldeutigem (Gefühle) auf das ebensolche Opake reagiert. Emotionale Reaktionen sind zudem zunächst subjektive Reaktionen, eng und unmittelbar, d. h. meist ohne große kognitive Beteiligung erlebt und interpersonell höchst unterschiedlich, die sekundär kollektiviert werden. Dies gilt es zu bedenken, wenn Psychotherapiewissenschaft betrieben wird. In Ermangelung eines besseren Begriffes können wir hier von einer veritablen Gegenübertragungsreaktion sowohl der TherapeutInnen also auch der ForscherInnen sprechen, wenn sie sich, bewusst oder unbewusst, Opazität, Numinosität und Aporie gegenübersehen. Die in Teilen der qualitativen Sozialforschung

---

404 Vgl. dazu z. B. die elaborierte Bild- und Symboltheorie der Analytischen Psychologie, z. B. Riedel 2005.
405 In der Gestaltung eines Resonanzbildes soll in einer spontanen Reaktion auf einem weißen Papier, 18 x 21,5 cm, mit schwarzem Stift »einfach und sorgfältig« eine Stegreif-Skizze angefertigt werden.

bereits berücksichtigte subjektive Reaktion des/der ForscherIn[406], die Abhängigkeit des Erkenntnisprozesses und dessen Ergebnis vom jeweiligen und gerade gegebenen ›Standpunkt‹ des/der ForscherIn wird nun also, als apriorische Bedingung des Erkenntnisprozesses, infolge der Befassung mit letztendlich Unlös- und Unwissbarem zur Maxime jeglicher Psychotherapiewissenschaft. Eine heute in aller Munde geführte ›personalisierte‹ Psychotherapieforschung hat zuallererst bei der Person des/der ForscherIn anzusetzen.[407] In letzter Konsequenz bedeutet das die Notwendigkeit einer ausreichenden Selbsterfahrung auch für ForscherInnen, um sich selbst und der Forschungscommunity wirklich suffizient den eigenen Standpunkt vermitteln zu können. Wissenschaftliche Objektivität wird erreicht über die nachvollziehbare Vermittlung des Erkenntnisweges hin zum Forschungsergebnis, und nicht durch (ohnehin im Endeffekt nutzlose) Versuche, subjektive Beteiligungen auszuschalten.

Selbstverständlich hat auch eine skeptische, auf das Fragliche ausgerichtete Psychotherapieforschung Gütekriterien zu formulieren, denn eine das Nicht-Wissbare einbeziehende Forschung ist keine Annäherung an eine Beliebigkeit. Dabei gilt der altbekannte Grundsatz: »Die Gütekriterien müssen den Methoden angemessen sein«[408]. Zusätzlich zu den evtl. einsetzbaren Gütekriterien der durchaus dem konstruktivistischen Paradigma zuzuordnenden qualitativen Forschung schlechthin (genannt werden hier Verfahrensdokumentation, argumentative Interpretationsabsicherung, Regelgeleitetheit, Nähe zum Gegenstand, Kommunikative Validierung und Triangulierung)[409] sind dies:

- Kontext- und Subjektklarifikation (in welchem Umfeld wird von welchem/von welcher ForscherIn geforscht?) und damit zusammenhängend
- Authentizität und Wahrhaftigkeit
- Nachvollziehbarkeit (v.a. bzgl. des analogisierenden oder vergleichenden Argumentierens), »Triftigkeit« und Plausibilität
- Kommunizierbarkeit und Kommensurabilität (Vergleichbarkeit mit der bisherigen Forschung)
- Suffizienz (von Bild und/oder Verständnis)
- Sorgsamkeit und umfassende Stimmigkeit[410] und schließlich
- Nützlichkeit (Brauchbarkeit)

---

406 Hier findet man in den Sozialwissenschaften nicht selten den Begriff der ›ForscherInnensubjektivität‹ als Überbegriff über Haltungen, Werte, Selbst- und Weltbild, soziale und ökonomische Einbindungen, aber auch unbewusst-psychische Eigenschaften des/der jeweiligen ForscherIn. Gefordert wird im Anschluss daran deren Bewusstwerdung, Reflektion und auch Darstellung zu Beginn des Forschungsprozesses.
407 Dies gilt selbstredend auch für Forschungs*gruppen*, wo Aspekte der Machtverteilung und der Gruppendynamik zusätzlich zu berücksichtigen sind.
408 Mayring 2002, S. 142
409 Ebd.
410 Bzgl. der Stimmigkeit formuliert Müller (2023) das Achten auf das Gesamtbild, »in dem einerseits objektive Überzeugungen vorkommen, andererseits Werte, Normen, Leitprinzipien, kontrafaktische Wenn-dann-Meinungen, Haltungen, Grundüberzeugungen, Erinnerungen, Narrative, Schönheitsempfindungen und vieles mehr« (S. 98 f.).

Es wird deutlich: Eine solchermaßen erreichbare »Objektivität läuft also auf eine Form von intersubjektiver Verbindlichkeit hinaus«[411].

Psychotherapiewissenschaft ist auch eine auf konkrete Anwendung hin ausgerichtete Disziplin. Die Nützlichkeit – im Sinn eines Gewinnes für die Entwicklung der Disziplin aber auch im Sinne der praktischen Brauchbarkeit in der konkreten psychotherapeutischen Situation – der Ergebnisse der jeweiligen Forschungsarbeit etwa durch eine Befragung von PraktikerInnen nachzuweisen, ist deshalb mit Ausnahme der wenigen sich ausschließlich als grundlagenwissenschaftliche Arbeiten verstehende Beiträge ein bedeutsames Gütekriterium, ohne die Psychotherapiewissenschaft nun ausschließlich der Sparte der anwendungsbezogenen (statt der grundlagenbezogenen) Wissenschaften zuordnen zu wollen.[412] Jedoch: Die vielbeklagten Probleme der Transformation akademisch gewonnenen Wissens in die psychotherapeutische Praxis, das Thema des sog. ›Transfers‹ (nach wie vor wird der allergrößte Teil der akademischen Psychotherapieforschung in der Alltagspraxis der PsychotherapeutInnen nicht zur Kenntnis genommen oder hat auf diese keinerlei Auswirkungen), wäre sicher geringer einzuschätzen, wenn sich die Forschungsarbeit schon in der Bewertung ihrer Ergebnisse der Frage der Nützlichkeit stellen müssten.

Die positivistische Forschung einigte sich seit Langem auf den Konsens der sog. »klassischen« Gütekriterien Reliabilität, Validität und Objektivität. Die Entscheidungen zu den jeweiligen Gütekriterien einer fraglich-skeptischen Psychotherapiewissenschaft und über einen zu postulierenden Gütestandard können nicht einer Regel entstammen, sind subjektiv und kontextuell entstanden und müssen vom Forschungskritiker, der diese Kriterien an die Beurteilung einer wissenschaftlichen Arbeit anlegt, daher in jedem Einzelfall begründet werden. Es gibt keine letztendliche Beurteilung etwa im Sinne einer Notengebung, sondern die eingeschätzte Güte ist in eine Beschreibung, die einem Diskurs, ja einem konstruktiven Streit zugänglich sein muss, zu fassen, denn »der Diskurs ist eine Bewegung des Hin und Her. Das lateinische Wort *discursus* bedeutet Umherlaufen.«[413] Und zurück zur damit möglichen Arbeit an der Fraglichkeit: »Eine Äußerung ohne Fragezeichen hat keinen Diskurscharakter«.[414]

5.4.1.3 Kunstbasierte Forschung

Wenn die Seele etwas über sich erfahren will, wirft sie ein Bild vor sich hin und tritt in dieses hinein.
Meister Eckhart

In ▶ Kap. 4.5 haben wir die besondere Nähe der Kunst zum Opaken, Polysemantischen und zur Aporie beschrieben. Davon ausgehend ist es durchaus zwingend, sich über die Nutzbarmachung künstlerischer Methoden zu Annäherung an die-

---

411 Ebd., S. 79
412 Hier finden sich durchaus Berührungspunkte zum konstruktivistischen Kriterium der Gangbarkeit bzw. »Viabilität«. Sie beurteilt, nah am Pragmatismus, »diejenigen Ideen als wahr, die sich bewähren« (Greiner 2005, S. 48). Viel früher, nämlich schon 1928 meint C. G. Jung: »Wirklich aber ist, was wirkt«, (1995), GW Bd. 7.
413 Han 2021, S. 42
414 Ebd.

selben Gedanken zu machen. Ihre Fähigkeit, Nicht-Wissen auszuhalten und zu gestalten und kreative, nicht-lineare Erkenntnisprozesse anzuregen, macht sie auch als Grundlage von Forschung interessant. Es geht um Nutzung der »Erfahrung des Widerstreitenden, in das künstlerische Forschung eingebettet ist«, denn »ästhetisch-künstlerische Praxis erweitert bestehende Rahmungen und generiert neue Wissensbestände, ohne sich derer zu vergewissern. Das Tun findet in derartigen Suchprozessen keinen Abschluss, bleibt relativ [...]«[415] und entspricht so den Grundlagen des Opaken. Diese – durchaus kritisch diskutierte – Nutzbarmachung wird in akademischen Kreisen seit einigen Jahrzehnten unter dem Überbegriff der Kunstbasierten Forschung (Arts Based Research, ABR) vehement verhandelt. Die ist keine Variante der innerhalb der sozialwissenschaftlichen Forschung bereits etablierten rekonstruktiven Bildinterpretation oder der Bildwissenschaft.[416] Vielmehr versteht man darunter als Überbegriff die regelgeleitete Untersuchung künstlerischer Prozesse und Erzeugnisse zur Annäherung an (intra-)psychische aber auch soziale Dynamiken.

> »ABR exists at the intersection of art and science. Historically, art and science have been polarized, erroneously labeled as antithetical to each other. However, art and science bear intristic similarities in their attempts to explore, illuminate, and represent aspects of human life and the social and natural worlds [...] ABR is based on aestetic knowing.«[417]

Unterschieden wird dann anhand des Ausmaßes der Nutzung von künstlerischen Methoden bei ForscherInnen und Beforschten zwischen einer *arts-related*, einer *arts-informed* und der tatsächlichen *arts-based* Forschungspraxis.[418] Kunstbasierte Forschung hat ihre Vorläufer in der kunst- und psychotherapiewissenschaftlichen Geschichte, v. a. auch innerhalb von Psychoanalyse und Analytischer Psychologie[419]. Ihre erkenntnistheoretischen Grundlagen, oft im Schlagwort eines »aesthetic intersubjektive paradigm« zusammengefasst: »The *aesthetic intersubjective paradigm* refers to the intersubjective realities created and co-constructed through aesthetic – sensory and imaginal – knowledge, the investigation of which results in understanding multiple dimensions of human experience. These dimensions are typically unavailable by usual research approaches.«[420], decken sich in weiten Bereichen mit der in dieser Arbeit vertretenen Grundlagensicht auf Psychotherapiewissenschaft. »Der Bereich der Kunst ist seit Langem mit dem der akademischen Welt verflochten, von der Praxis der artes in den spätmittelalterlichen Klosterschulen bis hin zum heutigen postmodernen Abschied von der Trennung der Lebensbereiche der Kunst, des Wissens und der Moral, die die Moderne seit dem 18. Jahrhundert kennzeichnete«.[421] Kunstbasierte Forschung kämpft um den allgemeinen akademischen Zugang und sie hat, seit ihrer aktuellen Konzeption in den 1990er Jahren in den USA,

---

415 Hopf 2023, S. 123 f.
416 Vgl. z. B. Przyborski u. Wohlrab-Sahr 2014, S. 315 ff.
417 Leavy 2018, S. 5
418 Gerber u. a. 2020
419 Zu nennen ist z. B. C. G. Jungs Rotes Buch, Freuds Einlassung von 1885 bzgl. seines novellenartigen Schreibstils (GW Bd 1) oder D.W. Winnicotts Schnörkel- oder Kritzelbilder.
420 Chilton, Gerber u. Scotti 2015, S. 10
421 Borgdorff 2011, S. 69

5.4 Psychotherapiewissenschaft als wiederum eigenständige Wissenskultur

inzwischen weite und internationale Kreise gezogen mit der Hoffnung, auch universitär endlich eine anerkannte Forschungsmethode zu entwickeln, die es neben den etablierten quantitativen und qualitativen Strategien erlaubt, komplexe und nicht unmittelbare Zugänge zum menschlichen Erleben (hier v. a. des/der ForscherIn und des/der zu Beforschenden) zu schaffen. Natürlich ist Kunstbasierte Forschung auch Forschung am und mit dem Bild. Allerdings sind sämtliche anderen Kunstformen hier ebenfalls denkbar und werden inzwischen erprobt. Überhaupt scheint der Kunstbegriff in den inzwischen vielfältigen Anwendungen von Kunstbasierter Forschung wenig klar gefasst, was v. a. auch seiner eigenen Opazität geschuldet ist. Kunstbasierte Forschung beruht auf der Erkenntnis, dass Kunst sich »abseits konventionalisierter Kausalbeziehungen, abseits des identifizierenden Denkens, das Dinge auf eindeutige Begriffe bringt und in eindeutige Beziehung zueinander setzt« bewegt.[422] Dabei wird von einer Form von künstlerischem Wissen ausgegangen, das den herkömmlichen Wissensformen beigestellt werden kann, das diesen aber bei manchen Forschungsfragen (z. B. im Umfeld des Opaken) auch überlegen zu sein scheint. Es stellt sich, so die amerikanische Jungsche Psychoanalytikerin und Künstlerin Susan Rowland, also die Frage, »How to make knowledge through art«. Der künstlerische Prozess erfolgt in ihrer Auffassung durch den/die ForscherIn, das Ergebnis ist ein Kunstwerk, das dann in der Welt ein »eigenes Leben« hat, sinngenerierend, autonom, wissenschaffend. Im Gegensatz zur klassischen Qualitativen Forschung steht in der ABR das Forschungsergebnis als Kunstwerk nicht nur in Beziehungen (zwischen ForscherIn, ForschungsrezipientIn und Beforschtem/Beforschter), sondern primär für sich allein und kann und soll immer wieder reinterpretiert werden. Kunstwerke »können sich tatsächlich den Absichten ihres Schöpfers entziehen«[423] und ermöglichen so eine andere, neue und von den zunächst beteiligten Personen unabhängige Form der Erkenntnis. Rowland stellt in diesem Vorgehen Ähnlichkeiten mit der ästhetischen Hermeneutik fest.[424] Kunstbasierte Methoden können darüber hinaus auch zur Datensammlung (sowohl aufseiten des/der ForscherIn als des/der Beforschten) genutzt werden.

Kunstbasierte Forschung lässt sich im Anschluss daran auch nicht in einen bestimmten Methodenkanon einbinden: »ABR, while embodying pluralistic ontologies andeclectic epistemologies, simultaneously resists rigid classifications and methodologies«[425]. Die Methoden der Kunsttherapeutischen Forschung beziehen grundsätzlich alle Kunstformen ein, wenn auch bisher eindeutige Schwerpunkte auf der Bildenden Kunst und der Literatur liegen. Auch wenn Kunstbasierte Forschung bisweilen als künstlerische Forschung, als ästhetische Forschung beschrieben wird,[426] die das Kompetenz- und Wissensspektrum von KünstlerInnen nötig macht.

Ein aktuelles Beispiel finden wir in der Methode des »Harvesting« des Künstlerkollektivs *ruangrupa* auf der documenta Kunstausstellung 2022. Als Harvest bezeichnen sie eine künstlerische Methode der Erfassung von Wissen und Prozess einer

---

422 Brandstätter 2008, S. 22
423 Barnes 2022, S. 423
424 Rowland 2020
425 Gerber u. a. 2020., S. 5
426 Vgl. z. B. Tröndle u. Warmers 2011

Diskussion oder einer Versammlung *(majelis)*. »Die Harvester hören zu, reflektieren, schildern den Prozess aus ihrer je eigenen Perspektive, Herangehensweise und künstlerischen Praxis heraus. Harvests können die Form eines Notizzettels, einer geschriebenen Geschichte, einer Zeichnung, eines Films, eines Tondokuments oder eines Memes haben.«[427] Andere Beispiele kunstbasierten Forschens sind z. B. die Resonanzbildmethode von Gisela Schmeer, genutzt als Forschungsinstrument (s. o.) oder auch die (Psychotherapie-)Forschung mittels des sog. Psycho-Bild-Prozesses (PBP), wie er an der SFU in Wien entwickelt wurde.[428]

Kunstbasierte Forschung benötigt nicht den/die KünstlerIn als ForscherIn, auch wenn dieser/diese künstlerische Mittel nutzt. Gefordert ist aber ein »artistic mind and worldview (that) refers to the capacity for: attunement, engagement, and reflection within and between the imaginative arts process and the participant, attentiveness to free associative wanderings; tolerance and receptivity to the unknown, ambuguity, and the dialectical dialogue; and the paradicmatic shift of the multiple roles of the researcher as paticipant, artist, and investigator«.[429] Auch wenn diese Elemente keine künstlerische Ausbildung zwingend voraussetzen: Eine Supervision des forscherischen Prozesses durch einen/eine KünstlerIn ist hierbei wohl anzuraten.

5.4.1.4 (Aktive) Imagination als Forschungsmethode

In der Heterogenität der Ansätze zur Kunstbasierten Forschung gibt es auch namhafte Stimmen, die diese mit Imagination in Verbindung sehen, ja nicht selten das äußere Kunstschaffen als der Imagination nachgeordnet betrachten und eine »imaginatively driven arts-based inquiry« beschreiben.[430] Imagination als Forschungsmethode komplexer, nicht direkt zugänglicher Wissensbestände zu etablieren ist im akademischen Bereich sowohl aufseiten der psychoanalytischen als auch der kunstbasierten Forschung anzutreffen und weist eine unmittelbare Nähe zu der Art von Forschung auf, die im Umfeld von Opazität und Aporetik notwendig erscheint: »To imagine is tthe capacity to go beyond the established, agreed reality and experiment with new combinations of meaning. When imagination is unleashed, meanings gain freedom and new knowledge can arise. This is because imagination adopts a fluid and less fixed view of meaning, encouriging ingenuity, spontanity and novelty. [...] Imagination in research is meant to offer new intelligibillities and creatively construct new realizies«[431] so die niederländische Wissenschaftlerin Camargo-Borges. Sie bringt diesen Forschungsansatz auch in Zusammenhang mit einer sozialkonstruktivistischen Erkenntnistheorie, die wir oben auch als Bestandteil einer adäquaten Forschungsauffassung im aporetischen Zusammenhängen erkannt haben.

---

427 https://documenta-fifteen.de/news/harvester-und-das-sammeln-von-harvests-bei-der-documenta-fifteen
428 Z. B. Greiner u. a. 2013
429 Gerber 2022, S. 41 f.
430 Ebd., S. 40
431 Camargo-Borges 2018, S. 92 f.

5.4.2 Der Stellenwert positivistischer[432] Forschung

Eine *Psychotherapiewissenschaft des Geheimnisses* stellt auch eine Kritik der Dominanz des »wissenschaftlichen Realismus« als heute »herrschende Ansicht«[433] und damit des Positivismus durchaus im Sinne Nietzsches dar, der bereits im ausgehenden 19. Jahrhundert die Rolle der Interpretationen vor der Behauptung von Tatsachen hervorhob.[434] Im Lichte der bis hierhin dargestellten Grundzüge einer zeitgemäßen Psychotherapiewissenschaft und deren Grundbegriffe der Opazität und Aporie kommt den in weiten Teilen der akademischen Psychologie dominierenden positivistisch unterlegten Forschungsauffassung natürlich eine gewisse Bedeutung zu, ist doch auch sie als eine Wissenskultur zu verorten. »Die positiven Wissenschaften« haben »das Feld der alten metaphysischen Spekulationen besetzt«[435], ohne sich die kritisch vor Augen zu führen. Problematisch ist zuallererst ihr oft beobachtbarer szientistischer Anspruch auf eine – durch einen hinter dem Positivismus »versteckten« Materialismus [436]und durch Verschwisterung mit Naturalismus und Physikalismus gestärkte – Alleinherrschaft statt einer möglichen Polyphonie psychotherapiewissenschaftlicher Zugänge.[437] Es entsteht dadurch die Gefahr, die »schiere Faktizität des bloßen Vorhandenseins« als einzige Form von Realität anzuerkennen und »die Weltbeziehung auf die Kausalität reduziert« zu betrachten.[438] Gleichzeitig ist die Tendenz zu beobachten, die »philosophische Einsicht, dass sich objektive Fakten nicht sauber von Werten und Normen trennen lassen« zu ignorieren[439]. Jedoch ist erkenntnistheoretisch bereits gut herausgearbeitet, dass die »Auffassung, das Bewusstsein müsse sich in die Naturordnung einfügen lassen« zu bestimmen ist »als die neueste Mythologie, der jüngste Versuch, alle Phänomene, die für die Erklärung menschlicher Handlungen relevant sind, in ein allumfassendes Strukturganzes einzufügen«[440]. Eine wissenschaftliche Betrachtung von Psychotherapie kann sich, nimmt man ihre historische Begrifflichkeit ernst, nicht erschöpfen in der Erforschung dessen, was in einer psychotherapeutischen Praxis oder Klinik beobachtbar, von den Beteiligten erfragbar oder physiologisch messbar (Cortisolspiegel, NMR) ist, will man nicht von Anfang an einem erkenntnistheoretischen und methodischen Reduktionismus verfallen.[441] »Das moderne wissenschaftliche Er-

---

432 Mit ›positivistisch‹ ist an dieser Stelle eine Wissensform beruhend auf direkt wahrnehmbaren, überprüfbaren, also tatsächlichen Fakten und damit der Bevorzugung bestimmter, am Experiment orientierter empirischer Herangehensweisen gemeint. Dazu werden hier auch probabilistisch-induktive Herleitungen subsummiert.
433 Žižek 2023, S. 348
434 Nietzsche 1999a, Bd. 12
435 Žižek 2023, S. 348
436 Sartre 1994, S. 159
437 Auf die Entwicklung großer Teile des Positivismus heraus aus dem ursprünglich kritisierten Materialismus sei hingewiesen.
438 Han 2023, S. 58
439 Müller 2023, S. 11
440 Gabriel 2020, S. 72
441 Im Übrigen kann es durchaus noch als fraglich gelten, ob diese empirischen Maße überhaupt tatsächlich etwas mit Psychotherapie zu tun haben. Sie werden auch etwa in pharmakologischen Zusammenhängen oder in der Marktforschung erhoben, sind also

kennen bringt uns in den ständig wachsenden Besitz von Wissen und Können. Unter dem suggestiven Eindruck dieser Erfolge sieht der unkritische Verstand in dem, was er erkennen und machen kann, alles, was ist. [...] Überträgt der unkritische Verstand seine Weise des Wissens und Könnens in der Welt auf das Ganze der Welt, dann macht er sich ein vermeintlich wissenschaftliches Weltbild. Die Folge ist die Entzauberung der Welt durch den Wissenschaftsaberglauben.«[442] und eine nahezu universelle Gültigkeitsbehauptung kausaler Begründungsketten. Wie viel Entzauberung aber verträgt (und benötigt) die Psychotherapiewissenschaft? Der Gegenstand der Psychotherapieforschung kann auch nicht psychologisch auf das Erleben und Verhalten des Menschen begrenzt werden[443] und Psychotherapiewissenschaft widersetzt sich notwendigerweise einem »Dataismus«, der »alles, was ist und sein wird, errechnen«[444] und mittels einer Konzentration auf Daten und Informationen quantifizierbare und universelle Transparenz[445] herstellen möchte. Der Kieler Philosoph Ralf Konersmann macht es gar zu einer Frage der Ethik, dem Metrischen, dem Messen also, zu entsagen und arbeitet heraus, dass »die Erwartung, dass Zahlen eine Evidenz erzeugen, der wir dann nur noch zu folgen brauchen«, sich »Mal um Mal als Irrtum herausstellte«. Der »Zauber der Zahlen« stelle, und das ist in Bezug auf unsere Arbeit am Opazitätsbegriff besonders relevant, »Vergewisserungsangebote« im Kampf gegen die verunsichernden Vieldeutigkeiten bereit.[446] Diese fast als Gleichsetzung daherkommende Auffassung von Zahlenwissenschaft und Wissenschaft schlechthin steht in der Gefahr, »quasireligiöse« Bedeutung zu gewinnen und das mit positivistischen Methoden gewonnene Wissen mit einem »spirituellen Anspruch« zu versehen in der Hoffnung, dadurch auch »eine existenzielle, eigentlich eine transzendentale Sicherheit« zu erlangen.[447]

Auch, aber nicht nur, bei einer zusätzlichen Einbeziehung des Unbewussten kommt die Komplexität bzw. Ganzheit des Seelischen hierbei zu kurz. Psychotherapie ist auch nicht nur »das, was ein Therapeut tut«[448] und wie der Patient/die Patientin darauf reagiert. Erschwerend kommt eine ›Selbstbeschränkung‹ positivistischer Forschung zumindest auf dem Gebiet der Psychotherapie hinzu, da trotz erheblicher, auch wissenskultur-interner Kritik[449] (v.a. die mangelnde und für die psychotherapiepraktische Anwendung zentrale externe Validität einer solchen »Evidenzbasierung« wird hier besonders hervorgehoben) an der Überlegenheit randomisierter Kontrollgruppenstudien festgehalten wird und alle anderen innerhalb und außerhalb dieses Designs anzutreffenden Forschungsstrategien als minderwertig eingestuft sind.

---

zumindest nicht PT-spezifisch, sondern markieren einen Schnittbereich zwischen PT und anderen Disziplinen.
442 Jaspers 1979, S. 98
443 Vgl. z. B. Fischer 2011
444 Han 2021, S. 19 f.
445 Han 2023
446 Konersmann 2022, S. 117
447 Juli Zeh in Flaßpöhler 2022, S. 17 f.
448 Linden u. Langhoff, 2010, S.403
449 Vgl. z. B. Westen u. Morrison 2001

Die Berliner Psychologin und Psychoanalytikerin Benigna Gerisch wies in jüngerer Zeit anhand der psychologischen Digitalisierungsforschung eindrücklich auf die in allen Lebensbereichen anzutreffende und sich verstärkende Metrisierung und Berechnung, d. h. der Allgegenwart der Quantifizierung quasi als Zeitgeistphänomen hin. Durch die dadurch möglich werdende zahlenmäßige Erfassung von Effektivitätsgraden wurde der ökonomischen Logik gesellschaftlich und auch im psychotherapeutischen Sektor Tür und Tor geöffnet. Und sie kann Anpassungs-, Unterwerfungs-, Selbstoptimierungs- und Kontrollphantasmen als zugrundeliegend ausmachen.[450]

Der positivistische Ansatz hat nun in Bezug auf die Psychotherapiewissenschaft eine doppelte Relevanz. Zum einen ist er zusammen mit seiner ihm treuesten psychotherapeutischen Schulrichtung, der Verhaltenstherapie, Teil des psychotherapiewissenschaftlichen Feldes, ist eine Wissenskultur unter mehreren und hat hierin seine Position einzunehmen. Wie die forschungslogischen Konsequenzen aller anderen psychotherapeutischen Wissenskulturen, ist auch dieser Ausschnitt empirischer Forschung geeignet, Facetten von dem auszuloten, was der Psychotherapie-Begriff ursprünglich und eigentlich meint, und bildet Aspekte des Opaken ab. Zum andern ist der mit ihm verbundene (naive) Realismus, also die Einschätzung, dass (hier: psychische und psychotherapierelevante) Wirklichkeit nicht sozial und logisch oder sprachlich konstruiert, sondern tatsächlich und objektiv vorliegt und zudem mittels Forschung erkannt werden kann, der schärfste Kritiker einer skeptisch-kontextuellen Grundhaltung. Psychotherapiewissenschaft als skeptische Disziplin hat sich, wie bereits erwähnt, eine skeptische Betrachtung gefallen zu lassen und hier leistet die positivistisch-realistische Sicht einen bedeutenden und engagierten Beitrag. Dabei ist kritisch festzustellen, dass gerade diese Wissenskultur durch ihre nun bereits historische Verschwisterung mit soziologischen und medienpsychologischen Prozessen der Vernaturwissenschaftlichung der gesamten Gesellschaft und der damit verbundenen Tendenz zur radikalen Instrumentalisierung dazu neigt, einen Alleinanspruch auf die Generierung von gültigem Wissen zu besitzen und die eigenen, weitreichenden Vorannahmen, die in der angewandten Methodik stecken, nicht zu reflektieren. Durch das für die (Psychotherapie-)Wissenschaft evtl. fatale Selbstmissverständnis, eine universale Einheitswissenschaft zu vertreten,[451] wird zu oft vernachlässigt, dass »der wirkliche Arbeitsalltag des ›working scientist‹ im Laboratorium im allgemeinen so aussieht, dass er im Dienste eines Systems steht, das ihm ein logisches Instrumentarium zur Verfügung stellt und experimentelle Daten liefert, womit er dann Produkte herstellt, die publiziert werden können.«[452] Dazu treten reale Machtverhältnisse in wissenschaftlichen Beiräten von Journals und Kongressen oder aber in Berufungskommissionen von Universitäten, die dafür sorgen, dass Dissonanzen reduziert bleiben und ökonomische Ressourcen nicht zu

---

450 Gerisch 2021
451 Man fühlt sich hier erinnert an Jürgen Habermas oft zitierten Satz des »szientistischen Selbstmissverständnisses« der Psychoanalyse in seinem bahnbrechenden Werk aus dem Jahre 1975: Erkenntnis und Interesse (Habermas 1994).
452 Greiner 2005, S. 34

viele Anwärter auf den Plan rufen.[453] Der kommunikationswissenschaftliche Mechanismus der Konsonanz sorgt zudem sehr sublim dafür, dass diejenigen wissenschaftlichen Methoden immer wieder rezipiert werden, die ohnehin schon die Mehrheit der Veröffentlichungen bestimmen. Solche Mechanismen erzeugen einen Konformitätsdruck und suggerieren schließlich einen positivistischen Konsens der akademischen (psychologischen bzw. psychotherapeutischen) Elite. Diese Tendenz positivistischer Denkrichtungen, sich als überlegene Wissenschaftskultur zu stilisieren, ist zu kritisieren, natürlich aber ohne den Beitrag, den sie für ein Gesamtbild von Psychotherapie zu leisten vermag zu schmälern.

5.4.3 Einige Konsequenzen für Ausbildung und Praxis

Die bisherigen Argumente sprechen für die Beibehaltung eines schulenorientierten psychotherapeutischen Ausbildungssystems. Dies allerdings unter klaren Voraussetzungen. Folgendes muss gewährleistet sein:

1. Jede Schulrichtung ist verpflichtet ihre Grundannahmen im Sinne der philosophischen Ebene des Strukturmodells offenzulegen und die Ein- und Ausschlusskriterien (was gehört zu dieser Schulrichtung und was nicht) zu explizieren. Dies setzt auch voraus, dass die ›Angehörigen‹ eines Schulsystems sich ihrer eigenen Sicht auf Welt, Mensch und Leid bewusst werden.
2. Das bedeutet, dass die der Schulrichtung zugrundeliegenden philosophischen, soziologischen und psychologischen Ebenen dem Menschenbild des/der AusbildungskandidatIn entsprechen. Zur Herstellung dieser Kongruenz zwischen dem Selbst-, Menschen- und Weltverständnis der AusbildungsteilnehmerInnen und dem der Schulrichtung ist eine gewisse »Selbsterfahrung« im Sinne einer Selbstreflexion bereits vor Beginn der Entscheidung für eine Schulrichtung vonnöten: »Die weltanschauliche Auseinandersetzung ist eine Aufgabe, die sich die Psychotherapie unweigerlich selber stellt [...], die Frage der Maßstäbe, mit denen gemessen werden soll, und die der ethischen Kriterien, die unser Handeln bestimmen sollen, muss irgendwie beantwortet werden, denn gegebenenfalls erwartet der Patient Rechenschaft über unsere Urteile und Entscheidungen. [...] Mit anderen Worten fordert also die Kunst der Psychotherapie, dass sich der Therapeut im Besitze einer angebbaren, glaub- und verteidigungswürdigen, letzthinnigen Überzeugung befinde [...]«[454].
3. Die jeweilige Schulrichtung muss sich der Begrenztheit des je eigenen Ansatzes bewusst sein, diesen auch kommunizieren und in die Ausbildung einbringen.

---

453 In jüngerer Zeit entwickelte Barth (2021) aus einer historisch-wissenssoziologischen Sicht ganz ähnliche Sichtweisen heraus aus der These eines dem Monotheismus struktural ähnlichen positivistisch-naturwissenschaftlichen Paradigmas mit einem ähnlichen »Anspruch auf universale Wahrheit« (S. 9) und einer ähnlichen Gewaltausübung »durch die Verdrängung divergierender Weltsichten im intellektuellen Diskurs, im universitären Bereich und über den Umweg der Einflussnahme auf Politik und Ökonomie« (S. 67).
454 Jung 1943 (1995), GW 16 §179

4. Zur Identifikation mit der eigenen schulorientierten Ausbildung muss ein anerkennender Respekt der Zugänge der anderen Schulrichtungen kommen, die ja eben auch einzelne Zwiebelschalen des Opaken abzubilden vermögen. Dazu ist eine breite Kenntnis auch anderer Schulrichtungen vonnöten. Dies dient zum einen dazu, einzelne Elemente anderer Richtungen zu integrieren, wenn diese tatsächlich übersetzbar sind. Zum andern aber dient es dem Zusammendenken der verschiedenen Schulansätze zu einer möglichst umfassenden Annäherung.
5. Die AusbildungskandidatInnen werden bei der Suche nach Passung zwischen ihrer Persönlichkeit und der jeweiligen therapeutischen Schulrichtung unterstützt.[455]
6. Die Einigkeit aller Schulrichtungen und der sie überspannenden Psychotherapiewissenschaft liegt im Respekt und in der Anerkennung eines letztlich Vieldeutigen und Unwissbaren.

Kurzer Exkurs: Supervision und die Psychotherapieschulen

Supervisorisches Handeln finden wir in den deutschsprachigen Ländern in sehr heterogenen gesellschaftlichen Feldern. Dabei ist die Supervision von angrenzenden Methoden wie der Selbsterfahrung oder dem Coaching klar abgrenzbar. Auch die Supervisionssettings weisen eine gewisse Heterogenität auf, und mit der Anwendung von Supervision in verschiedenen institutionellen Feldern ändert sich die explizite, aber auch die oft unausgesprochene Aufgabenstellung an den/die SupervisorIn. Wir beschränken uns hier auf die Supervision im psychotherapeutischen Ausbildungskontext, wenn auch viele der in diesem Feld gewonnenen Erkenntnisse auf Supervision im Allgemeinen übertragbar sind.

Seit Freud besteht die Ausbildung in einem psychotherapeutischen Verfahren aus einer Dreiteilung aus Theorievermittlung, Selbsterfahrung (Eigentherapie) und Supervision. V. a. letztere ist in jüngerer Zeit in den Fokus berufspolitischer, aber auch wissenschaftlicher Aufmerksamkeit geraten. Im Ausbildungsbezug erfolgt Supervision stark institutionell, d. h. psychotherapieschulenspezifisch eingebunden. Die SupervisorInnen werden nach oft nicht transparenten Kriterien und bisweilen auf Lebenszeit ernannt, ihre Qualifikation ist oft kaum nachgewiesen (etwa durch eine Supervisionsausbildung). Der Auftrag an die Supervision ist hierbei dreigeteilt:

1. Der moralisch-soziale Auftrag: Der/die SupervisandIn soll ein/e »gute« PsychotherapeutIn werden.
2. Der schulenspezifische Auftrag: Es sollen diejenigen Kompetenzen und Fertigkeiten vermittelt werden, die im jeweils vorliegenden Therapieverfahren propagiert werden.

---

455 Dieser Faktor trägt v. a. den Befunden Rechnung, dass die TherapeutInnenpersönlichkeit und ihre Identifikation mit der angewandten Schulrichtung ein bedeutsamer Prädiktor für Therapieerfolg sein könnte Rechnung, ▶ Kap. 2.

3. Der institutionelle Auftrag: Es soll zu einer gewissen Identifikation mit dem gelehrten Therapieverfahren und damit zu einer gewissen Bindung des/der SupervisandIn an das Verfahren und die Ausbildungsinstitution kommen, auch um letzteres ökonomisch abzusichern.

Der uns besonders interessierende zweite Punkt weist diverse Implikationen auf. So ist z. B. nicht nur die zu lehrende Psychotherapiemethode schulenspezifisch, sondern alle ernstzunehmenden Therapieschulen haben inzwischen auch eine eigene Supervisionstheorie und Praxis entwickelt. Hier z. B. eine Definitionsvignette aus der psychodynamischen Schule:

> »Eine Supervision/supervisorische Reflektion ist dann ›psychodynamisch‹, wenn sie die *Beziehung* zwischen den an der Supervision Beteiligten (PatientIn bzw. Patientengruppe, SupervisandIn bzw. Supervisandengruppe, und SupervisorIn) in den Fokus stellt und ›mit dem Unbewussten gerechnet‹ wird. [...] Sie erfordert eine fundierte psychodynamische Grundausbildung mit suffizienter Selbsterfahrung, um unbewusste Komplexe sowie verborgene Befürchtungen oder Wünsche auch der SupervisandInnen einbeziehen zu können. Die Reflexion der Beziehung zum Supervisor erfolgt hierbei auch auf der Grundlage der Vermutung, dass Anteile der unbewussten Verstrickung etwa von PatientIn und TherapeutIn, sich in der Beziehung von SupervisorIn und SupervisandIn widerspiegeln.«[456]

Psychotherapiesupervision im Ausbildungskontext ist durch diesen ganzheitlichen Aspekt (sowohl der Gegenstand wie auch die Methode der Supervision erfolgt nach den Grundsätzen der therapeutischen Schule), professionell durchgeführt, durchaus schulenidentitätsbildend wirksam. Hinzu kommen institutionelle Besonderheiten, die durch die Tatsache einer Supervision quasi vor dem Publikum der Ausbildungsinstitution begründet ist. In vielen Ausbildungskontexten ist es üblich, dass AusbildungsteilnehmerInnen ihre supervidierten Behandlungsfälle schriftlich oder in Kasuistischen Fallseminaren der Institutsöffentlichkeit vorstellen. Damit und durch die allbekannte Tatsache, dass SupervisandInnen in einem regen Austausch über ihre SupervisorInnen stehen, ist auch der/die SupervisorIn unter Beobachtung und einer Bewertungssituation ausgesetzt, es kommt zu narzisstischen Gefährdungen auch der SupervisiorInnen mit der Gefahr, besonders rigide die Normen und Regeln der in der jeweiligen Institution vertretenen Therapieschule zu betonen. Dabei ist aufgrund des bisher zu den Psychotherapieschulen Festgestellten von der Gefahr einer Ausschließlichkeitsentwicklung bzgl. der Sicht der AusbildungskandidatInnen auf das Gebiet der Psychotherapie auszugehen, die das reflektierte Nebeneinander der Schulen nicht wirklich einübt. Zu diesem Zweck könnte ein gewisses Stundenkontingent *schulenfremder* Supervision vorgeschlagen werden. Sie würde neben dem Erwerb eines gewissen *Respekts* vor dem, was *die Anderen* tun und denken, auch, quasi als Nebeneffekt, die Möglichkeiten und Grenzen einer übersetzerischen Arbeit wie oben beschrieben aufzeigen.

Der Rahmengebung einer psychotherapiewissenschaftlich hergeleiteten skeptischen Fraglichkeit folgend, hätte die Supervision (und die sie idealerweise

---

456 Vogel 2016b, S.12

> begleitende Selbsterfahrung/Lehrtherapie) zudem den Auftrag, Ungewissheit, Unsicherheit etc. zunächst auszuhalten und dann auch gewinnbringend nutzen zu können.

Die Anerkennung von Opazität, Numinosität und Aporetik hat nicht nur wissenschaftliche, sondern auch unmittelbar psychotherapiepraktische Konsequenzen. Tiefenpsychologische Autoren[457] wiesen schon in der Geschichte der Psychotherapie immer wieder darauf hin, dass therapeutisch Tätige die Fähigkeit, Ungewissheit und Unwissenheit auszuhalten, konstitutiv benötigen. Darin liegt ein Plädoyer für einen grundsätzlich phänomenologischen psychotherapeutischen Zugang, aber nicht nur das. Das letztendliche (Therapie-)Ziel des/der PatientIn muss ebenso »offengelassen« werden wie der »individuelle Heilungsweg«[458], und nur wenn die Psychotherapiewissenschaft in ihrem Anerkennen und Umgang voraus geht, können die praktizierenden TherapeutInnen sich dieser Herausforderung stellen. Vielleicht können gar die uns in den Worten und Gefühlen unserer PatientInnen begegnenden Klagen und Nöte als Varianz eines Leidens unter dem Gewahrwerden von Unwissenheit gedeutet werden, wie wir das bei den Theorien des Zusammenhangs zwischen Psychopathologie und »mangelnder Todestranszendenz«[459] bereits gesehen haben.

5.5 Zusammenfassung

Die sich aus der psychotherapeutischen Praxis ergebenden Überlegungen zur Natur der psychotherapeutischen Gegenstände und ihrer Begriffsfassungen führen zu einer differenzierten und erkenntnisskeptischen psychotherapiewissenschaftlichen Grundlegung: Die Begriffe, zumindest die psychologischen Kernbegriffe der Psychotherapie(-wissenschaft) sind primär als opak zu kennzeichnen. Eine eindeutige und direkte Bestimmbarkeit oder gar Operationalisierbarkeit erscheint nicht möglich, vielmehr verbleiben die Begriffe in einem weiten Bedeutungsraum und zeigen eine Polysemie, ja bisweilen sogar Ambiguität, die bestimmt ist vom jeweiligen Ausgangspunkt der Begriffsbetrachtung. Prominenter Ausdruck davon ist eine notwendige Heterogenität therapeutischer Schulrichtungen. Hier findet eine zeitgemäße Psychotherapiewissenschaft Anschluss an ein gesellschaftliches Bemühen und Pluralität und Diversität, Diversitätsbewusstsein und Diversitätstoleranz. »Diversity Management«, verstanden als Validierung, Erforschung, Entwicklung und Nutzung von Vielfältigkeit wird eine vornehme Aufgabe auch der Psychotherapiewissenschaft.

---

457 Vgl. z. B. wie C. G. Jung1935 (1995), GW 16 oder Bion 1970
458 Jung 1935 (1995), GW 16, §11
459 Yalom 2000

5 Schlussfolgerungen

Neben einer eher kognitiv orientierten Bestimmung von Opazität ist auch auf deren affektive Komponente hingewiesen, die z. B. in Verunsicherung und dem Erleben von Numinosität bestehen kann.

Es ergibt sich daraus eine Form der Aporie, also eines Bearbeitens des Nicht-Wissbaren und Nicht-Lösbaren als Grundlegung des psychotherapiewissenschaftlichen Zugangs zu diesen Begriffen und in einem zweiten Schritt zu den von ihnen annähernd zu beschreiben versuchten Gegenständen.

Die Sichtung der vielfältigen Zugänge zu den opaken Grundbegriffen lenkt das Augenmerk auf die im psychotherapeutischen Feld anzutreffenden Schulenbildungen. Psychotherapeutische Schulen werden in ihren Strukturmerkmalen aufgezeigt, der Begriff der psychotherapeutischen Schule ist damit hierarchisch abgegrenzt von psychotherapeutischen Verfahren oder auch Ansätzen etwa der »Esoterik-Szene« oder der Lebenshilfe. Schulen sind als subjektiv und intersubjektiv-soziokulturell bestimmte Wissenskulturen zu fassen und im Hinblick auf die grundlegende Opazität der psychotherapiewissenschaftlichen Gegenstände zu verstehen als diskursiv-konstruktive Umkreisung des nicht endgültig Wissbaren. Jede Therapieschule entwickelt also eine spezifische Sicht auf einen opaken Gegenstand, die meist nicht durch die Sichtweise anderer Schulrichtungen ersetzt oder vollständig in diese überführt werden kann, sondern genuin ist.

Es wurde in der vorliegenden Arbeit schließlich versucht, Konsequenzen für die Psychotherapiewissenschaft als eigenständige Wissenschaftsdisziplin abzuleiten. Dabei wurden die Vorgänge und Gegebenheiten des psychotherapeutischen Feldes mithilfe von in der Philosophie, v. a. der Epistemologie beschriebenen Prozesse der Wissensgenerierung und -behauptung gefasst. Dies geschah immer an der psychotherapeutischen Praxis orientiert und jeweils ausschnitthaft, bewusst das Risiko der Vereinfachung und Segmentierung großer philosophischer Gedankengebäude eingehend, sie dadurch aber für den vorliegenden konkreten Gegenstand nutzbar machend. Heterogene, aber doch einem erkenntnistheoretischen Cluster zuordenbare wissenschaftstheoretische Disziplinen wie der Konstruktive Realismus, der Sozial- bzw. Interaktionelle Konstruktivismus und Kontextualismus aber auch subjektivistische Annahmen, sowie der Skeptizismus standen hierbei Pate und eine moderne Psychotherapiewissenschaft wurde mit den Hauptbegriffen der »skeptischen Fraglichkeit« umschrieben. Diese werden als ›Programm‹ einer Psychotherapiewissenschaft, aber auch einer adäquaten Rezeption wissenschaftlicher Erkenntnisse und schließlich auch einer psychotherapeutischen Praxis betrachtet. Der Psychotherapiewissenschaft wird schließlich ein zweigeteiltes Aufgabengebiet zugeordnet. Zum einen hat sie als kritisch-selbstreflexiv außerhalb der therapeutischen Einzel-Wissenskulturen stehend die Aufgabe, diese kritisch zu umfassen, kritisch zu verstehen und schließlich aufeinander zu beziehen. Zum andern entwickelt sie, als notwendige Ergänzung der bestehenden Wissenskulturen und sich damit in deren Gesellschaft eingliedernd, eigene wissenschaftliche und forschungspraktische Ansätze (eine eigene Aporetik also) der Annäherung an das Opake.

Opazität und Aporetik führen die Psychotherapiewissenschaft in die Nähe des *Seelen*begriffs, wenn wir zur Seele eine unbewusste, gewissermaßen unergründliche Dimension«[460] konstituierend zuschreiben.

In einem letzten Abschnitt wurde beispielhaft aufgezeigt, dass diese hier entwickelte psychotherapiewissenschaftliche Grundlegung direkte Auswirkungen auf die psychotherapeutische Ausbildungspraxis haben muss, die einerseits die AusbildungskandidatInnen auf den Umgang mit dem Opaken vorzubereiten und andererseits eine die Heterogenität der psychotherapeutischen Wissenskulturen respektvoll berücksichtigende Ausbildungskultur aufzubauen hat.

---

460 Cheng 2018, S. 341

Literatur

Alloa, E. (2018): Das durchscheinende Bild: Konturen einer medialen Phänomenologie. Zürich: Diaphanes Müller Verlag
Adams, M. V. (2008): The Jungian Study of the Imagination. In: Marlan, St. (Hg.): Archetypal Psychologies: Reflections in Honor of James Hillman, New Orleans: Spring Journal Books. S. 225–242
Agnetta, M. (2018): Zum Potenzial semiotischer Grenzen oder Der Übersetzter als Grenzgänger und Brückenbauer. In: ders. (Hg.): Über die Sprache hinaus. Translatorisches Handeln in semiotischen Grenzräumen. Hildesheim: Universitätsverlag. S. 11–40
Amlinger, C., Nachtwey, O. (2022): Gekränkte Freiheit. Aspekte des libertären Autoritarismus. Berlin: Suhrkamp
Arbeitskreis OPD (Hg.) (2014): OPD-2 – Operationalisierte Psychodynamische Diagnostik. Das Manual für Diagnostik und Therapieplanung. Bern: Huber Verlag
Arendt, H. (1960): Vita activa oder Vom tätigen Leben. München: Piper
Assmann, J. (2005): Der Monotheismus und die Sprache der Gewalt. In: Walter, P. (Hg.): Das Gewaltpotenzial des Monotheismus und der dreieine Gott. Basel: Herder. S. 18–38
Baecker, D., Kluge, A. (2003): Vom Nutzen ungelöster Probleme. Berlin: Merve Verlag
Balzer, W. (2009): Die Wissenschaft und ihre Methoden. Grundsätze der Wissenschaftstheorie. Freiburg: Verlag Karl Alber
Barnes, J. (2022): Kunst sehen. Köln: Verlag Kiepenheuer & Witsch
Barth, A. (2021): Im Namen der Wahrheit. Naturwissenschaft und Monotheismus. Berlin: Parodos Verlag
Barthel, Y., Lebiger-Vogel, J., Zwerenz, R., Beutel, M. E., Leuzinger-Bohleber, M., Rudolf, G., Schwarz, R., Thomä, H., Brähler, E. (2011): Motive zur Berufswahl Psychotherapeut. *Psychotherapeutenjournal*, 4: 339–345
Barthes, R. (1964): Mythen des Alltags. Frankfurt a. M.: Suhrkamp
Bauer, Th. (2011): Die Kultur der Ambiguität. Eine andere Geschichte des Islams. Berlin: Der Verlag der Weltreligionen
Bauer, Th. (2012): Die Vereindeutigung der Welt. Über den Verlust an Mehrdeutigkeit und Vielfalt. Stuttgart: Reclam
Bauer, Th. (2022): Weiter, immer Weiter. *Süddt. Zeitung Magazin* 15/22, S. 29–32
Bender, St. (2017): Einführung in die Schematherapie aus psychodynamischer Sicht. Eine integrative, schulenübergreifende Konzeption. Göttingen: V&R
Berger, B. (2010): Ars Moriendi. Münsterschwarzach: Vier Türme Verlag
Berger, J. (1999): Das Sichtbare und das Verborgene. Frankfurt a. M.: S. Fischer Verlag
Berndt, F., Kammer, St. (2009): Amphibolie, Ambiguität, Ambivalenz. Die Struktur antagonistisch- gleichzeitiger Zweiwertigkeit. In: Berndt, F. (Hg.): Amphibolie, Ambiguität, Ambivalenz. Würzburg: Königshausen und Neumann
Bieri, P. (2009): Das Handwerk der Freiheit. Frankfurt a. M.: S. Fischer Verlag
Bieri, P. (2011): Wie wollen wir leben? Salzburg: Residenz Verlag
Bion, W. (1970): Attention and Interpretation. New York: Basic Books
Bittner, G. (2020): Mit dem Feuer gehen. Ein Streitgespräch mit und über C. G. Jung. Würzburg: Königshausen und Neumann
Bischof, N. (2005): Das Paradox des Jetzt. *Psychol Rundschau* 56: 36–42
Boothe, B. (2018): Das Narrativ. Biographisches Erzählen im therapeutischen Prozess. Stuttgart: Schattauer

Bordt, M. (2015): Die Kunst, sich selbst zu verstehen. Den Weg ins eigene Leben finden. Ein philosophisches Plädoyer. München: Elisabeth Sandmann Verlag

Borgdorff, H. (2011): Künstlerische Forschung und akademische Forschung. In: Tröndle, M. Warmers, J. (Hg.) (2011): Kunstforschung als ästhetische Wissenschaft. Beiträge zur transdisziplinären Hybridisierung von Wissenschaft und Kunst. Bielefeld: transcript Verlag, S. 69–90

Brandstätter, U. (2008): Grundfragen der Ästhetik. Köln: Böhlau Verlag

Brinkmann, S. (2017): Stand Firm. Resisting the Self-Improvement Caze. Cambridge: Polity

Burda, G. (2019): Pandora und die Metaphysica medialis. Münster: Waxmann Verlag

Burda, G. (2021): Epistemische Achtsamkeit. Psychotherapiewissenschaft und die Analytische Psychologie C. G. Jungs. Münster: Waxmann Verlag

Burda, G. (2023): Wer wir sein werden. Vortrag auf der Dreiländertagung in Küsnacht 7/2023

Camargo-Borges, C. (2018): Creativity and Imagination. Research as World-Making. In: Leavy, P. (Hg.): Handbook of Arts-Based-Research. New York: The Guilford Press. S. 88–100

Camus, A. (2011): Der Mythos von Sisyphos. Hamburg: Rowohlt

Carus, C. G. (1851): Physis. Zur Geschichte des leiblichen Lebens. 1. Auflage. Stuttgart: Scheitlin

Cheng, F. (2019): Über die Schönheit der Seele. München: C. H. Beck

Chilton, G., Gerber, N., Scotti, V. (2015): Towards an aesthetic intersubjective paradigm for arts based research: An art therapy perspective. In: *Critical Approaches to Arts-Based Research. UNESCO Observatory Multi-disciplinary.* Journal in the Arts 1/15, S. 8–27

Cioran, E. (1980): Syllogismen der Bitterkeit. Berlin: Suhrkamp

Cierpka, M. (1996): Das Narrativ in der Psychotherapie. In: Buchheim, P. u. a. (Hg.): Spiel und Zusammenspiel in der Psychotherapie – Erinnern und Entwerfen im psychotherapeutischen Handeln. Operationalisierte Psychodynamische Diagnostik-Qualitätssicherung. Berlin: Springer, S. 194–206

Cohen, D., Milman, D., Venturyera, V., Falissard, B. (2011): Psychodynamic Experience Enhances Recognition of Hidden Childhood Trauma. *PLoS ONE* Vol. 6, Nr. 4

Cole, St. (1992): Making Science: Between Nature and Society. Cambridge: Harvard University Press

Collins English dictionary (2023): http://www.collinsdictionary.com/english/creative [Zugriff am 19 September 2023]. New York: Verlag HarperCollins

Corbin, H. (1957): L'interiorisation du sens hermeneutique soufie iranienne. In: Froebe, O. (Hg.): Eranos Jahrbuch. Zürich: Rhein Verlag

Corbin, H. (1960): Avicenna and the Visionary Recital. Priceton: Bollingen Series

Corbin, H. (1964/1972): Mundus Imaginalis or the Imaginary and the Imaginal. *Spring Journal*, S. 1–19

Corbin, H. (1998): Alone with the alone. Creative Imagination in the Sufism of Ibn ›Arabi. Princeton: Bollingen Series

Dahl, F. (1922): Vergleichende Psychologie. Oder Die Lehre vom Seelenleben des Menschen und der Tiere. Jena: G. Fischer

Deleuze, G., Guattari, F. (1977): Rhizom. Berlin: Merve Verlag

Derrida, J. (1998): Aporien. Sterben – Auf die Grenzen der Wahrheit gefaßt sein. München: Wilhelm Fink Verlag

Detel, W. (2008): Erkenntnis und Wissenschaftstheorie. Stuttgart: Reclam

Detel, W. (2009): Wissenskulturen und universelle Rationalität. In: Fried, J., Stolleis, M (Hg.): Wissenskulturen. Über die Erzeugung und Weitergabe von Wissen. Frankfurt: Campus, S. 181–214

Detel, W. (2003): Wissenskulturen und epistemische Praktiken. In: Fried, J., Kailer, Th. (Hg.): Wissenskulturen. Beiträge zu einem forschungsstrategischen Konzept. Akademie Verlag, S.119–132

Devereux, G. (1984): Angst und Methode in den Verhaltenswissenschaften. Frankfurt a. M.: Suhrkamp

Drewermann, E. (1995): Das Individuelle gegen das Normierte verteidigen. Zwei Aufsätze zu Hermann Hesse. Frankfurt a. M.: Suhrkamp

Dufourmantelle, A. (2021): Verteidigung des Geheimnisses. Zürich: Diaphanes Verlag

Epple, M. (2009): Kulturen der Forschung: Mathematik und Modernität am Beginn des 20. Jahrhunderts. In: Fried, J., Stolleis, M. (Hg.): Wissenskulturen. Über die Erzeugung und Weitergabe von Wissen. Frankfurt a. M.: Campus. S. 125–158
Ernst, G. (2010): Einführung in die Erkenntnistheorie. Darmstadt: WBG
Ernst, G. (2011): Skeptizismus. In: Jordan, St., Nimtz, Ch. (Hg.): Lexikon Psychologie. Stuttgart: Reclam
Evers, T. (1987): Mythos und Emanzipation. Eine kritische Annäherung an C. G. Jung. Hamburg: Junius
Fegg, M. J., Kramer, M, L'hoste, S., Borasio, G. D. (2008): The Schedule for Meaning in Life Evaluation (SMiLE): Validation of a new instrument for meaning-in-life research. *Journal of Pain and Symptom Management* 35(4):356–364
Feyerabend, P. (1984): Wissenschaft als Kunst. Frankfurt a. M.: Suhrkamp
Fraas, Claudia (2000): Begriffe – Konzepte – kulturelles Gedächtnis. Ansätze zur Beschreibung kollektiver Wissenssysteme. In: Schlosser, H. D. (Hg.): Sprache und Kultur. Frankfurt: Lang. S. 31–45
Fichte, J. G. (1794/1997): Grundlage der gesamten Wissenschaftslehre (Philosophische Bibliothek, Bd. 247). Hamburg: Meiner
Fichte, I. H. (1845): Grundzüge zum System der Philosophie. Bd. 3. Heidelberg: Akademische Verlagshandlung Mohr
Fischer, G. (2007): Logik der Psychotherapie. Philosophische Grundlagen der Psychotherapiewissenschaft. Kröning: Asanger Verlag
Fischer, G. (2011): Psychotherapiewissenschaft. Gießen: Psychosozial Verlag
Flaßpöhler, S. (2022): Kann uns die Wissenschaft retten? *Phil. Mag.* 2/22, S. 16–21
Foucault, M. (1978): Wahrheit und Macht. In: ders.: Dispositive der Macht. Frankfurt a. M.: S. Fischer Verlag. S. 21–74
Foucault, M. (1994): Die Ordnung des Diskurses. Frankfurt a. M.: S. Fischer Verlag
Frank, J. (1981): Die Heiler. Wirkweisen therapeutischer Beeinflussung. Vom Schamanismus bis zu den modernen Therapien. Stuttgart: Klett-Cotta
Freud, S. (1900/1982): Die Traumdeutung. Studienausgabe Bd. 2, Frankfurt a. M.: S. Fischer Verlag
Freud, S. (1933/1982): Neue Folge der Vorlesungen zur Einführung in die Psychoanalyse. Studienausgabe Bd. 15. Frankfurt a. M.: S. Fischer Verlag
Fried, J. (2003): Wissenskulturen. Beiträge zu einem forschungsstrategischen Konzept. (Wissenskultur und gesellschaftlicher Wandel, Bd. 1). Berlin: Akademie Verlag (de Gruyter)
Fried, J., Stolleis, M. (Hg.) (2009): Wissenskulturen. Über die Erzeugung und Weitergabe von Wissen. Frankfurt a. M.: Campus
Friedrich, J. (2009): Grau ohne Grund. Gerhard Richters Monochromien als Herausforderung der künstlerischen Avantgarde. Köln: Strzelecki Books
Frietsch, W. (2006): Peter Handke – C. G. Jung. Selbstsuche, Selbstfindung, Selbstwerdung. Gaggenau: Scientia nova
Gabriel, M. (2014): An den Grenzen der Erkenntnistheorie. Freiburg: Verlag Karl Auer
Gabriel, M. (2020): Neo-Existezialismus. München: Verlag Karl Alber
Gerber, N. (2022): Imagination and Arts-Based Practices for Integration in Research. London: Routledge
Gerber, N., Biffi, E., Biondo, J., Gemignani, M., Hannes, K., Siegesmund, R. (2020): Arts-based research in the social and health sciences. Pushing for Change with an Interdisciplinary Global Arts-Based Research Initiative. Forum of Qualitative Research 21/2
Gerger, H., Gaab, J. (2016): Die Allegianz von Forschenden als versteckter Moderator in der Psychotherapieforschung. *Verhaltenstherapie* 26, S. 41–45
Geimer, P. (2013): Derrida ist nicht zu Hause. Begegnungen mit dem Abwesenden. Hamburg: Philo Fine arts
Gerisch, B. (2021): »Große Zahlen fühlen sich gut an, kleine sind egal«: Zur psychodynamischen Bedeutung quantifizierender Körperoptimierung. Vortrag auf dem DGPT-Kongress »Zeitdiagnosen«, 1.–3.10.2021, Berlin
Giegerich, W. (1994): Animus-Psychologie. Frankfurt a. M.: Peter Lang Verlag
Giegerich, W. (1999): Der Jungsche Begriff der Neurose. Frankfurt a. M.: Peter Lang Verlag

Giegerich, W. (2017): Geist und Seele. C. G. Jung und die psychologische Differenz. Vortrag auf der Dreiländertagung der DGAB, Berlin 7/2017
Goldfried, M. (2000): Consensus in psychotherapy research and practice. Where have all the findings gone? *Psychotherapy Research* 17, S. 1–14
Goethe, J. W. (1949): Gedenkausgabe der Werke in 24 Bänden, hrsg. v. E. Beutler. Band 9: Maximen und Reflexionen. Zürich: Artemis Verlag
Gölz, W. (2008): *Kants »Kritik der reinen Vernunft« im Klartext*. 2. Auflage. Tübingen: Mohr Siebeck Verlag
Grawe, K., Donati, R., Bernauer, F. (1994): Psychotherapie im Wandel. Von der Konfession zur Profession. Göttingen: Hogrefe
Greiner, K. (2005): Therapie der Wissenschaft. Eine Einführung in die Methodik des Konstruktiven Realismus. Frankfurt a. M.: Peter Lang Verlag
Greiner, K. (2012): Standardisierter Therapieschulendialog (TSD). Therapieschulen-Interdisziplinäre Grundlagenforschung an der Sigmund Freud PrivatUniversitätWien/Paris. Wien: Sigmund Freud PrivatUniversitäts Verlag
Greiner, K. (2018): Therapieschulenforschung an der SFU Wien. SFU Forschungsbulletin SFU Research Bulletin 6/2 (2018), S. 1–8
Greiner, K. (2019): Psychotherapiewissenschaft und Experimentalhermeneutische Laborforschung. *Psychotherapie-Wissenschaft* 9 (2) 20–28 2019
Greiner, K., Jandl, M. J., Burda, G. (2013): Der Psycho-Bild-Prozess. Wien: Sigmund Freud PrivatUniversitäts Verlag
Grube, M. (2002): Ambiguitätstoleranz und kreative Therapieverfahren bei psychiatrischen Patienten. *Psychiatr. Prax* 29/8, S. 431–437
Gudykunst, W. B. (2003): Cross-Cultural and Intercultural Comunication. New York: Sage Publications
Guretzky, B. (2014): Zur Begriffsgeschichte der Synchronizität. *Analytische Psychologie*, 45(1), 56–82
Haag, A. (2011): Versuch über die moderne Seele Chinas. Gießen: Psychosozial Verlag
Habeck, R. (2018): Wer wir sein könnten. Köln: Kiepenheuer & Witsch
Habermas, J. (1994): Erkenntnis und Interesse. Frankfurt a. M.: Suhrkamp
Hakl, H. Th. (2001): Eranos. Unbekannte Begegnungen von Wissenschaft und Esoterik. Bretten: scientia nova
Halbwachs, M. (1991): Das kollektive Gedächtnis. Frankfurt a. M.: S. Fischer Verlag
Han, B. C. (1998): Todesarten. Philosophische Untersuchung zum Tod. München: W. Fink Verlag
Han, B. C. (2010): Müdigkeitsgesellschaft. Berlin: Matthes & Seitz
Han, B. C. (2011): Shanzhai. Dekonstruktion auf Chinesisch. Berlin: Merve
Han, B. C. (2020): Palliativgesellschaft. Berlin: Matthes & Seitz
Han, B. C. (2021): Infokratie. Digitalisierung und die Krise der Demokratie. Berlin: Matthes & Seitz
Han, B. C. (2021a): Dinge und Undinge. Köln: Kiepenheuer & Witsch
Han, B. C. (2022): Vita Contemplativa, Berlin: Ullstein
Han, B. C. (2023): Die Krise der Narration. Berlin: Matthes & Seitz
harriet c. braun (2022): Lumbung erzählen. Berlin: Hatje Cantz Verlag
Hartmann, H. (1972): Ich-Psychologie. Studien zur psychoanalytischen Theorie. Stuttgart: Klett-Cotta
Heedt, Th. (2019): Borderline Persönlichkeitsstörung. Das Kurzlehrbuch. Stuttgart: Schattauer
Hell, D. (2006): Die verlorene Seele in Psychologie und Psychiatrie. In: Mattanza, G., Meier, I., Schlegel, M. (Hg.): Seele und Forschung. Ein Brückenschlag in der Psychotherapie. Basel: Karger, S. 1–12
Heidegger, M. (1979/2006): Sein und Zeit. Tübingen: Niemeyer
Heidegger, M. (2000): Reden und andere Zeugnisse eines Lebensweges. GW Bd. 16. Frankfurt a. M.: Vittorio Klostermann
Heidenreich, Th., Michalak, J. (Hg.) (2013): Die ›dritte Welle‹ der Verhaltenstherapie. Grundlagen und Praxis. Weinheim: Beltz Verlag

Herwig, H. (1984): Psychologie als Gnosis: C. G. Jung. In: Taubes, J. (Hg.): Gnosis und Politik. München: Wilhelm Fink Verlag
Heinzel, R. (2003): Die Angst des Therapeuten. *Psychotherapie* 8/1, S. 175–186
Hesse, H. (1932/1951): Die Morgenlandfahrt. Frankfurt a. M.: Suhrkamp
Hesse-Biber, S. N., Leavy, P. (2006): Emergent Methods in Social Research. Newbury Park: Sage Publishing
Hetzel, A. (2005): Ästhetische Welterschließung bei Oswald Spengler und Walter Benjamin. Zugriff 19.09.2023 https://www.academia.edu/5190261/%C3%84sthetische_Welterschlie%C3%9Fung_bei_Oswald_Spengler_und_Walter_Benjamin
Hillman, J. (1983): Am Anfang war das Bild. München: Kösel Verlag
Hillman, J. (2004): Archetypal Psychology. Uniform Edition of the Writings of James Hillman, Bd. 1. Putnam: Spring Publications
Hopf, A. (2023): Rezension zu ›Manifest der Künstlerischen Forschung‹. *Kunst & Therapie* 1/23, S. 122–125
Hübner, P. (1980): Einführung in die Methodenlehre der Psychologie. Darmstadt: WBG
Jaeggi, E. (1997): Zu heilen die zerstoßenen Herzen. Hamburg: Rowohlt
James, W. (1980): The principles of psychology. New York: Dover
Jaspers, K. (1970): Chiffren der Transzendenz. München: Piper
Jenicke, Ch. (2006): Das Risiko der Verbundenheit – Intersubjektivitätstheorie in der Praxis. Stuttgart: Klett-Cotta
Jaffé, A. (2015): Parapsychologie, Individuation, Nationalsozialismus. Themen bei C. G. Jung. Einsiedeln: Daimon Verlag
Johannsen, D. (2008): Das Numinose als kulturwissenschaftliche Kategorie. Stuttgart: Kohlhammer
Jung, C. G. (1990): Briefe. Bd. I bis III. Olten: Walter Verlag
Jung, C. G. (1995): Gesammelte Werke. Sonderausgabe. Bd. 1–20. Solothurn: Walter Verlag
Jung, C. G., Jaffé, A. (1961/2009): Erinnerungen, Träume, Gedanken. Düsseldorf: Patmos Verlag
Jung, C. G. (1988): Der Mensch und seine Symbole. Olten: Walter Verlag
Jung, M. (2001): Hermeneutik zur Einführung. Hamburg: Junius Verlag
Julien, F. (2006): Schattenseiten. Vom Bösen oder Negativen. Zürich: Diaphanes
Kast, V. (2006): Sich einlassen und loslassen. Neue Lebensmöglichkeiten bei Trauer und Trennung. 16. Aufl. Freiburg: Herder
Kast, V. (2006a): Die Analytische Psychologie in der Therapielandschaft. In: Mattanza, G. Meier, I., Schlegel, M. (Hg.): Seele und Forschung. Basel: Karger. S. 26–37
Kast, V. (2007): Die Tiefenpsychologie nach C. G. Jung. Stuttgart: Kreuz Verlag
Kast, V. (2011): Die Entwicklung der Aktiven Imagination im Roten Buch. *Anal. Psych.* 163
Kermani, N. (2019): Vergottung der Seele. Von Abn Arabi zu C. G. Jung. Vortrag gehalten auf der Tagung der IAAP in Wien
Kernberg, O. F. (1992): Schwere Persönlichkeitsstörungen. Stuttgart: Klett-Cotta
Kluge, A., Richter, G. (2022): »Ich bin mehr an Bildern interessiert als an Malerei«. Monopol. Magazin für Kunst und Leben. Gespräch. 1/22, S. 25–42
Knorr Cetina, K. (2002): Wissenskulturen. Ein Vergleich naturwissenschaftlicher Wissensformen. München: Suhrkamp
Köbler, P. (2022): Einstellungen und Erleben in Bezug auf Tod und Sterben: Eine Betrachtung des transdiagnostischen Wertes für psychische Belastung und Wohlbefinden bei Patient:innen mit chronisch obstruktiven Lungenerkrankungen (COPD). Dissertationsschrift TU Dresden
Kompa, N. (2015): Vagheit. In: Kompa, N. (Hg.): Handbuch Sprachphilosophie. Stuttgart: J. B. Metzler. S. 361–71
Konnersmann, R. (2022): Die Moderne hat die Überschreitung normalisiert. Philosophie Magazin Sonderausgabe 21, S. 114–117
Kuckartz, U. (2014): Mixed Methods Methodologie, Forschungsdesigns und Analyseverfahren. Berlin: Springer
Kuhn, T. S. (2001): Die Struktur wissenschaftlicher Revolutionen. Frankfurt a. M.: Suhrkamp

Kuhn, O. (2010): Spekulative Kommunikation und ihre Stigmatisierung – am Beispiel von Verschwörungstheorien. Ein Beitrag zur Soziologie des Nichtwissens. In: Zeitschrift für Soziologie 39/2, S. 106–123
Lehnert, Ch. (2020): Ins Innere hinaus. Von den Engeln und Mächten. Berlin: Suhrkamp
Leavy, P. (2018): Introduction in Arts-Based-Research. In: Leavy, P. (Hg.): Handbook of Arts-Based-Research. New York: The Guilford Press. S. 3–21
Lesmeister, R. (2009): Selbst und Individuation. Facetten von Subjektivität und Intersubjektivität in der Psychoanalyse. Frankfurt a. M.: Brandes und Apsel
Lettau, A., Breuer, F. (2007): Forscher/innen-Reflexivität und qualitative sozialwissenschaftliche Methodik in der Psychologie. *Journal für Psychologie* 15/2, S. 1–30
Lévinas, E. (1983): Die Spur des Anderen. Untersuchungen zur Phänomenologie und Sozialpsychologie. Freiburg: Verlag K. Alber
Levinas, E. (1995): Zwischen uns – Versuche über das Denken an den Anderen. München: Hanser
Lewandowski, Th. (1990): Linguistisches Wörterbuch. Stuttgart: UTB
Linden, M., Langhoff, C. (2010): Verhaltenstherapie – Kompetenz-Checkliste: Kompetenzerfassung, Qualitätssicherung und Supervision. *Psychotherapeut*, 55, S. 477–484
Livi, St., Mennetti, L., Pierro, A., Kruglanski, A. W., Kenny, L. (2009): Epistemic Motivation and Groups' Reaction to Change: Effects of Need for Cognitive Closure on Norms Transmissions in a Laboratory Micro-Culture. Academia
Lötscher, N., Conrad, S.-J. (2015): Minimalismus, Kontextualismus, Relativismus. In: Kompa, N. (Hg.): Handbuch Sprachphilosophie. Stuttgart: J. B. Metzler. S. 279–89
Lomranz, J. (2011): Aintegration. Ein komplementäres Paradigma zum Verständnis von Holocaust-Überlebenden. In: Brunner, J., Zajde, N. (Hg.): Holocaust und Träume. Göttingen: Wallstein Verlag. S. 223–241
Ludewig, K. (2012): Bezugspunkte Systemisch. Praxis der Systemaufstellungen 2/12, S. 44–46
Lütkehaus, L. (Hg.) (1989): »Dieses wahre innere Afrika« Texte zur Entdeckung des Unbewussten vor Freud. Frankfurt a. M.: S. Fischer Verlag
Mayntz, R., Holm, K., Hübner, P. (1978): Einführung in die Methoden der empirischen Soziologie. Opladen: Westdt. Verlag
Meier, I. (2012): Komplexe und Schemata. Ein Vergleich von Konzepten der Analytischen Psychologie nach C. G. Jung und der Schematheorie nach Jeffrey Young. *Psychotherapie-Wissenschaft* Bd 2, Nr 2, S. 40–47
Margraf, J. (1996): Lehrbuch der Verhaltenstherapie. Berlin: Springer Verlag
Mayring, P. (2002): Einführung in die Qualitative Sozialforschung. Weinheim: Beltz Verlag
Mercurio, M. (2009): Imagination and Spirituality. *Spring Journal* Vol. 82
Meschede, D. (Hg.): Marina Abramovic anlässlich der Ausstellung Wartesaal. Stuttgart: Edition Cantz
Metzinger, Th. (2003): Being No One. The Self-Model Theory of Subjektivity. Cambridge: Mass
Metzinger, Th. (2014): Der Ego Tunnel. Eine neue Philosophie des Selbst: Von der Hirnforschung zur Bewusstseinsethik. München: Piper
Milch, W. (2001): Lehrbuch der Selbstpsychologie. Stuttgart: Kohlhammer.
Montaigne, M. (2005): Essais. Köln: Anaconda Verlag
Mouffe, Ch. (2014): Agonistik. Die Welt politisch denken. Berlin: Suhrkamp
Müller, H., Berthold, D. (2022): Hartmut Rosa über den Umgang mit Sterben, Tod und Trauer. *Spiritual Care* 11(2), S. 114–118
Mummendey, H.-D. (2006): Psychologie des Selbst. Theorien, Methoden und Ergebnisse der Selbstkonzeptforschung. Göttingen: Hogrefe
Müller, O. (2023): Pazifismus. Eine Verteidigung. Stuttgart: Reclam
Müller-Jung, J. (2020): Die Sterblichkeitsrate. Die Zahlen zur Corona-Epidemie sind aus vielen Gründen unsicher. *FAZ* 13.4.2020
Naidu, P. A., Hine, T. J., Glendon, A. I. (2020): Methodological weakness of the death-word-fragment task: Alternative implicit death anxiety measures. *Death Studies*, S. 1–10.
Neumann, E. (1956): Die Erfahrung der Einheitswirklichkeit und die Sympathie der Dinge. Eranos Jahrbuch, 24, Zürich: Rhein Verlag

Neumann, E. (1957): Der schöpferische Mensch und die große Erfahrung. Eranos Jahrbuch, 25. Zürich: Rhein Verlag
Nida-Rümelin, J. (2011): Verantwortung. Stuttgart: Reclam
Niederreiter, L., Loemke, T. (2021): Zum *Unverfügbaren* in der Begleitung und Erforschung kunsttherapeutischer uns künstlerischer Prozesse. *Kunst & Therapie* 2021/1, S. 11–25
Nielsony, M. (2016): Bedingtheit der Malerei. Ivan Puni und die moderne Bildkritik. Berlin: Gebr. Mann Verlag
Nietzsche, F. (1968): Jenseits von Gut und Böse. Zur Genealogie der Moral. Berlin: De Gruyter
Nietzsche, F. (1973): Nachgelassene Fragmente 1880–1882. Berlin: de Gruyter
Nietzsche, F. (1999): Kritische Studienausgabe. München: dtv
Nietzsche, F. (1999a): Nachgelassene Fragmente 1985–1987. In: ders.: Kritische Studienausgabe, Bd 12. München: dtv
Orlinsky, D. E., Howard K. I. (1987): A generic model of psychotherapy. In: *Journal of Integrative & Eclectic Psychotherapy*. 6(1), S. 6–27
Norcross, J. C., Alexander, E. F. (2019): A Primer on Psychotherapy Integration. In: Norcross, J. C., Goldfried, M. R. (Ed.): Handbook of Psychotherapy Integration. Oxford: University Press, S. 3–27
Norcross, J. C., Goldfried, M. R. (Ed.): Handbook of Psychotherapy Integration. Oxford: University Press
Otscheret, L., Braun, C. (Hg.) (2005): Im Dialog mit dem Anderen. Intersubjektivität in Psychoanalyse und Psychotherapie. Frankfurt a. M.: Brandes & Apsel
Otto, R. (1917): Das Heilige. Über das Irrationale in der Idee des Göttlichen und sein Verhältnis zum Rationalen. München: C. H. Beck
Otto, R. (1923): Aufsätze das Numinose betreffend. Gotha: Leopold Klotz Verlag
Otto, R. (1932): Das Gefühl des Überweltlichen (Senus Numins). München: C. H. Beck
Pablo, I. A. (2001): Dictionary of World Philosophy. London: Routledge
Parsons, T. (1964): Definition von Gesundheit und Krankheit im Lichte der Wertbegriffe und der sozialen Struktur Amerikas. In: Mitscherlich, A. u. a. (Hg.): Der Kranke in der modernen Gesellschaft. Köln: Kiepenheuer & Witsch
Parsons, T. (1967): Sociological theory and modern society. New York: free press
Petzold, H. (1984): Vorüberlegungen und Konzepte einer integrativen Persönlichkeitstheorie. In: Integrative Therapie, Bd. 1. Paderborn: Junfermann
Petzold, H. (2023): Der »informierte Leib im Polylog« – ein integratives Leibkonzept für die nonverbale/verbale Kommunikation in der Psychotherapie, Soziotherapie und Supervision. In: *POLYLOGE* 11/23, S. 1–36
Pfister, J. (2007): Philosophie. Ein Lehrbuch. Stuttgart: Reclam
Precht, R. D., Welzer, H. (2022): Die Vierte Gewalt. Frankfurt a. M.: S. Fischer Verlag
Prechtl, P., Burkard, F.-P. (Hg.): Lexikon der Philosophie. Stuttgart: J. B. Metzler
Przyborsky, A., Wohlrab-Sahr, M. (2014): Qualitative Sozialforschung. Ein Arbeitsbuch. München: Oldenburger Verlag
Proll, B., Wolter, S., Curth, Ch., Möller, H., Taubner, S. (2014): Psychotherapeuten in Ausbildung: Beweggründe bei der Wahl des psychotherapeutischen Verfahrens. Conference Paper: 49. Kongress der Deutschen Gesellschaft für Psychologie, Bochum
Richter, G. (1982/2008): Text. Köln: Verlag der Buchhandlung Walther König
Richter, G. (2008): Abstrakte Bilder. Ostfildern: Hatje Cantz Verlag
Riedel, I. (2005): Bilder in Psychotherapie, Kunst und Religion. Ein Schlüssel zur Interpretation. Stuttgart: Kreuz Verlag
Riedel, I., Henzler, Ch. (2016): Maltherapie. Ostfildern: Patmos
Rief, W. (2019): Mehr Mut zur Zukunft. *Dt. Ärzteblatt PP 9*, S. 401
Ritter, J., Gründer, K., Gabriel, G. (2007): Historisches Wörterbuch der Philosophie. Basel: Schwabe Verlag
Rosa, H. (2018): Unverfügbarkeit. Berlin: Suhrkamp
Rosa, H. (2020): Resonanz. Berlin: Suhrkamp
Rosa, H. (2022): Demokratie braucht Religion. München: Kösel
ruangrupa (2022): Documenta fifteen. Handbuch. Berlin: Hatje Cantz Verlag
Rowland, S. (2020): Jungian Arts-Based research. Univ Essex Open Seminar zoom, 18. 11. 2020

Rowland, S., Weishaus, J. (2020): Jung's The Red Book as arts-based research. London: Routledge
Safranski, R. (2021): Einzeln sein. Eine philosophische Herausforderung. München: Hanser
Sachse, R. (2001): Psychologische Psychotherapie der Persönlichkeitsstörung. Göttingen: Hogrefe
Sachse, R. (2002): Histrionische und Narzisstische Persönlichkeitsstörungen. Göttingen: Hogrefe
Sacks, O. (2014): Dankbarkeit. Hamburg: Rowohlt
Sandkühler, H. J. (2010): Wissenskultur. In: ders. (Hg.): Enzyklopädie Philosophie. Hamburg: Meiner
Sandkühler, H. J. (2011): Kritik der Evidenz. In: Bellmann, J., Müller, T. (Hg.): Wissen, was wirkt. Berlin: Verlag für Sozialwissenschaften, S. 33–55
Sartre, J.-P. (1971): Das Imaginäre. Hamburg: Rowohlt
Sartre, J.-P. (1994): Das Sein und das Nichts. Hamburg: Rowohlt
Schattenburg, L. (2005): Different Aspects of the Term »Integrative Approaches«. In: Psychotherapy. Lecture at the 9th European Congress of Psychology, Cranada 7/2005
Schepank, H., Tress, W. (Hg.) (1988): Die Stationäre Psychotherapie und ihr Rahmen. Berlin: Springer
Schindler, H., v. Schlippe, A. (2006): Psychotherapeutische Ausbildungen und psychotherapeutische Praxis kassenzugelassener Psychologischer PsychotherapeutInnen und Kinder- und JugendlichentherapeutInnen. PiD, 7/3, S. 334–337
Schlegel, M. (2014): Komplexe und Schemata. Konzeptionelle Gemeinsamkeiten der Analytischen Psychologie und der Schematheorie. *Psychotherapie-Wissenschaft* Bd. 4, Nr. 3, S. 79–86
Schlittmaier, A. (1999): Zur Methodik und Systematik der Aporien. Würzburg: Königshausen und Neumann
Schmeer, G. (2003): Kunsttherapie in der Gruppe. Vernetzung –Resonanzen –Strategeme. Stuttgart: Klett-Cotta
Schmeer, G. (2006): Resonanzbildmethode. Visuelles Lernen in der Gruppe. Stuttgart: Klett-Cotta
Schmidbauer, W. (2012): Die Geschichte der Psychotherapie. München: Herbig Verlagsanstalt
Scholem, G. (1973): Judaica. Frankfurt a. M.: Suhrkamp
Smith, Q. (2007): Sartre's theory of the progressive and regressive methods of phenomenology. *Man and World* 12/4, S. 433–444
Schönknecht, H.-J. (2017): Mythos – Wissenschaft – Philosophie. Zur Entstehung der okzidentalen Rationalität in der griechischen Antike. Marburg: Tectum Verlag
Schreiber, J. M. (2022): Ich möchte lieber nicht. Eine Rebellion gegen den Terror des Positiven. München: Piper
Schütze, F. (1983). Biographieforschung und narratives Interview. *Neue Praxis*, 13(3), S. 283–293.
Schurz, R. (1998): Negative Hermeneutik. Berlin: Springer
Searle, J. (2012): Wie wir die soziale Welt machen: Die Struktur der menschlichen Zivilisation. Berlin: Suhrkamp
Sell, Ch. (2012) Die Wissenskultur der Psychoanalyse und ihre Differenz zur kognitiven Verhaltenstherapie. In: Gödde, G, Buchholz, M. B. (Hg.): Der Besen, auf dem die Hexe fliegt – Wissenschaft und Therapeutik des Unbewussten, Bd. 1: Psychologie als Wissenschaft der Komplementarität, Psychosozial Verlag. S. 271–300
Simmel, G. (1896): Was ist uns Kant? Berlin: Vossische Zeitung
Simon, F. B., Haaß-Wiesegart, H., Zhao, X (2011): »Zhong De ban« oder: Wie die Psychotherapie nach China kam. Heidelberg: Carl-Auer Verlag
Sloterdijk, P. (2021): Der Staat streift seine Samthandschuhe ab. Ausgewählte Gespräche und Beiträge 2020–2021 Berlin: Suhrkamp
Sloterdijk, P. (2022): Die Welt auf Distanz halten. Gespräch mit Stefano Vastano. In: *Cicero* 2/22, S. 111–116
Sloterdijk, P. (2022a): Wer noch kein Grau gedacht hat. Eine Farbenlehre. Berlin: Suhrkamp
Spiertz, U. (2001): Eine skeptische Überwindung des Zweifels? Humes Kritik an Rationalismus und Skeptizismus. Würzburg: Königshausen und Neumann

Städler, T. (1998): Lexikon der Psychologie. Wörterbuch, Handbuch, Studienbuch. Stuttgart: Alfred Kröner Verlag
Steinweg, M. (2012): Aporien der Liebe. Berlin: Matthes & Seitz
Steinweg, M. (2022): Kunst und Philosophie. Zwischen Immanenz und Transzendenz. In: Breidenbach, C., Ghallen, I., Pensel, D., Simon, K., Teising, F., Wittman, M. (Hg.): Fakten und Verunsicherung. Hamburg: Meiner. S. 327–333
Stern, D. (1992): Die Lebenserfahrung des Säuglings. Stuttgart: Klett-Cotta
Storr, E. (2010): September. Ein Historienbild von Gerhard Richter. Köln, London: Verlag Walter König
Straub, J. (2019): Das erzählte Selbst. Gießen: Psychosozial Verlag
Stegmüller, W. (1980): Wissenschaft als Sprachspiel. In: Neue Wege der Wissenschaftsphilosophie. Springer: Berlin, Heidelberg
Staemmler, F. M. (2015): Das dialogische Selbst. Postmodernes Menschenbild und psychotherapeutische Praxis. Stuttgart: Schattauer
Streek, U. (2019): Psychosomatische Kliniken. Das Primat der Ökonomie. *Dt. Ärzteblatt PP* 10, S. 453
Textor, M. R. (1990): Gemeinsamkeit von Therapieansätzen. *Int. Therapie* 3, S. 246–259
Thoma, N., Cecero, J. (2009): Is integrative use of techniques in psychotherapy the exception or the rule? *Psychotherapy Theory, Research, Practice, Training.* 46/4, S. 405–417
Trautmann-Voigt, S., Voigt, B. (Hg.) (2017): Psychodynamische Psychotherapie und Verhaltenstherapie. Stuttgart: Schattauer
Tröndle, M. Warmers, J. (Hg.) (2011): Kunstforschung als ästhetische Wissenschaft. Beiträge zur transdisziplinären Hybridisierung von Wissenschaft und Kunst. Bielefeld: transcript Verlag
Tuschschke, V., Czogalik, D. (Hg.) (1990): Psychotherapie – Welche Effekte verändern? Berlin: Springer
Tschuschke, V., Freyerher, H. (2015): Zur aktuellen Situation der Psychotherapiewissenschaft und ihrer Auswirkungen – eine kritische Analyse der Lage. *Z. f. psychosm. Med* 61/2
Valdes-Stauber, J. (2022): Thanatologische Begriffsbestimmungen: Beitrag zu einer Humanisierung der Medizin am Lebensende. *Spiritual Care* 11/1, S. 46–57
Vogel, R. T. (1994): Das Partnerschaftskonzept. Eine tiefenhermeneutische Analyse der subjektiven Sicht auf Partnerschaft. Ingolstadt: Klaus Reichelt Verlag
Vogel, R. T. (2000): Stationäre Psychotherapie. In: ders.: Die Psychotherapiestation. Praxis und Forschung in der Stationären Psychotherapie eines psychiatrischen Versorgungskrankenhauses. Gießen: Psychosozial
Vogel, R. T. (2001): Differentielle Indikationsstellung in der Psychotherapie. In: Sturm, J., Vogel, R. T. (Hg.): Neue Entwicklungen in Psychotherapie und Psychosomatik. Lengerich: Pabst Science Publishers, S. 63–08
Vogel, R. T. (2003): Mensch oder Hirn? Eine Replik. *Zeitschr. f. Neuropsychol.* 14/3, S. 261–264
Vogel, R. T. (2005): Verhaltenstherapie in psychodynamischen Behandlungen. Theorie und Praxismanual für eine integrative Psychodynamik in ambulanter und stationärer Psychotherapie. Stuttgart: Kohlhammer
Vogel, R. T. (2011): Psychotherapie auf Palliativstationen. Empirische Bestandsaufnahme. *Psychotherapeut* 56, S. 379–385
Vogel, R. T. (2012): Selbst und Tod. In: Frick, E., Vogel, R. T. (Hg.): Den Abschied vom Leben verstehen: Psychoanalyse und Palliative Care. Stuttgart: Kohlhammer
Vogel, R. T. (2012a): Analytische Psychologie und die ihr angemessenen Forschungsmethoden. *Zeitschr. f. Anal. Psychol.* 167/34, S. 74–105
Vogel, R. T. (2014): »Der geheimnisvolle Weg geht nach innen« – Grundlagen und Praxis der Aktiven Imagination. In: Dorst, B., Vogel, R. T. (Hg.): Aktive Imagination. Schöpferisch Leben aus inneren Bildern. Stuttgart: Kohlhammer, S. 15–50
Vogel, R. T. (2014): Schicksal und Psychotherapie. Therapieschulübergreifende Anregungen. Berlin: Springer
Vogel, R. T. (2014a): Schicksalsklüfte. *Psychotherapeut* 59, S. 89–94
Vogel, R. T. (2015): Unlösbar. Existenzielle Themen in Beratung und Therapie. *Kontext* 46/1, S. 42–48

Vogel, R. T. (2016): C. G Jung für die Praxis. Zur Integration jungianischer Methoden in psychotherapeutische Behandlungen. 2. Aufl. Stuttgart: Kohlhammer

Vogel, R. T. (2016a): Alchemie und Beziehung. In: Gödde, G., Stehle, S. (Hg.): Die therapeutische Beziehung in der psychodynamischen Psychotherapie. Gießen: Psychosozial

Vogel, R. T. (2016b): Supervisionssettings. Praktische Reflexionen aus psychodynamischer Perspektive. *Psychotherapie* 21. Jg., Bd. 21–2, S. 51–61

Vogel, R. T. (2018): Analytische Psychologie nach C. G. Jung. Stuttgart: Kohlhammer

Vogel, R. T. (2019): Der Tod und die Psychotherapie. Schwierigkeiten und Chancen eines nahen Verhältnisses. *PiD – Psychotherapie im Dialog*, 20, S. 1–6

Vogel, R. T. (2019a): »Mit dem Leben sterben wollen«. Zur Empirie des Individuationsprozesses in Todesnähe. *Zeitschr. f. Anal. Psychol.* 192

Vogel, R. T. (2020): Existenzielle Themen in der Psychotherapie (2. Aufl.). Stuttgart: Kohlhammer

Vogel, R. T. (2020a): Das Ganz Andere. Die Gegensatzproblematik der Analytischen Psychologie und ihre praktischen Implikationen. *Zeitschr. f. Anal. Psychol.*, S. 298–315

Vogel, R. T. (2020b): Die Grenzen der therapeutischen Beziehungsfähigkeit. In: Küchenhoff, J., Vogel, R. T.: Psychotherapie an den Grenzen des Machbaren. Stuttgart: Kohlhammer. S. 79–91

Vogel, R. T. (2020c): Die Grenzen der therapeutischen Verfahren. In: Küchenhoff, J., Vogel, R. T.: Psychotherapie an den Grenzen des Machbaren. Stuttgart: Kohlhammer. S. 37–55

Vogel, R. T. (2020d): Quo Vadis DGAP? *Zeitschr. f. Analyt. Psychol.* S. 194–200

Vogel, R. T. (2021): Das Ganz Andere: Die Gegensatzproblematik in der Analytischen Psychologie und ihre praktischen Implikationen1. *Anal. Psychol.* 196, S. 298–315

Vogel, R. T. (2022): Todesthemen in der Psychotherapie. 2. Aufl. Stuttgart: Kohlhammer.

Vogl, J. (2007): Über das Zaudern. Berlin: Diaphanes

v. Arnim, G. (2021): Das Leben ist ein vorübergehender Zustand. Hamburg: Rowohlt

v. Franz, M.-L. (2001): C. G. Jung. Leben, Werk und Visionen. Krummwisch: Königsfurt Verlag

Wallner, F. (2002): Die Verwandlung der Wissenschaft. Vorlesungen zur Jahrtausendwende. Hamburg: Verlag Dr. Kovac

Wampold, B. E., Imel, Z. E. (2015): The Great Psychotherapy-Debate. 2. Aufl. New York: Routledge

Weber, T., Antos, G. (Hg.) (2009): Typen von Wissen. Begriffliche Unterscheidung und Ausprägungen in der Praxis des Wissenstransfers. Berlin: Peter Lang Verlag

Webster, D. M., Kruglanski, A. W. (1994): Individual differences in need for cognitive closure. *Journal of Personality and Social Psychology*, 67, S. 1049–1062

Watzlawick, P. (2021): Wie wirklich ist die Wirklichkeit? Wahn, Täuschung, Verstehen. München: Piper

Weilnböck, H. (2006): Erzähltheorie als Möglichkeit eines gemeinsamen Nenners von Humanwissenschaften. Review Essay: Vera Luif, Gisela Thoma, Brigitte Boothe (Hg.) (2006). Beschreiben – Erschließen – Erläutern. Psychotherapieforschung als qualitative Wissenschaft [36 Absätze]. Forum Qualitative Sozialforschung / Forum: Qualitative Social Research, 7(3), Art. 22, (PDF) Review Essay: Erzähltheorie als Möglichkeit eines gemeinsamen Nenners von Humanwissenschaften | Harald Weilnböck – Academia.edu Zugriff am 20.09.2023

Weimar, G. (2009): Modifikation der Eindeutigkeit. Eine Miszelle. In: Berndt, F., Kammer, St. (Hg.): Amphibolie, Ambiguität, Ambivalenz. Würzburg: Königshausen und Neumann. S. 53–60

Weischedel, W. (1960): Die Frage der Wirklichkeit. In: ders.: Wirklichkeit und Wirklichkeiten. Aufsätze und Vorträge. Berlin: de Gruyter. S. 118–141

Weischedel, W. (1997): Skeptische Ethik. Frankfurt a. M.: Suhrkamp Verlag

Weischedel, W. (2013): Der Gott der Philosophen. Grundlegung einer Philosophischen Theologie im Zeitalter des Nihilismus. Köln: Lambert Schneider

Welzer, H. (2019): Selbst Denken. Frankfurt a. M.: S. Fischer Verlag

Welzer, H. (2021): Nachruf auf mich selbst. Frankfurt a. M.: S. Fischer Verlag

Westen, D., Morrison, K. (2001): A multidimensional meta-analysis of treatments for depression, panic, and generalized anxiety disorder: an empirical examination of the status of

empiricially supported therapies. *Journal of Consulting and Clinical psychology*, 2001 (69). S. 875–899
Wust, P. (2014): Ungewissheit und Wagnis. Münster: LIT Verlag
Wylesol, G., Jackson, M. (2022): Wie wir Kunst betrachten. 50 Vorschläge für neue Perspektiven. London: Orion Publishing Group
Yalom, I. D. (2000): Existenzielle Psychotherapie. Ed. Human. Psychol.
Yalom, I. D. (2001): Jeden Tag ein bisschen näher. München: btb
Yalom, I. D. (2002): Der Panama Hut. München: btb
Yalom, I. D. (2008): In die Sonne schauen. München: btb
Žižek, S. (2023): Die Paradoxien der Mehrlust. Ein Leitfaden für die Nicht-verwirrten. Frankfurt a. M.: S. Fischer Verlag
Znoj, H. (2015): Trennung, Tod und Trauer. Geschichten zum Verlusterleben und dessen Transformation. Göttingen: Hogrefe

Stichwortverzeichnis

A

Absurdität   79, 93
Abwehr   48, 60, 73
Aintegration   93
Aktive Imagination   19, 61, 63
Allegiance   27, 42
Alterität   18
Ambiguität   58, 91, 93, 121
Ambivalenz   56, 58, 89
Amplifikation   67, 69, 70
Analogisieren   69, 70
Angst   22, 53, 73, 75, 81, 82, 86, 91–93
Authentizität   56, 103

C

Circumambulation   105

D

Diversität   10, 98, 121

E

Effizienz   18
Emergent Methods   101
Evidenz   93, 94, 116

F

Freiheit   48, 53, 73, 79, 80, 90, 109

G

Gegenübertragung   19, 38, 51, 103, 109
Geheimnis   45, 46, 48, 50, 55, 59, 65, 81, 106, 115

I

Intersubjektivität   64, 103

K

Konstruktivismus   122
Kontext   21, 22, 28, 35, 37, 38, 51, 52, 60, 64, 69, 81, 82, 98, 107, 109
Kontextualismus   28, 93, 99, 122
Kontingenz   21, 52, 85, 104

M

Menschenbild   27, 29, 34, 39–41, 44, 102, 118
Menschenbildannahmen   14–16, 26, 29, 44, 45
Mixed Methods   101
Mundus Imaginalis   61–63, 66

N

Narration   21, 96, 107
Narrativ   69, 99, 104, 106, 107, 109
Naturwissenschaft   22, 56, 66, 91–93, 101
Numinosität   39, 47, 49, 50, 53, 59, 86, 102, 108, 109, 121, 122

O

Offenheit   55, 87, 89, 93, 102, 104, 107

P

Phänomenologie   65, 66, 94
Pluralismus   82, 91, 96
Polylog   100
Polysemie   58, 86, 89, 91, 102, 103, 121
Postmoderne   45, 79, 83, 100, 112
Poststrukturalistisch   100

R

Resonanzbild   108, 109
Rhizomatik   100

S

Schicksal 76, 78, 79
Seele 12, 46, 53, 56, 57, 63, 66, 75, 76, 90, 104, 107, 123
Supervision 78, 100, 114, 119, 120

T

Therapieschulendialog 37, 96

U

Übertragung 19, 38
Unergründbar 46–48, 59, 67, 91
Unverfügbarkeit 46, 47, 53, 56, 79, 104

V

Vereindeutigung 90–93
Verfügbarkeit 41, 83

Z

Zögern 82